NATURFREUNDE

Häuser- und Wanderbuch

Guide des maisons des Amis de la Nature

D1639824

Impressum

Herausgeber/Editeur:

Naturfreunde Schweiz
Amis de la Nature Suisse
Mühlemattstrasse 31, Postfach
3000 Bern 14, Schweiz
Telefon 031 45 60 04

**Buchhandelsvertrieb/
Diffusion commercial:**

Werd Verlag, Zürich

**Projektleitung und Redaktion/
Direction du projet et rédaction:**

Walter Wyss und Susi Walker

Gestaltung/Graphisme:

Volker Dübener

Übersetzung/Traduction:

Sonja Queloz-Pschorn

**Satz und Lithos/
Composition et lithos:**

Fischer Druck AG,
3110 Münsingen-Bern

Druck/Impression:

Mühlberger GmbH, Augsburg BRD

© Naturfreunde Schweiz, 1991

ISBN 3-85932-073-4

Sämtliche Kartenausschnitte wurden reproduziert mit Bewilligung des Bundesamtes für Landestopographie vom 16.4.1991.

Die Karte zum Buch:

Sämtliche Naturfreundehäuser verfügen über eigene Reservationsstellen. Ihre Adressen finden Sie auf der Naturfreundehäuserkarte, die diesem Buch beiliegt.

La carte comlémentaire au livre:

Toutes les maisons des Amis de la Nature disposent de leur propre service de réservations. Vous trouverez les adresses de celles-ci sur la carte des maisons des Amis de la Nature, qui est jointe à ce livre.

Die Natur aktiv erleben

Vivre la nature activement

Herzlich willkommen in den 100 Schweizer Naturfreundehäusern, und viel Spass bei den 50 attraktiven Wanderungen. Beide bieten Ihnen aktive Naturerlebnisse: «Mit der Natur auf Du!»

Schönste Naturgebiete

Die Naturfreundehäuser befinden sich in den schönsten Erholungsgebieten und beliebtesten Wandergegenden der Schweiz, vor allem in der Voralpen- und in der Juraregion.

Vielfältige Häuser für alle

Die 100 Häuser eignen sich vielseitig: für Familien und Einzelwanderer, für Gruppen und Schullager, für Klub- und Vereinsanlässe. Auch Nichtmitglieder sind herzlich willkommen.

Preisgünstige Übernachtungen

So unterschiedlich die einzelnen Häuser sich präsentieren, eines ist ihnen gemeinsam: es sind einfache und gemütliche Häuser, und sie sind enorm preisgünstig. Naturfreundemitglieder erhalten eine zusätzliche Ermässigung.

Sanfte, attraktive Touren

Die Häuser sind ideale Ausgangspunkte für Ausflüge, Wanderungen und Bergtouren. In diesem Buch präsentieren wir Ihnen 50 besonders attraktive Touren: Ein- und Zweitageswanderungen sowie mehrtägige Touren. Alle sind auch geeignet für Familien, Gruppen und Schulklassen.

Wir wünschen Ihnen eindrückliche Begegnungen mit der Natur und viele naturfreundliche Abenteuer.

Naturfreunde Schweiz

Nous vous souhaitons la bienvenue dans les 100 maisons des Amis de la Nature et beaucoup de plaisir dans le cadre des 50 randonnées attrayantes proposées.

Les plus belles régions naturelles

Les maisons des Amis de la nature se trouvent dans les régions de notre pays les plus belles et les plus appréciées pour le repos et les randonnées, en particulier dans la région des Préalpes et du Jura.

Des maisons idéales pour tous

Les 100 maisons accueillent tout le monde: familles et randonneurs solitaires, groupes et camps d'écoliers, membres de clubs et d'associations. Les non-membres sont également les bienvenus.

Nuitées à des prix imbattables

Même si les maisons ont leurs particularités individuelles, elles ont toutes un point commun: ce sont des maisons simples et chaleureuses. Et leurs prix pour la nuit sont très modestes. Les membres des Amis de la nature bénéficient d'une réduction supplémentaire.

Des randonnées attrayantes

Les maisons offrent un point de départ idéal pour les excursions, les randonnées et les tours en montagne. Nous vous proposons dans ce manuel 50 possibilités d'excursions attrayantes: des randonnées d'un ou deux jours ou de plusieurs jours. Toutes peuvent se faire en famille, en groupe – ou en classes d'école.

Nous vous souhaitons de vivre une rencontre passionnante avec la nature ainsi que des aventures respectueuses de la nature.

Fédération Suisse des Amis de la Nature

Verzeichnis der Naturfreundehäuser

Liste des maisons suisses des Amis de la Nature

Die Häusereinträge sind in der jeweiligen Landessprache ihres Standortes verfasst. **Die deutschen Übersetzungen finden Sie ab Seite 113.**

Les descriptions des maisons sont rédigées dans la langue correspondant à la région de leur emplacement.

Übersicht der Naturfreundehäuser

Les maisons des Amis de la Nature en résumé

In der folgenden Übersicht sind die Schweizer Naturfreundehäuser mit Hilfe von zehn Rubriken/Merkmalen näher charakterisiert. Diese Angaben sollen vor allem bei der ersten Sichtung und Auswahl nützliche Dienste leisten. Sämtliche Detailangaben finden Sie bei den ausführlichen Häusereinträgen.

A l'aide de dix rubriques différentes, le résumé suivant vous donne une vue d'ensemble des différentes maisons des Amis de la Nature et vous permettra de faire une première sélection. Les descriptions détaillées de ces maisons vous fourniront tous les renseignements supplémentaires.

①	Kanton Canton
②	Anzahl Schlafplätze Nombre de places pour dormir
③ ⊟	Zimmer mit Betten Chambres avec lits
④	Räume mit Matratzenlager Dortoir avec matelas
⑤ ⊙	Verpflegungsmöglichkeit* Possibilité de restauration*
⑥	Duschen Douches
⑦ P	Parkplatz* Parking*
⑧ 🚌	Distanz zur nächsten Haltestelle eines öffentlichen Verkehrsmittels (in Stunden) Distance jusqu'à la prochaine station d'un transport public (en heure)
⑨	Geeignet für Schullager* Indiquée pour des camps d'école*
⑩ 🚶	Wandervorschlag Proposition de randonnée

*x = Verpflegungsmöglichkeit auf Anfrage
    Possibilité de restauration sur demande

    Parkplatz nur für Warentransport oder 1 bis 2 km entfernt
    Parking pour le transport du matériel ou parking en environ 1 à 2 km

    Teil- oder zeitweise geeignet für Schullager
    Partiellement ou temporairement indiquée pour des camps d'école

	① KT	② Anzahl Schlaf- plätze	③ ⊟	④ ⊟	⑤ ⊙	⑥	⑦ P	⑧ 🚌	⑨ Schul- klassen	⑩ 🚶
1 Ämmital	BE	65	●	●	x			1	●	●
2 Albishaus	ZH	51	●	●	●	●	●	¼	x	●
3 Alpenhof	BE	82	●	●	●	●	●	0	●	●
4 Altberghaus	ZH			●				1		
5 Aurore	FR	49	●	●		●	●	¼	●	●

		①	②	③	④	⑤	⑥	⑦	⑧	⑨	⑩
		KT	Anzahl Schlafplätze	🛏	🛏	◧	▨	P	🚌	Schulklassen	🏃
6	Beatenberg	BE	49	●	●		●	●	0	●	●
7	Bellevue	BE	25		●				1¼	●	●
8	Brambrüesch	GR	48	●	●		●	●	0	●	●
9	Brünig	BE	94	●	●	●	●	●	0	●	●
10	Buchberghaus	SH	92	●	●			×	¾	●	●
11	Chaumont	NE	30	●	●			●	1	×	
12	Clavadel	GR	48	●	●	●	●		¾		●
13	Cristolais	GR	30		●		●		¾	×	●
14	Eichbühl	ZH							0		
15	Elsigenalp	BE	35	●	●				1¼	×	
16	Riedbad	BE	30		●		●	●	2	●	●
17	Feldmoos	NW	24		●			●	¼	●	●
18	Feldmöserhütte	BE	35		●			●	2	×	
19	Felseneck/Strahlegg	ZH	40	●	●			●	1½	●	
20	Frateco	VD	50	●	●		●	●	¼	●	●
21	Fronalphaus	GL	70	●	●	●	●	●	2½	●	●
22	Fröschengülle	AG				●		●	¾		
23	Giesentalhaus	ZH	29		●		●	●	¼	●	
24	Genzianella	TI	15		●				1¼		●
25	Gislifluh	AG				●		●	¼		
26	Gorneren	BE	85	●	●	×		×	¼	×	●
27	Grindelwald	BE	63	●	●	●	●	●	0	×	●
28	Grön	BE	48	●	●			●	¾	●	●
29	Schwendihütte	BE	30		●			●	½	●	●
30	Haute-Borne	JU	42	●			●	●	¾	●	
31	Hellboden	BE	26	●	●			●	¼	●	
32	Hochstuckli	SZ	20	●	●			●	0	×	
33	Hohestei-Teestübli	ZH				×			¼		
34	Hofmatt	AG						●	¼		
35	Jägeri	GR	36	●	●			●	1	●	●
36	Jurablick	LU						●	¼		

	① KT	② Anzahl Schlafplätze	③	④	⑤	⑥	⑦ P	⑧	⑨ Schulklassen	⑩
37 Kaien	AR	37	●	●	×	●	●	¼	●	
38 Kempfenhütte	SZ	43	●	●		●	●	¼	●	●
39 Kipp-Waldheim	BL	25		●		●	●	¼	×	
40 (aufgehoben)										
41 La Châtelaine	BE	38	●	●		●	●	¼	●	
42 La Flore	BE	20		●			●	½	×	●
43 La Ginestra	TI	40	●	●		●		¾	●	●
44 La Serment	NE	94	●	●		●	●	¾	●	
45 Le Coutzet	VD	58	●	●		●	●	¼	●	
46 Le Furet	VS	25	●	●		●		½	●	
47 Le Muguet	VD	46	●	●		●	●	¼	●	
48 Les Barmes	VS	65	●	●		●	●	0	●	
49 Les Chaignons	JU	20		●			●	1¼	●	
50 Les Cluds	VD	38	●			●	●	¼	●	
51 Les Collons	VS	118	●	●	●	●	●	0	●	
52 Les Saneys	NE	31	●	●			●	1½	●	●
53 Lüeg ins Land	VS	40	●	●		●		¼	×	●
54 Medergerfluh	GR	28		●				2	×	●
55 Meisenpfiff	D	28	●	●			●	¼	●	
56 Mettmen	GL	70	●	●	●			¼	●	
57 Moléson	VD	70	●	●		●	●	¾	●	●
58 Mont-Soleil	BE	43	●	●		●	●	0	●	●
59 Ova Spin	GR	25		●		●	●	0	●	●
60 Passwanghaus	SO	80	●	●	●	●	●	¾	●	●
61 Pilatus	LU	30	●	●	●	●		¼		
62 Plaine-Joux	F	80		●		●	×	¾	×	
63 Pragelblick	SZ	20		●			●	2	×	
64 Prés-d'Orvin	BE	56	●	●	×		●	1½	●	
65 Prise Milord	NE	44	●	●		●	●	½	●	
66 Raimeux	BE	76	●	●		●	●	1½	●	
67 Retemberg	JU	74	●	●		●	●	1½	●	

	① KT	② Anzahl Schlafplätze	③	④	⑤	⑥	⑦ P	⑧	⑨ Schulklassen	⑩
68 Reutsperre	BE	88	●	●	●	●	●	¼	●	●
69 Rietlighaus	UR	53	●	●		●		¼	●	●
70 Röthen	NW	56	●	●		●		¼	×	●
71 Rumpelweide	SO	60	●	●		●	●	1	●	●
72 St. Anton	AI	27	●	●		●	×	¼		
73 St. Jakob	UR	28	●	●		●	●	0	●	●
74 Sattelegg	SZ	12		●			●	2		
75 Schafmatt-Berghaus	BL	36		●			●	½	×	
76 Schauenburg	SO	70	●	●		●	●	1½	●	●
77 Schienberghütte	SZ	42	●	●		●	●	0	●	
78 Schmalzgrube	SZ	20		●		●	●	0	●	
79 Schrattenblick	LU	38	●	●		●	●	1	●	
80 (aufgehoben)										
81 Seegüetli	SG	100	●	●	●	●	●	¼	●	●
82 Selibühlhaus	BE	100	●	●		●	●	¼	●	●
83 Sonnenberg	SZ	55	●	●		●	×	½	●	
84 Stampf	BE	30		●				½	×	●
85 Stooshaus	SZ	89	●	●	●	●		¼	●	●
86 Stotzweid	SG	35	●	●		●		1½	●	●
87 Tannhütte	AI	32	●	●	×	●		1½	●	
88 Tscherwald	SG	63	●	●	×	●	●	½	●	●
89 Tschuggen	BE	20		●			●	2		
90 Turmstübli Sonnenberg	AG				×			¾		
91 Wäckerschwend	BE	24		●			●	1	●	
92 Waldeggli	SZ	18		●			●	2		
93 Widacker-Horben	BE	21	●	●			●	1		
94 Widi	BE	36	●			●	●	¼	●	●
95 Zermatt	VS	120	●		●	●		0		●
96 Zimmerboden	BE	40	●	●			●	1½	●	●
97 Loo-Huus (neu)	BE	23	●	●			●	¼	●	
98 Plan-Marmet (neu)	BE	12		●			●	0		

Tips und Hinweise Häuserbenützung

Conseils et indications concernant l'utilisation des maisons

Anmeldung

Für Übernachtungen wird in jedem Fall eine frühzeitige Anmeldung bei den Häuserreservationsstellen empfohlen. Ihre Adressen befinden sich auf der Naturfreundehäuserkarte, die diesem Buch beiliegt.

Zimmer und Massenlager

Die meisten Häuser bieten sowohl Zimmer mit Betten wie kleinere oder grössere Massenlager an. Beachten Sie bitte das detaillierte Betten- und Schlafplatzverzeichnis sowie die Hinweise auf Bettwäsche/Schlafsäcke in den Häuserbeschreibungen.

Selbstkochermöglichkeit

Über drei Viertel aller Naturfreundehäuser sind für Selbstkocher gut eingerichtet.

Pension/Mahlzeiten

Knapp ein Viertel aller Naturfreundehäuser bieten Pension oder einzelne Mahlzeiten an.

Schlüsseldepots

Einige Häuser verfügen über Schlüsseldepots, die nach Absprache mit den Reservationsstellen benützt werden können.

REKA-Checks

Sie werden in den Häusern an Zahlung genommen.

Anreise mit öffentlichem Verkehr

Obwohl sich die meisten Naturfreundehäuser an abgelegenen Standorten befinden, sind sie gut mit öffentlichen Verkehrsmitteln erreichbar. Die öV-Verbindungen sind in den Häuserbeschreibungen detailliert aufgeführt. Zur Schonung der Umwelt empfehlen wir ihre Benützung.

Inscription

Pour les nuitées, nous vous recommandons de vous annoncer assez tôt aux divers offices de réservations. Les adresses de ceux-ci figurent sur la carte des maisons AN, jointe à ce livre.

Chambres et dortoirs

La plupart des maisons offrent des chambres avec lits ainsi que des dortoirs plus ou moins grands. Veuillez consulter la liste détaillée du nombre de lits et de places dans les dortoirs et lire les indications concernant la literie/les sacs de couchage dans la rubrique «Description de la maison».

Possibilité de cuisiner soi-même

Plus des trois-quarts des maisons sont aménagées pour cuisiner soi-même.

Pension/repas

Près d'un quart des maisons offrent la pension ou des repas individuels.

Dépôt des clés

Quelques maisons disposent d'un dépôt des clés, qui peuvent être utilisées après accord avec l'office de réservations.

Chèques REKA

Ils sont acceptés dans toutes les maisons.

Accès avec les transports publics

Bien que la plupart des maisons des Amis de la Nature soient isolées, on peut y accéder facilement au moyen des transports publics. Nous avons énuméré en détail les liaisons avec les divers transports publics. Nous vous recommandons de les utiliser pour ainsi contribuer à la protection de l'environnement.

Übersicht der Wandervorschläge

Aperçu des propositions de randonnées

Die Schweizer Naturfreundehäuser befinden sich in den schönsten Wandergebieten der Schweiz und bieten Hunderte von lohnenden Wanderungen an.

Für dieses Buch haben wir *50 besonders attraktive Wanderungen* ausgewählt und detaillierte Wanderbeschreibungen dazu verfasst. Der Schwerpunkt der Touren liegt auf Wanderungen von Naturfreundehaus zu Naturfreundehaus.

Mehrtägige Wanderungen sind in separate Beschreibungen der einzelnen Tagesetappen aufgeteilt. Dies ermöglicht Ihnen, die Touren auch nur teilweise zurückzulegen oder einzelne Tagesetappen mit Hilfe der öffentlichen Verkehrsmittel zu «überspringen».

Die untenstehende Karte zeigt Ihnen, durch welche Landesgegenden die Wanderungen führen und in welchen Naturfreundehäusern Sie übernachten oder rasten können.

Les maisons des Amis de la nature se situent dans les plus belles régions de Suisse et offrent d'innombrables possibilités de randonnées.

Pour ce livre, nous avons choisi *50 randonnées particulièrement attrayantes* et nous les avons décrites de manière détaillée. Nous avons porté l'accent sur les excursions reliant une maison des Amis de la nature à une autre.

Nous avons décrit séparément les randonnées de plusieurs jours, en précisant chaque étape quotidienne. Cela vous permet de parcourir qu'une étape de la randonnée ou de «sauter» un tronçon en recourant aux transports publics.

La carte ci-dessous vous indique les régions que vous traverserez dans le cadre de vos excursions et les maisons des Amis de la nature, dans lesquelles vous pouvez vous reposer, au restaurer ou passer la nuit.

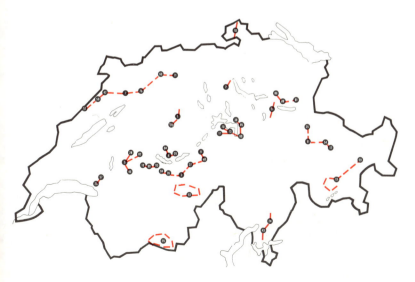

Verzeichnis der Wandervorschläge

Liste des propositions des randonnées

Aufteilung

Die Wanderungen sind nach den touristischen Regionen der Schweiz aufgeführt

Naturfreundehäuser

Maisons des Amis de la Nature

Ämmital (Napfgebiet, BE)

634.400/208.900, 1150 m ü. M., 65 Schlafplätze

Lage

Alp Höchschwendeli, Wasen im Emmental

Anreise

Postauto ☐ 441.40 ab Bhf. Hüswil bis Luthern Dorf, dann
1 Std. zu Fuss. Ab VHB-Station Wasen i. E. durchs Hornbach-
tal bis Hinterried, dann über Alp Höchschwendeli (2½ Std.)
Autos bis Hinterried oder Ahornalp, dann 45 Min. zu Fuss

Hausbeschreibung

Gut eingerichtetes Selbstkocherhaus – Küche: 1 Holz-,
2 Elektroherde – Geschirr für 60 Personen – 2 Zimmer mit je
4 Betten, 1 Zimmer mit 6 Betten, 1 Zimmer mit 3 Betten,
1 Raum mit 20 und 2 Räume mit je 16 Schlafplätzen –
2 Aufenthaltsräume für 20 und 40 Personen – Waschräume,
keine Dusche – elektr. Anschlüsse 220 V – Holzheizung –
Mahlzeiten auf Anfrage – Feuerstelle und Turngeräte
Wochenendhauswart, sonst auf Anfrage
Haus-Tel.-Nr. 034 77 16 34

Eignung des Hauses/Öffnungszeiten

Vielseitig / ganzjährig geöffnet

Wander- und Sportmöglichkeiten

Ideales Wandergebiet – Haus liegt direkt an den Wanderwe-
gen zum Napf und zur Lüdernalp, mitten in Alpweiden

Sehenswürdigkeiten

Goldwaschen im Napf – Schloss Trachselwald

Wandervorschlag

Siehe Seite 214

2

Albishaus (Albispass, ZH)

681.000/237.100, 830 m ü. M., 51 Schlafplätze

Lage

Sonnenterrasse auf Albispass mit prächtiger Rundsicht

Anreise

Postauto ☐ 720.40 ab Bhf. Thalwil oder Langnau-Gattikon bis Passhöhe, auf Naturfreundeweg 15 Min. zu Fuss, oder in 45 Min. ab Bergstation Luftseilbahn Adliswil–Felsenegg oder in 3–4 Std. vom Uetliberg (SZU-Station)
Mit Auto 20 Min. ab Zürich, Parkplatz beim Haus

Hausbeschreibung

Grosse Gartenwirtschaft mit Selbstbedienung – Restaurant – 9 Zimmer mit 2 Betten, 2 Zimmer mit 4 Betten, 2 Räume mit 11 und 14 Schlafplätzen – in Massenlager Schlafsäcke obligatorisch – in Zimmern Bettwäsche – unterteilbarer Saal für 80 und «Albisstübli» für 20 Personen – Waschräume/Dusche – elektr. Anschlüsse 220 V – Spielwiese mit Feuerstelle
Pächter, Mo. und Di. Ruhetag – Haus-Tel.-Nr. 01 713 31 22

Eignung des Hauses/Öffnungszeiten

Für Tagungen, Kurse, Anlässe, Ferien oder Ausflüge / ganzjährig geöffnet, 1 Monat Betriebsferien im Sommer

Wander- und Sportmöglichkeiten

Uetliberg–Albis-Höhenwanderung – Baden im Türlersee

Sehenswürdigkeiten

Zürich – Seleger Moor in Rifferswil – Tierpark Langenberg

Wandervorschlag

Siehe Seite 158

3   Alpenhof (Stechelberg, BE)

635.500/154.800, 915 m ü. M., 82 Schlafplätze

Lage

Zuhinterst im Lauterbrunnental

Anreise

Postauto ☐ 311.15 ab Lauterbrunnen bis Hotel Stechelberg
Parkplatz beim Haus

Hausbeschreibung

Normal eingerichtetes Haus – Selbstkocherküche: 3 Rechauds – Geschirr für 100 Personen – je 2 Zimmer mit 2 bzw.
3 Betten, 3 Zimmer mit je 4 Betten, 1 Zimmer mit 6 Betten,
7 Zimmer mit je 7 Betten, 1 Raum mit 5 Schlafplätzen –
Schlafsäcke/Bettwäsche mitbringen – 2 Aufenthaltsräume
für 20 und 50 Personen – Waschräume/Dusche – Strom 220 V
– Öl-/Elektroheizung – Pension/Mahlzeiten/Getränke – Mindestalter für Kinder: 2 Jahre – Zelt-/Spielplatz
Ständiger Hauswart – Haus-Tel.-Nr. 036 55 12 02

Eignung des Hauses/Öffnungszeiten

Ideal für Kurse, Weekends, Ferien, Skilager und Gruppen /
ganzjährig geöffnet (ausgenommen im November)

Wander- und Sportmöglichkeiten

Idealer Ausgangspunkt für Wanderungen/Touren: Mürren–
Lauterbrunnen, Breitlauenenalp, Sefinental usw. – Ski: Mürren und Wengen – Langlauf: Lauterbrunnen/Mürren

Sehenswürdigkeiten

Trümmelbachfälle – Schilthorn – Jungfraujoch

Wandervorschläge

Siehe Seiten 192 und 194

4 Altberghaus (Altberg bei Weiningen, ZH)

673.200/254.300, 600 m ü. M., 20 Schlafplätze

Lage

Altberg bei Weiningen im Limmattal, Blick auf Alpenkette

Anreise

Bus ☐ 710.70 (Linie 82) ab Bhf. Schlieren bis Weiningen oder ab Dietikon 1 Std. zu Fuss

Hausbeschreibung

Einfaches, gut eingerichtetes Haus – Selbstkocherküche: Holzherd – Geschirr für 30 Personen – 1 Raum mit 20 Schlafplätzen – Schlafsäcke obligatorisch – Aufenthaltsraum für 30 Personen – Waschräume – elektr. Anschlüsse 220 V – Holzheizung – Zeltplatz – Spielplatz – Kegelbahn – Getränkeverkauf
Hauswart an Wochenenden

Eignung des Hauses/Öffnungszeiten

Speziell für Wanderer und Vereinsfeste. Nicht geeignet für Lager, Kurse und Ferienaufenthalte / ganzjährig geöffnet

Wander- und Sportmöglichkeiten

Waldspaziergänge in pilzreicher Gegend

Sehenswürdigkeiten

Kloster Fahr – Lägern

Aurore (Lac Noir, FR)

588.500/168.500, alt. 1050 m, 49 places

Situation

Lac Noir (Schwarzsee). Vue magnifique sur les Préalpes fribourgeoises, le lac et les forêts à proximité

Accès

A 10 min de la station GFM Gypsera. Service d'autobus GFM. ☐ 250.61/62 Fribourg–Lac Noir
Parc pour autos

Description de la maison

Maison bien équipée – cuisine: 1 cuisinière à bois, 3 électriques – vaisselle pour 50 personnes – 1 dortoir de 6 places, 1 de 7, 3 de 4 et 2 de 12 places – sacs de couchage et draps obligatoires – réfectoire pour 60 personnes – douches – prises électr. 220 V – terrasse – vente de boissons
Gardien permanent – tél. 037 32 11 23

La maison est indiquée pour/périodes d'ouverture

Des familles, des camps d'écoliers, des cours, des fêtes, des week-ends et des vacances / Ouvert toute l'année

Possibilités d'excursions/sports

Tour du lac, Excursion à Bellegarde (Jaun), La Berra – Natation (piscine couverte), canotage, pêche – Skilifts, télésièges, piste de fond

Attractions/sites remarquables

Fribourg – Morat – Monastère de La Valsainte

Propositions de randonnées

Voir pages 198 et 202

6 **Beatenberg** (Beatenberg, BE)

625.300/171.200, 1200 m ü. M., 49 Schlafplätze

Lage

Beatenberg ob Thunersee, Höhenlage mit Panoramasicht

Anreise

Postauto ☐ 310.75 ab Bhf. Interlaken West bis Beatenberg oder Standseilbahn ☐ 1355 ab Beatenbucht bis Beatenberg Parkplätze beim Haus (beschränkte Anzahl)

Hausbeschreibung

Gut ausgestattetes Haus – Selbstkocherküche: Elektro- und Holzherd – Geschirr für 55 Personen – 11 Zimmer mit je 4 Betten, 1 Zimmer mit 5 Betten – Schlafsäcke obligatorisch – 2 Tagesräume mit je 30 Plätzen, Lese- und Spielzimmer – Waschräume/Duschen – elektr. Anschlüsse 220 V – Holzzentralheizung – Spielplatz mit Blockhüttli – Mindestalter für Kinder: 2 Jahre – Haustiere verboten
Hauswart auf Anfrage – Haus-Tel.-Nr. 036 41 11 18

Eignung des Hauses/Öffnungszeiten

Vielseitig / ganzjährig geöffnet

Wander- und Sportmöglichkeiten

Ausgangspunkt für zahlreiche Wanderungen in Naturschutzgebiet – Niederhorn–Gemmenalphorn–Justistal – prächtiges Ski- und Langlaufgebiet

Sehenswürdigkeiten

Beatushöhlen

Wandervorschläge

Siehe Seiten 206 und 210

7 Bellevue (Montoz, Jura BE)

582.900/228.300, alt. 1285 m, 25 places

Situation

Brahon sur Montoz. Vue splendide sur les Alpes, le Vallon de St-Imier et les Franches-Montagnes

Accès

Train ☐ 226 de Bienne ou Delémont jusqu'à Tavannes. De la gare de Tavannes, 1 h 15 de marche, routes marquées
Parking à 2 km

Description de la maison

Maison aménagée normalement – cuisine: 1 cuisinière à bois, 1 cuisinière électrique – vaisselle pour 40 personnes – 1 dortoir à 20 places et 1 dortoir à 5 places – sacs de couchage désirés – réfectoire pour 40 personnes – pas de douches – prises électr. 220 V – chauffage – place de jeux – vente de boissons
Gardiennage le week-end

La maison est indiquée pour/périodes d'ouverture

Des camps d'écoles, des fêtes, des week-ends, des vacances, des randonneurs / Ouvert toute l'année

Possibilités d'excursions/sports

Excursion sur toute la chaîne du Montoz – Randonnées dans le Jura – Skilift, champs de ski, piste de fond à 0,5 km

Propositions de randonnées

Voir pages 222 et 224

8 Brambrüesch (ob Chur, GR)

758.600/187.900, 1576 m ü. M., 48 Schlafplätze

Lage

Sonnige Bergterrasse ob Chur mit Aussicht ins Schanfigg

Anreise

Luftseilbahn ☐ 1880 ab Chur bis Brambrüesch
Mit Auto in schneefreier Zeit über Chur–Malix bis Haus

Hausbeschreibung

Gut eingerichtetes Selbstkocherhaus – Küche: Hotelherd mit Holz- und Kohlenfeuerung – Geschirr für 50 Personen – 2 Räume mit je 4 Schlafplätzen, 3 Räume mit 6, 10 und 24 Schlafplätzen – Schlafsäcke obligatorisch – 1 Aufenthaltsraum für 50 Personen – Waschräume/Dusche – elektr. Anschlüsse 220 V – Holzheizung – Spielhalle im Estrich – Sonnenterrasse – Spielwiese (10 000 m²) – Mindestalter für Kinder: 1 Jahr
Ständiger Hauswart während der Wintersaison, sonst auf Anfrage – Haus-Tel.-Nr. 081 22 59 75

Eignung des Hauses/Öffnungszeiten

Für Schulen, Gruppen und Familien / ganzjährig geöffnet

Wander- und Sportmöglichkeiten

Brambrüesch–Dreibündenstein–Feldis, Stätzerhorn – Skipisten und Langlaufloipen (2 Skilifte in Hausnähe)

Sehenswürdigkeiten

Pflanzenschutzgebiet Brambrüesch – Via Mala – Rheinschlucht

Wandervorschläge

Siehe Seiten 142 und 148

9 Brünig (Brünigpass, BE)

653.900/178.900, 1000 m ü. M., 94 Schlafplätze

Lage

500 m nördlich der Brünigpasshöhe

Anreise

Zug □ 470 ab Luzern/Interlaken Ost bis Brünig-Hasliberg
Mit Auto bis zum Parkplatz Schwingplatz

Hausbeschreibung

Schönes Haus mit Selbstkocherküche – je 1 Zimmer mit 1, 2, 6 und 8 Betten, 6 Zimmer mit 3 Betten, 5 Zimmer mit 4 Betten, je 1 Raum mit 4 und 5 und je 2 Räume mit 7 und 8 Schlafplätzen – Bettwäsche mietbar – 2 Tagesräume und 1 Mehrzweckraum für 25, 30 und 40 Personen – Spielraum – Waschräume/Duschen – el. Anschlüsse 220 V – Spielplatz – Grill – Terrasse – Getränkeverkauf – Mindestalter für Kinder: 1 Jahr
Ständiger Hauswart, Pensionsabgabe gegen Voranmeldung
Haus-Tel.-Nr. 041 69 12 33

Eignung des Hauses/Öffnungszeiten

Vielseitig. Für Einzelne, Familien, Gruppen, Schulen, Kurse und Feste / ganzjährig geöffnet

Wander- und Sportmöglichkeiten

Idealer Ausgangspunkt für Wanderungen und Ausflüge – bekanntes Ski- und Langlaufgebiet

Sehenswürdigkeiten

Aareschlucht – Reichenbachfälle – Ballenberg – Kristallmuseum Brünigen – Beatushöhlen – Rosenlauigletscher

Wandervorschlag

Siehe Seite 186

Buchberghaus (Randen, SH)

687.200/289.100, 707 m ü. M., 52 Schlafplätze

Lage

Am Südhang des Randens mit Aussicht auf Alpenkette

Anreise

Postauto ☐ 762.45 ab Bhf. Schaffhausen bis Merishausen, dann 40 Min. zu Fuss oder ab Busstation Birch 1 Std. Autozufahrt bis zum Haus (nur mit Bewilligung)

Hausbeschreibung

Gut eingerichtetes Haus – Selbstkocherküche: 1 Holzherd, 1 Elektrorechaud – Geschirr für 100 Personen – 3 Zimmer mit je 2 Betten, 1 Zimmer mit 4 Betten, 4 Räume mit 6, 8, 13 und 15 Schlafplätzen – Schlafsäcke erwünscht, Bettwäsche mietbar – Aufenthaltsräume für 20 und 50 Personen – Waschräume – elektr. Anschlüsse 220 V – Zentralheizung – Sport- und Spielplatz – Grillstellen – Hunde haben Zimmerverbot Hüttenwart: Wochenende/Ferienzeit (alkoholfreier Wirtschaftsbetrieb) – Haus-Tel.-Nr. 053 93 14 60

Eignung des Hauses/Öffnungszeiten

Ideal für Familien, Schulen und Kurse (Magnettafel, Hellraumprojektor) / ganzjährig geöffnet

Wander- und Sportmöglichkeiten

Randen – Hegau – Langlaufloipen 6 km entfernt

Sehenswürdigkeiten

Rheinfall – Rheinschiffahrt – Schaffhauser Altstadt mit Munot – römische Thermen und Gipsmuseum in Schleitheim

Wandervorschlag

Siehe Seite 158

11 Chaumont (La Combe d'Enges, NE)

565.900/212.100, alt. 1113 m, 30 places

Situation

Le chalet est situé dans la tranquillité reposante des pâturages et des forêts du Jura

Accès

Depuis la gare de Neuchâtel, bus 7, puis funiculaire ☐ 1011 de Neuchâtel-La Coudre jusqu'à Chaumont, de là une heure de marche
Parking à 200 m du chalet

Description de la maison

Chalet rénové, aménagé – cuisine: eau courante (non potable) – cuisinières à bois et électr. – vaisselle pour 40 personnes – 6 chambres (de 4 à 6 lits) – sacs de couchage désirés – salle commune de 40 places – 4 lavabos – prises électr. 220 V – chauffage central – vivres au chalet
Gardiennage le week-end (samedi dès 16 h – dimanche 17 h)

La maison est indiquée pour/périodes d'ouverture

Des camps d'écoliers (jusqu'à 12 ans), des cours, des week-ends, des vacances estivales ou hivernales
Ouvert toute l'année. Dépôt des clefs au Petit Hôtel du Château, ch. de la Tour 20 à Chaumont

Possibilités d'excursions/sports

Tour panoramique de Chaumont – Téléphérique Nods–Chasseral – Ski de piste: Les Bugnenets, Savagnière, Crêt du Puy – Piste de ski de fond: Chaumont–La Dame–Mètrèvie de l'Ile

Attractions/sites remarquables

Neuchâtel – Lac – Le musée d'automates Jacquet-Droz-Utter – Le papillorama de Marin

12 Clavadel (Davos, GR)

782.400/182.600, 1960 m ü. M., 48 Schlafplätze

Lage

Clavadeler Alp (Davos), auf sonnenreicher Terrasse

Anreise

Postauto ☐ 910.70 ab Bhf. Davos Platz bis Clavadel; Bräma-
büel-Bahn bis Ischalp, dann je 40 Min. zu Fuss
Mit Auto bis Clavadel, dann ebenfalls 40 Min. zu Fuss

Hausbeschreibung

Gut eingerichtetes Haus – 3 Zimmer mit je 2 Betten,
4 Zimmer mit je 3 Betten, 3 Zimmer mit je 4 Betten und
3 Zimmer mit je 6 Betten – nordische Bettwäsche – Wasch-
räume/Dusche – elektr. Anschlüsse 220 V – Zentralheizung –
Spielplatz – Mindestalter für Kinder: 4 Jahre – Haustiere
verboten – Verpflegungsmöglichkeit (Halbpension)
Ständiges Hauswartehepaar – Haus-Tel.-Nr. 081 43 63 10

Eignung des Hauses/Öffnungszeiten

Für Wander- und Skiferien. Nicht geeignet für Schulen oder
Kurse, da dafür keine Aufenthaltsräume. Von Dezember bis
April und von Juni bis Oktober geöffnet

Wander- und Sportmöglichkeiten

Vielseitige Wandermöglichkeiten – Höhensportanlage Davos – ideales Ski- und Langlaufgebiet – Eishalle Davos

Sehenswürdigkeiten

Heimatmuseum Davos – Ludwig-Kirchner-Museum – «Alpinum» Schatzalp (Pflanzenschutzgebiet)

Wandervorschlag

Siehe Seite 140

13 Cristolais (Engadin, GR)

784.500/155.400, 1886 m ü. M., 30 Schlafplätze

Lage

Sonnenterrasse auf linker Engadin-Talseite bei Samedan

Anreise

Zug ☐ 940 ab Chur oder St. Moritz oder Zug ☐ 960 ab Scuol oder St. Moritz bis Samedan, dann 40 Min. zu Fuss
Mit Auto nur bis Samedan (keine Hauszufahrt, Fahrverbot)

Hausbeschreibung

Komfortabel eingerichtetes Haus – Selbstkocherküche mit 1 Holzherd – Geschirr für 30 Personen – je 1 Raum mit 4 und 10 Schlafplätzen, 2 Räume mit je 8 Schlafplätzen – Schlafsäcke/Bettwäsche obligatorisch – 2 Aufenthaltsräume für 15 und 30 Personen – Waschräume/Duschen – elektr. Anschlüsse 220 V – Holzzentralheizung – Getränkeverkauf Hauswart nach Bedarf

Eignung des Hauses/Öffnungszeiten

Besonders für Familien. Kurse und Schulen nur ausserhalb der Sommer- und Wintersaison / ganzjährig geöffnet

Wander- und Sportmöglichkeiten

Wanderungen/Touren im Oberengadin, Puschlav, Bergell und Nationalpark – Ski- und Langlauf in Samedan und Celerina

Sehenswürdigkeiten

Nationalparkmuseum Zernez – Segantini-Museum in St. Moritz – Nietzsche-Haus in Sils – Planta-Haus in Samedan – Alpinmuseum in Pontresina – Morteratschgletscher

Wandervorschläge

Siehe Seiten 130 und 134

Eichbühl (Zürich Altstetten, ZH)

678.100/248.500, 457 m ü. M., 80 Sitzplätze

Lage

Zürich Altstetten, Friedhofstrasse 112, direkt am Waldrand

Anreise

Bus ☐ 100.00 (99) Linie 67 ab Goldbrunnenplatz bis Friedhofstrasse oder Linie 35 ab Lindenplatz, Zürich Altstetten

Hausbeschreibung

Saal für 80 Personen mit Bühne – Selbstkocherküche: 1 Elektroherd – Geschirr für 80 Personen – fliessendes Wasser – Garderobe – Kegelbahn – keine Übernachtungsmöglichkeiten
Ständiger Hauswart – Haus-Tel.-Nr. 01 432 53 33 (18.00 bis 19.30 Uhr)

Eignung des Hauses/Öffnungszeiten

Für Feste, Tagungen, Versammlungen und Konferenzen / ganzjährig geöffnet

15 Elsigenalp (Frutigen, BE)

614.400/152.100, 1810 m ü. M., 35 Schlafplätze

Lage

Im Engstligental zwischen Frutigen und Adelboden

Anreise

Bus ☐ 300.20 ab Bhf. Frutigen bis Achseten, dann 45 Min. zu Fuss bis Elsigbach oder ab Achseten mit Kleinbus (Voranmeldung!) bis Elsigenalp
Mit Auto bis Elsigbach, dann 1½ Std. zu Fuss oder mit Seilbahn bis Bergstation, dann ½ Std. zu Fuss

Hausbeschreibung (nach Renovation 1992)

Gut eingerichtetes Selbstkocherhaus – 2 Elektroherde, 1 Holzherd – Geschirr für 50 Personen – je 2 Zimmer mit je 4 bzw. 6 Schlafplätzen, je 1 Zimmer mit 5 bzw. 10 Schlafplätzen – Schlafsäcke obligatorisch – unterteilbarer Tagesraum – elektr. Anschlüsse 220 V – Speicherheizung – Mindestalter für Kinder: 2 Jahre – Hundeverbot – Getränkeverkauf
Hüttenwart auf Anfrage – Schlüsseldepot bei Jungen, Lädeli, Elsigbach, oder Maurer, Berghaus Elsigenalp

Eignung des Hauses/Öffnungszeiten

Für Familien, Gruppen und Schulen / ganzjährig geöffnet

Wander- und Sportmöglichkeiten

Ausgangspunkt für Wanderungen/Bergtouren: Elsigseeli, Elsighorn, Golitschenpass–Kandersteg, Metschhorn, First – beliebtes Ski- und Tourengebiet – 3-km-Langlaufloipe

Sehenswürdigkeiten

Naturschutzgebiet – urwüchsige Bergwelt – Orchideen

16 **Riedbad** (Wasen i. E., BE)

634.100/207.000, 993 m ü. M., 30 Schlafplätze

Lage

Eingebettet in Wald- und Hügellandschaft

Anreise

Zug ☐ 442 ab Sumiswald (an der Linie ☐ 442 Huttwil–
Ramsei–Burgdorf) bis Wasen i. E., dann 2 Std. zu Fuss
Autoparkplatz beim Haus

Hausbeschreibung

Selbstkocherhaus – Küche: 1 Elektro- und 1 Holzherd –
Geschirr für 40 Personen – 2 Räume mit 12 und 18 Schlafplät-
zen, 1 Gruppenleiterzimmer – Schlafsäcke obligatorisch –
2 Aufenthaltsräume für 30 Personen – fliessendes Wasser/
Duschen – elektr. Anschlüsse 220 V – Holzheizung – Spiel-
raum – gedeckte Laube – Grillplatz – Getränkeverkauf
Schlüsseldepot bei Familie Strahm im Hinterhaus oder beim
Restaurant «Riedbad»

Eignung des Hauses/Öffnungszeiten

Vielseitig / ganzjährig geöffnet

Wander- und Sportmöglichkeiten

Gute Ausgangslage für Wanderungen im Napfgebiet

Sehenswürdigkeiten

Naturlehrpfad – Sommerflora

Wandervorschlag

Siehe Seite 214

17 Feldmoos (Oberrickenbach, NW)

674.300/193.500, 840 m ü. M., 24 Schlafplätze

Lage

Am Fusse des Wellenbergs in Nidwalden

Anreise

Postauto ☐ 480.20 ab Bhf. Wolfenschiessen bis Oberrickenbach, dann 10 Min. zu Fuss
Parkplatz in Hausnähe (500 m)

Hausbeschreibung

Einfaches Haus für Selbstkocher – Küche: 1 Holz- und
1 Elektroherd – Geschirr für 30 Personen – 2 Räume mit je
12 Schlafplätzen – Schlafsäcke mitnehmen – 1 Aufenthaltsraum für 20 Personen – 1 Waschraum – elektr. Anschlüsse
220 V – heizbare Zimmer

Eignung des Hauses/Öffnungszeiten

Vielseitig. Für Schulen, Vereine und Gruppen sowie für Familien, Weekends und Kurse / ganzjährig geöffnet

Wander- und Sportmöglichkeiten

Vielfältige Wander-, Ski- und Langlaufmöglichkeiten

Sehenswürdigkeiten

Engelberg – Trübsee – Titlis – Klewenalp – Stanserhorn

Wandervorschlag

Siehe Seite 166

18 Feldmöserhütte (Simmental, BE)

607.100/164.800, 1342 m ü. M., 35 Schlafplätze

Lage

Am Fusse des Abendberges im Simmental

Anreise

Zug ☐ 320 ab Spiez bis Erlenbach i. S., dann 2 Std. zu Fuss
Mit Auto in Erlenbach vor Parkplatz Stockhornbahn über
Steinibrücke und der neuen Strasse entlang bis Feldmöser
Parkplatz 5 Min. vor Haus (Strasse im Winter geschlossen)

Hausbeschreibung

Normal eingerichtetes Haus – Selbstkocherküche: 2 Holz-
kochherde – Geschirr für 40 Personen – 2 Räume mit je
10 Schlafplätzen und 1 Raum mit 15 Schlafplätzen – 2 Aufenthaltsräume für je 20 Personen – Petrolbeleuchtung/kein
Strom – Räume heizbar – Spielplatz in Hausnähe
Wochenendhüttenwart

Eignung des Hauses/Öffnungszeiten

Für Familien, Vereine, Weekends und Landschulwochen.
Kurse beschränkt durchführbar (kein Strom) / ganzjährig
geöffnet

Wander- und Sportmöglichkeiten

Diverse Wanderungen und Bergtouren: Abendberg, Turnen,
Stockhorngebiet, Buntelgabel usw. – Skitourengebiet

Sehenswürdigkeiten

Orchideen in der Umgebung – Kirche Erlenbach – alte Simmentaler Häuser in Erlenbach und im Diemtigtal

19 Felseneck/Strahlegg (Steg, ZH)

715.400/242.500, 1030 m ü. M., 40 Schlafplätze

Lage

Am Westhang des Schnebelhorns im Zürcher Oberland

Anreise

Zug ☐ 754 ab Winterthur oder Rapperswil bis Steg, dann 1½ Std. zu Fuss
Autoparkplatz beim Haus

Hausbeschreibung

Normal eingerichtetes Haus – Selbstkocherküche: 1 Holzvergaser und 1 Elektroherd – Geschirr für 60 Personen – 1 Zimmer mit 2 Betten, 2 Zimmer mit 4 Betten, 3 Räume mit 5, 1 Raum mit 6 und 1 Raum mit 9 Schlafplätzen – Schlafsäcke obligatorisch – 2 Aufenthaltsräume für 15 und 40 Personen – Waschräume – elektr. Anschlüsse 220 V – Spielplatz mit Geräten – Wald in der Nähe
Wochenendhüttenwart

Eignung des Hauses/Öffnungszeiten

Ideales Ferienhaus für Familien, Schulen und Vereine / ganzjährig geöffnet

Wander- und Sportmöglichkeiten

Rundwanderung zum Schnebelhorn

Sehenswürdigkeiten

Brandenberger Grotte – Goldloch (im 18. Jahrhundert von Goldsuchern gebauter Stollen)

Frateco (Villard-sur-Chamby, VD)

560.800/147.700, alt. 1040 m, 50 places

Situation

Vallon de Villard, au-dessus de la Riviera vaudoise

Accès

Train ☐ 112 de Vevey jusqu'à Ondallaz-L'Alliaz. De là 20 min. de marche
Places de parc à 300 m du chalet

Description de la maison

Maison bien aménagée – cuisine avec 3 potagers – 8 chambres de 2 à 6 lits, 1 dortoir de 28 places – 1 réfectoire de 50 places – lavabos/douches – prises électr. 220 V – chauffage au bois – place de jeux – vente de boissons
Gardien permanent en juillet/août – tél. 021 964 58 98

La maison est indiquée pour/périodes d'ouverture

Des camps d'écoles, des cours, des week-ends, des fêtes, des familles / Ouvert toute l'année

Possibilités d'excursions/sports

De Blonay à Les Pléiades, Châtel-St-Denis, Les Avants, des Pléiades à St-Légier ou Col de Sonloup – Promenades en forêt – Ski de piste à 2 km, ski de fond – Plages à Vevey, Montreux

Attractions/sites remarquables

Rochers de Naye – Château de Chillon – Musée suisse du jeu – Musée suisse de l'appareil photographique – Alimentarium Montreux

Proposition de randonnée

Voir page 226

21   Fronalphaus (Näfels/Mollis, GL)

725.400/214.600, 1450 m ü. M., 70 Schlafplätze

Lage

Auf Krete zwischen Unter- und Mittelstaffel der Fronalpen

Anreise

Zug □ 902 ab Ziegelbrücke bis Näfels-Mollis, dann 2½ Std. zu Fuss
Mit Auto bis Skilift, im Sommer Parkplatz unterhalb Haus

Hausbeschreibung

Gut ausgebautes Berghaus – Selbstkocherküche – 1 Zimmer mit 2 Betten, 5 Zimmer mit 4 Betten, 2 Zimmer mit 6 Betten, 2 Zimmer mit 8 Betten, je 1 Raum mit 5, 6, 8 und 10 Schlafplätzen – Schlafsäcke obligatorisch, Bettwäsche mitbringen – 2 Aufenthaltsräume mit 30 und 40 Plätzen – Waschräume/ Dusche – elektr. Anschlüsse 220 V – Ölzentralheizung – Pension erhältlich – Getränkeverkauf
Ständiger Hauswart – Haus-Tel.-Nr. 058 34 10 12

Eignung des Hauses/Öffnungszeiten

Vielseitig, auch für Schulen/Gruppen / ganzjährig geöffnet

Wander- und Sportmöglichkeiten

Vielseitiges Wander-, Bergtouren- und Skigebiet: Schilt, Mühlehorn, Talalpsee, Spaneggsee, Fronalpstock – Delta- und Gleitschirmfliegen (Startrampe beim Haus)

Sehenswürdigkeiten

Hauptort Glarus – Walensee

Wandervorschlag

Siehe Seite 170

22 Fröschengülle (Brittnau, Wiggertal, AG)

637.000/234.400, 536 m ü. M., 40 Sitzplätze

Lage

Im Wiggertal, oberhalb Brittnau, auf grosser Wiese, von Wald umgeben

Anreise

Bus ☐ 500.63 ab Zofingen bis Brittnau-Ausserdorf oder Zug ☐ 500 ab Luzern oder Olten bis Brittnau-Wikon, dann 40 Min. zu Fuss
Autoparkplatz beim Haus

Hausbeschreibung

Keine Übernachtung – Küche: Holz- und Elektroherd – Geschirr für 40 Personen – Aufenthaltsraum für 40 Personen – Holzkochherd und Zentralheizung kombiniert mit Elektrospeicherheizung – einfache Mahlzeiten und alkoholfreie Getränke erhältlich – Spielwiese mit Feuerstelle
Hüttenwart an Sonntagen

Eignung des Hauses/Öffnungszeiten

Für Vereinsfeste und Erholung. Ideal zum Austoben für Kinder / sonntags geöffnet

Sehenswürdigkeiten

Auf dem Weg vom Bahnhof Brittnau-Wikon ins Hüttli lohnt sich ein Abstecher zur Storchenkolonie

23 Giesentalhaus (Schneitberg, ZH)

707.900/262.500, 580 m ü. M., 29 Schlafplätze

Lage

Am Südhang des Schneitbergs

Anreise

Zug ☐ 850 ab Winterthur oder Wil bis Elgg, dann 20 Min. zu Fuss
Autoparkplatz beim Haus (300 m)

Hausbeschreibung

Einfach eingerichtetes Haus – Selbstkocherküche mit Holz- und Elektroherd – Geschirr für 30 Personen – 1 Raum mit 4 Schlafplätzen, 1 Raum mit 13 Schlafplätzen und 2 Räume mit je 6 Schlafplätzen – Schlafsäcke obligatorisch – 2 Aufenthaltsräume für 15 und 24 Personen – fliessendes Wasser/ Dusche – elektr. Anschlüsse 220 V – Getränkeverkauf – Spielplatz
Wochenendhauswart – Haus-Tel.-Nr. 052 48 28 14

Eignung des Hauses/Öffnungszeiten

Vielseitig. Für Schulen, Feste, Kurse und Weekends / vom 1. März bis 31. Dezember geöffnet

Wander- und Sportmöglichkeiten

Schauenberg, Hörnli, Tannzapfenland, Schneitberg

Sehenswürdigkeiten

Sonnenberg – Karthause Ittingen

24 Genzianella (Giubiasco, TI)

725.350/115.470, altitudine 1400 m s. l. m., 15 posti

Situazione

Sopra Bellinzona. Daro con una magnifica vista sulle più alte cime della Svizzera (Monte Rosa), Lago Maggiore, Piano di Magadino

Accesso

Auto postale ☐ 625.45 da Bellinzona (via Canc. Molo) sino ai Monti di Paudo o Melera, poi a piedi per ca. 1 fino a 1½ ora Teleferica solo per materiale su richiesta

Descrizione della casa

Piccola casa semplicemente attrezzata – cucina con stufa a legna e gas – 1 dormitorio con 15 posti – 1 sala soggiorno – acqua corrente/nessuna doccia – niente elettricità – illuminazione con energia solare
Guardiano su richiesta – Tel.-N° 092 25 85 05 (cabina consortile)

Particolarità della casa/periodi di apertura

Ideale per famiglie e piccoli gruppi / Aperta da aprile ad ottobre (o ev. su richiesta) / Deposito chiave presso il responsabile a Bellinzona e Giubiasco

Possibilità di gite

Passeggiate romantiche sui Monti e nel bosco, Gesero, Pso S. Jorio

Attrazini turistiche

Castelli di Bellinzona

Proposta di gita

Vedi pagina 240

25 Gislifluh (Region Lenzburg, AG)

651.400/253.400, 628 m ü. M., 90 Sitzplätze

Lage

Im idyllischen Schenkenbergtal am Nordhang der Gislifluh

Anreise

Zug ☐ 650 ab Zürich oder Olten bis Wildegg, dann über den Steinbruch 1 Std. zu Fuss, oder mit Postauto ☐ 650.25 ab Wildegg oder mit Postauto ☐ 650.30 ab Brugg bis Oberflachs, dann 20 Min. zu Fuss
Autozufahrtsmöglichkeit ab Oberflachs bis Haus

Hausbeschreibung

Gut eingerichtete Räume – Keine Schlafgelegenheit – 1 Aufenthaltsraum für zirka 70 Personen – 1 Cheminéeraum für zirka 30 Personen – fliessendes Wasser – elektr. Anschlüsse 220 V – grosse Spielwiese mit Grillrost und Sitzgelegenheiten – Abgabe von alkoholfreien Getränken und Zwischenverpflegung
Sonntags Hüttenwart

Eignung des Hauses/Öffnungszeiten

Ideal für Familien-, Firmen- und Vereinsfeste. Sonntags als Rastplatz für Wanderer und Spaziergänger. Für Feste (nur mit Voranmeldung) / ganzjährig geöffnet

Wander- und Sportmöglichkeiten

Schönes Wander- und Langlaufgebiet

Sehenswürdigkeiten

Ruine Schenkenberg

26 Gorneren (Kiental, BE)

625.000/155.700, 1470 m ü. M., 85 Schlafplätze

Lage

Auf Gornerenalp an Sonnenseite des hinteren Kientales

Anreise

Postauto ☐ 300.15 ab Reichenbach bis Kiental (Winter) bzw. Griesalp (Sommer), von da 20 Min. zu Fuss
Privatstrasse ab Kiental taxpflichtig. Im Sommer bis Haus, im Winter bis Tschingel

Hausbeschreibung

Einfaches Haus – Selbstkocherküche: 1 Holzherd und 1 Gas-rechaud – Geschirr für 100 Personen – 20 Räume mit 2 bis 8 Schlafplätzen – Schlafsäcke obligatorisch – 2 Aufenthalts-räume mit je 40 Plätzen – Schlafräume nicht heizbar – Waschräume – Petrol-/Gaslicht – kein Strom – Taschenlampe mitnehmen – Veranda – Mindestalter für Kinder: 3 Jahre – Haustiere verboten – Getränke/Frühstück erhältlich
Hauswart von Juni bis 30. September, sonst nach Vereinba-rung – Haus-Tel.-Nr. 033 76 11 40

Eignung des Hauses/Öffnungszeiten

Für Ferien, Weekends und Passanten / ganzjährig geöffnet

Wander- und Sportmöglichkeiten

Ideal für Wanderungen, Berg- und Skitouren (Blümlisalp, Gspaltenhorn, Schilthorn usw.) – Skilift in Kiental

Sehenswürdigkeiten

Vielseitige Alpenflora/-fauna – Wasserfälle, Bergseen

Wandervorschläge

Siehe Seiten 194 und 196

27   Grindelwald (Berner Oberland)

645.500/164.200, 1130 m ü. M., 63 Schlafplätze

Lage

Am Terrassenweg mit Ausblick auf Eiger und Wetterhorn

Anreise

Postauto ☐ 100.00 (34), Linie Terrassenweg ab Bhf. Grindelwald, Haltestelle beim Haus
Autoparkplatz (Gebühr) neben Haus

Hausbeschreibung

Gemütliches Holzhaus – Selbstkocherküche (Benützung auf Anfrage, für Gruppen ungeeignet) – 1 Zimmer mit 1 Bett, je 5 Zimmer mit 2 bzw. 4 Betten, 4 Zimmer mit je 3 Betten, 2 Zimmer mit 6 Betten, 1 Raum mit 12 Schlafplätzen – Schlafsäcke/Bettwäsche obligatorisch oder mietbar – Ess- und Aufenthaltsräume für 16, 28 und 30 Personen – Waschräume/Dusche – el. Anschlüsse 220 V – Zentralheizung – Wiese – Getränkeverkauf – Frühstück und Nachtessen wird abgegeben
Ständiger Hauswart – Haus-Tel.-Nr. 036 53 13 33

Eignung des Hauses/Öffnungszeiten

Für Familienferien, Gruppen, Vereine / Von Dezember bis nach Ostern und Ende Mai bis Mitte Oktober geöffnet

Wander- und Sportmöglichkeiten

Wanderungen im Gebiet First und Kleine Scheidegg – Lauberhorn, Männlichen – ideales Skigebiet

Sehenswürdigkeiten

Gletscherschlucht – Oberer Grindelwaldgletscher (Eisgrotte)

Wandervorschläge

Siehe Seiten 190 und 192

28 · Grön (Gantrischgebiet, BE)

598.600/175.400, 1500 m ü. M., 48 Schlafplätze

Lage

Am Südhang der Schüpfenfluh im Gantrischgebiet

Anreise

Postauto □ 297.15 ab Bhf. Schwarzenburg bis Grönegg (Sommer) bzw. Schwarzenbühl (Winter), oder □ 290.40 ab Bhf. Bern bis Gantrischhütte, dann 40 Min. zu Fuss
Autoparkplatz 300 m vor Haus (im Winter 2,5 km)

Hausbeschreibung

Normal eingerichtetes Haus – Selbstkocherküche: 1 Holz- und 1 Elektroherd – Geschirr für 50 Personen – 1 Zimmer mit 2 Betten, 3 Zimmer mit 4 Betten, je 2 Zimmer mit 5 bzw. 6 Betten, 1 Raum mit 12 Schlafplätzen – Schlafsäcke obligatorisch – 1 Aufenthaltsraum für 40 Personen – Waschräume – elektr. Anschlüsse 220 V – Warmluftheizung – Terrasse – Spielplatz – Getränkeverkauf
Kein ständiger Hauswart – Haus-Tel.-Nr. 031 809 08 70

Eignung des Hauses/Öffnungszeiten

Vielseitig. An Feiertagen durch Hüttengemeinschaft besetzt / ganzjährig geöffnet

Wander- und Sportmöglichkeiten

Vielseitige Wander-, Berg- und Skitouren im Grön und an der Gantrischkette – Skilifte in Schwefelberg Bad und Selital

Sehenswürdigkeiten

Vielfältige Naturschönheiten

Wandervorschlag

Siehe Seite 198

29 Schwendihütte (Habkern, BE)

633.700/175.200, 1175 m ü. M., 30 Schlafplätze

Lage

Am Weg von Habkern über Schwendi–Rothenschwand nach Kemmeriboden

Anreise

Postauto ☐ 310.80 ab Bhf. Interlaken West bis Habkern, dann 30 Min. zu Fuss
Parkplatz beim Haus

Hausbeschreibung

Normal eingerichtetes Haus – Selbstkocherküche: 1 Holzherd – Geschirr für 36 Personen – 3 Räume mit 4, 12 und 14 Schlafplätzen – 2 Aufenthaltsräume für je 30 Personen – Waschraum – elektr. Anschlüsse 220 V – Wiese

Eignung des Hauses

Für Lager, Familienferien, Weekends und Vereinsfeste / ganzjährig geöffnet

Wander- und Sportmöglichkeiten

75 km markierte Wander- und Bergwege – Ausgangspunkt für zahlreiche Ausflüge (z. B. Jungfraujoch und Passfahrten) – ideales Skigebiet

Sehenswürdigkeiten

Hochmoore – Steinbockkolonie – Lombachalp

Wandervorschlag

Siehe Seite 210

Haute-Borne (Delémont, JU)

589.600/247.800, alt. 888 m, 42 places

Situation

Chalet situé idéalement dans un endroit tranquille et reposant à 7 km au nord-ouest de Delémont

Accès

CFF jusqu'à Delémont, puis par courses-horaire du car PTT ☐ 230.10 ligne Delémont-Lucelle jusqu'à l'arrêt «Le Sommet» sur demande. Temps de marche depuis Le Sommet: 45 min. Places de parc au chalet

Description de la maison

Maison bien équipée – cuisine: cuisinière électrique – vaisselle pour 40 personnes – 9 chambres de 3 à 6 lits – sacs de couchage obligatoires – 2 couvertures et un coussin sont fournis – réfectoire pour 40 personnes – douches – prises électr. 220 V – chauffage électrique et au bois – place de jeux – vente de boissons
Gardiennage le week-end – tél. 066 22 62 49

La maison est indiquée pour/périodes d'ouverture

Des camps d'écoles, des cours, des fêtes, des week-ends, des vacances familiales / Ouvert toute l'année

Possibilités d'excursions/sports

Crêtes du Jura – Gorges de Soyhières et chapelle du Vorbourg – Col des Rangiers – Franches Montagnes – Piscine à Delémont – Ski de piste (Grandval) et ski de fond

Attractions/sites remarquables

Delémont, musée jurassien – Château de Domont, Soyhières – Etang et abbaye de Lucelle – St-Ursanne – Porrentruy et Ajoie

31 Hellboden (Aeschiried, BE)

622.300/166.700, 920 m ü. M., 26 Schlafplätze

Lage

Oberhalb Krattigen mit Sicht auf Thuner- und Brienzersee

Anreise

Postauto ☐ 300.10 ab Bhf. Spiez bis Aeschiried Ebenen, dann 20 Min. zu Fuss
Parkplatz beim Haus

Hausbeschreibung

Gut eingerichtetes Selbstkocherhaus – Küche mit 2 Elektro-herden – Geschirr für 30 Personen – 5 Zimmer mit je 4 Betten und 1 Zimmer mit 6 Betten – Schlafsäcke obligatorisch – 1 Aufenthaltsraum für 30 Personen – 2 Waschräume/keine Duschen – elektr. Anschlüsse 220 V – Ölzentralheizung – Getränkeverkauf
Wochenendhauswart

Eignung des Hauses/Öffnungszeiten

Für Lager, Weekends und Familienferien / ganzjährig geöffnet

Wander- und Sportmöglichkeiten

Panoramaweg Greberegg–Brunialp–Suldtal – grosse Auswahl an Bergtouren – Skilift 100 m vor Haus

Sehenswürdigkeiten

Schlösser Spiez und Thun – Beatushöhlen – Bergkristall-sammlung Krattigen

32 Hochstuckli (Sattel, SZ)

693.200/212.900, 1370 m ü. M., 20 Schlafplätze

Lage

Im oberen Teil des Hochstucklis

Anreise

Zug ☐ 670 ab Arth-Goldau oder Rapperswil/Pfäffikon bis
Sattel, von dort Sesselbahn bis Hochstuckli, dann 5 Min. zu
Fuss
Autostrasse ab Schwyz bis Haus (im Winter geschlossen)

Hausbeschreibung

Gemütlich eingerichtetes Haus – Selbstkocherküche: 1 Elek-
tro- und 1 Holzherd – Geschirr für 30 Personen – 1 Raum mit
4 Schlafplätzen, 2 Räume mit je 8 Schlafplätzen – Schlafsäcke
obligatorisch – 1 Aufenthaltsraum für 20 Personen – Wasch-
raum/keine Dusche – elektr. Anschlüsse 220 V – elektr. Raum-
heizung – Mindestalter für Kinder: 7 Jahre – Getränkeverkauf
Wochenendhüttenwart – Haus-Tel.-Nr. 043 43 16 79

Eignung des Hauses/Öffnungszeiten

Für Weekends, Tagesgäste, Vereine und Familien / vom
1. Oktober bis 30. April geöffnet, nur Winterbetrieb

Wander- und Sportmöglichkeiten

Beliebtes Ski- und Wandergebiet Hochstuckli – Skitouren:
Holzegg, Ibergeregg, Hochybrig

Sehenswürdigkeiten

Bundesbriefarchiv Schwyz – von-Reding-Haus in Schwyz –
Schaukäserei Schwyzerland

33 Hohestei-Teestübli (Zürich, ZH)

679.200/246.100, 708 m ü. M., 24 Sitzplätze

Lage

Stadt Zürich, auf halbem Weg zwischen Triemli und Uetliberg, 20 Min. von Station Ringlikon

Anreise

Zug □ 713 (S 10) ab Zürich Hauptbahnhof bis Triemli oder Ringlikon, oder Tram □ 100.00 (99), Linie 14, ab HB Zürich bis Triemli

Hausbeschreibung

24 Sitzplätze – keine Übernachtung – Bewirtung der Wanderer und Spaziergänger mit Guezli und alkoholfreien Getränken

Eignung des Hauses/Öffnungszeiten

Für Wanderer und Spaziergänger. Kann nicht für Feste, Anlässe usw. gemietet werden! Nur an Sonn- und Feiertagen geöffnet

34 Hofmatt (Region Hallwilersee, AG)

654.200/240.700, 600 m ü. M., 40 Sitzplätze

Lage

In Dürrenäsch oberhalb des Hallwilersees

Anreise

Zug ☐ 651 ab Luzern oder Lenzburg bis Hallwil-Dürrenäsch, oder Zug ☐ 644 ab Aarau bis SBB-Station Teufenthal, von dort zu Fuss in 1½ Std. bis zum Haus, oder ab Teufenthal mit RBL-Bus ☐ 644.10 bis Dürrenäsch Dorf und 10 Min. zu Fuss bis zum Haus
Parkplatz beim Haus

Hausbeschreibung

Selbstkocherküche – 1 Aufenthaltsraum für 40 Personen – Cheminéeraum im Keller – Elektrospeicheröfen – Spielplatz – Schwimmbad 100 m vom Haus entfernt

Eignung des Hauses/Öffnungszeiten

Ideal für Vereinsfeste und Familienfeiern / ganzjährig geöffnet

35 Jägeri (Landquart, GR)

758.500/203.300, 1250 m ü. M., 36 Schlafplätze

Lage

Auf sonniger Bergterrasse oberhalb Landquart

Anreise

Postauto ☐ 900.62 ab Bhf. Ragaz bis Pfäfers, dann Postauto ☐ 900.63 bis St. Margrethenberg, dann 1 Std. zu Fuss, oder Zug ☐ 900 ab Zürich bzw. ☐ 880 ab St. Gallen bis Landquart, dann über Mastrils 2½ Std. zu Fuss
Parkplatz beim «Fürggli», 500 m vom Haus entfernt.

Hausbeschreibung

Normal eingerichtetes Haus – Selbstkocherküche: 1 Holz- und 1 Elektroherd – Geschirr für 40 Personen – je 1 Zimmer mit 2 bzw. 6 Betten, 3 Zimmer mit je 4 Betten, 2 Räume mit je 4 und 1 Raum mit 8 Schlafplätzen – Schlafsäcke empfohlen – 2 Aufenthaltsräume mit 30 und 10 Plätzen – elektr. Anschlüsse 220 V – Spielplatz – Getränkeverkauf
Hüttenwart an Wochenenden auf Anfrage

Eignung des Hauses/Öffnungszeiten

Für Lager, Vereine, Ferien. Für Einzelne ungeeignet, da kein ständiger Hauswart / nur April bis November offen

Wander- und Sportmöglichkeiten

Beliebte Wanderungen und Bergtouren: Pizalun, Kaminspitze, Calanda, Taminaschlucht

Sehenswürdigkeiten

Taminaschlucht – altes Bad Pfäfers – Kloster Pfäfers usw.

Wandervorschlag

Siehe Seite 148

Jurablick (Reiden, LU)

641.900/232.700, 560 m ü. M., 40 Sitzplätze

Lage

Jurablick mit prächtiger Aussicht in den Jura

Anreise

Bus ☐ 500.59 ab Bhf. Zofingen oder Reiden bis Hölzlistrasse/
Kantonalbank, dann 15 Min. zu Fuss
Parkplatz 150 m vom Haus entfernt

Hausbeschreibung

Keine Übernachtung – 1 Aufenthaltsraum für 40 Personen –
Küche mit Holzherd – Geschirr vorhanden – Holzheizung –
Getränkeverkauf – Spielplatz mit Geräten
Wochenendhüttenwart, sonst auf Anfrage

Eignung des Hauses/Öffnungszeiten

Bestens geeignet für Familien- und Geburtstagsfeiern oder
Hochzeiten und Partys / Januar und Februar geschlossen,
sonst geöffnet auf Anfrage, für Besuch von Vereinen und
Gruppen Voranmeldung erbeten

37   **Kaien** (Rehetobel, AR)

756.000/256.700, 1100 m ü. M., 37 Schlafplätze

Lage

Im Dreiländereck oberhalb der Kurorte Heiden und Rehetobel im Appenzellerland, direkt beim Kaienspitz

Anreise

Postauto ☐ 857.20 ab Bhf. St. Gallen oder Post Heiden bis Kaien-Scheidweg, dann 20 Min. zu Fuss
Autoparkplätze (Gebühr) 150 m unter dem Haus

Hausbeschreibung

Sehr gut eingerichtetes Haus – Selbstkocherküche: 1 Holz- und 2 Elektroherde – 4 Zimmer mit je 4 Betten, 1 Zimmer mit 5 Betten, 2 Räume mit 6 Schlafplätzen und 1 Raum mit 4 Schlafplätzen – Schlafsäcke oder Leintücher obligatorisch – 3 unterteilbare Aufenthaltsräume – Spielzimmer für Kinder – Waschräume/Dusche – elektr. Anschlüsse 220 V – Zentralheizung – Telefonautomat – Getränkeverkauf an Wochenenden – Grill und Pingpongtisch im Freien – An Wochenenden Halbpension für Gruppen auf Anfrage
Wochenendhüttenwart – Haus-Tel.-Nr. 071 95 11 04

Eignung des Hauses/Öffnungszeiten

Vielseitig / ganzjährig geöffnet

Wander- und Sportmöglichkeiten

Vielfältige Wander- und Tourenmöglichkeiten: Rundwanderungen, Bodensee, Alpstein – 3 Skilifte und diverse Loipen in der näheren Umgebung

Sehenswürdigkeiten

St. Gallen – Rorschach – Naturschutzlandschaft Altenrhein

38   Kempfenhütte (Morschach, SZ)

689.600/203.100, 700 m ü. M., 43 Schlafplätze

Lage

Sonnenterrasse mit Sicht auf Vierwaldstättersee und Alpen

Anreise

Bus ☐ 600.25 ab Bhf. Brunnen bis Morschach (Mattli oder Dorf), dann 20 Min. zu Fuss
Autoparkplatz vor dem Haus

Hausbeschreibung

Gut ausgebautes Selbstkocherhaus – Küche: 1 Holz- und 1 Elektroherd – Geschirr für 50 Personen – 1 Zimmer mit 1 Bett, je 2 Zimmer mit 2, 6 bzw. 8 Betten und 1 Zimmer mit 10 Betten – Schlafsäcke obligatorisch – 2 Aufenthaltsräume für 20 und 27 Personen – Waschraum/Duschen – Strom 220 V – Holz-/Elektroheizung – Spielwiese – Feuerstelle – Getränkeverkauf – Mindestalter für Kinder: 2–3 Jahre
Haus-Tel.-Nr. 043 31 35 93

Eignung des Hauses/Öffnungszeiten

Vielseitig / ganzjährig geöffnet

Wander- und Sportmöglichkeiten

Wanderungen: Schwyzerhöhe, Stoos, Fronalpstock, Riemenstalden usw. – Bergtouren: Urirotstock, Kaiserstock, Rossstock, Mythen usw. – 2 Skilifte, Langlaufloipe, Schlittelwege – Luftseilbahn ins Skigebiet Stoos

Sehenswürdigkeiten

Rütli – Tellskapelle – Verkehrsmuseum Luzern

Wandervorschlag

Siehe Seite 174

39   Kipp-Waldheim (Gelterkinden, BL)

632.700/256.200, 430 m ü. M., 25 Schlafplätze

Lage

Kipp, Gemeinde Gelterkinden

Anreise

Postauto ☐ 500.37 ab Bhf. Gelterkinden oder Tecknau bis Gelterkinden Schwimmbad
Autoparkplätze beim Schwimmbad, für Materialtransporte Parkplätze beim Haus

Hausbeschreibung

Normal eingerichtetes Haus – Selbstkocherküche: 1 Holz- und 1 Elektroherd – Geschirr für 40 Personen – 1 Zimmer mit 1 Bett, 3 Räume mit je 8 Schlafplätzen – Schlafsäcke obligatorisch – 2 Aufenthaltsräume für 12 und 35 Personen – Waschräume/Dusche – elektr. Anschlüsse 220 V – Holzheizung – Zeltplatz – Spielplatz
Haus-Tel.-Nr. 061 99 38 33

Eignung des Hauses/Öffnungszeiten

Vielseitig / ganzjährig geöffnet

Wander- und Sportmöglichkeiten

Farnsburg, Wiesenberg, Sissacherfluh, Bölchen – Hallen- und Freibad 5 Min. vom Haus entfernt

Sehenswürdigkeiten

Mehrere Burgruinen

41 La Châtelaine (Les Pontins, BE)

567.700/220.500, 1150 m ü. M., 38 Schlafplätze

Lage

Am Nordhang des Chasserals

Anreise

Bus ☐ 225.10 von SBB-Bhf. St-Imier bis Les Pontins, dann 15 Min. zu Fuss
Autoparkplatz 100 m vor dem Haus

Hausbeschreibung

Gut eingerichtetes Touristenhaus – Selbstkocherküche mit 1 Holzherd – 4 Räume mit 8 und 1 Raum mit 6 Schlafplätzen – Schlafsäcke obligatorisch – 2 Aufenthaltsräume für je 24 Personen – Waschräume/Dusche – elektr. Anschlüsse 220 V – Holzheizung

Eignung des Hauses/Öffnungszeiten

Ideal für Weekends und Ferien, auch für Vereinsausflüge, Ferienkolonien und Schullager / ganzjährig geöffnet

Wander- und Sportmöglichkeiten

Haus liegt an Jurawanderroute Genf–Basel – Skilifte und Langlaufloipen in der Umgebung des Hauses (Skigebiet Chasseral)

Sehenswürdigkeiten

Uhrenmuseum in La Chaux-de-Fonds – alte unterirdische Mühle in Le Locle – Schokoladenfabrik in Courtelary

La Flore (Courtelary, BE)

572.150/227.650, alt. 1254 m, 20 places

Situation

Situé sur la crête des Bises de Courtelary au lieu dit Sur Les Roches, au milieu d'un parc entouré de pâturages

Accès

CFF jusqu'à Tramelan. De là 1 h 15 de marche. Ou bus ☐ 237.10 jusqu'à Mont-Crosin: depuis là 35 min. de marche Parking au chalet pendant la belle-saison

Description de la maison

Chalet aménagé – cuisine: sans eau courante, 1 cuisinière à bois, 1 réchaud électrique – vaisselle pour 35 personnes – 2 dortoirs de 10 places – sacs de couchage conseillés – salle de séjour pour 35 personnes – WC à l'extérieur/pas de douches – chauffage au bois – place de jeux – vente de boissons Gardiennage le week-end

La maison est indiquée pour/périodes d'ouverture

Des camps d'écoles (en partie), des randonneurs et des vacances familiales / Ouvert toute l'année

Possibilités d'excursions/sports

Randonnées à travers le Jura et les Franches-Montagnes. Vallées du Doubs, les Rochers des Sommêtres, le Chasseral, etc. – Piscine à Tramelan – Téléski – Piste de fond

Attractions/sites remarquables

Etang de la Gruère – St-Ursanne

Proposition de randonnée

Voir page 222

La Ginestra (Val Colla, TI)

719.300/105.100, altitudine 985 m s. l. m., 45 posti

Situazione

Sopra Tesserete

Accesso

Autopostale ☐ 633.35 da Tesserete Posta a Roveredo
Automobile a Roveredo. A piedi da Roveredo 40 minuti su
comodo sentiero

Descrizioni della casa

Casa semplicemente attrezzata – cucina con butangas –
vasellame per 40 persone – 40 persone in camere da 2 fino
a 4 letti, dormitori da 12 posti – sala da soggiorno – servizi ad
ogni piano/doccia – elettricità 220 V – piazzale, bosco di
castagni nei dintorni
Custode, che però non è presente tutti i fine settimana –
Tel.-N° 091 91 23 73

Particolarità della casa/periodi di apertura

Adatta anche per scuole, corsi fine settimana, vacanze / da
aprile a ottobre aperto. Deposito chiave presso il Ristorante
Stazione a Tesserete

Possibilità di gite

Verso Gola di Lago – Monti Bigorio. Ascensione al Gazzirola
e Monte Baro

Attrazioni turistiche

Vista imprendibile sul Golfo di Lugano

Proposta di gita

Vedi pagina 244

44 # La Serment (Tête de Ran, Jura NE)

555.500/210.700, alt. 1246 m, 94 places

Situation

Dans le Jura Neuchâtelois à proximité du lac de Neuchâtel, avec panorama grandiose

Accès

Train ☐ 223 de Neuchâtel ou du Locle jusqu'aux Hauts-Geneveys, de là 45 min. de marche
Parking: en été, à 3 min. du chalet, en hiver, à Tête de Ran ou Les Gollières (Téléski)

Description de la maison

Chalet aménagé – cuisine agencée avec 1 cuisinière d'hôtellerie – vaisselle pour 100 personnes – 1 dortoir de 30 places, 2 de 3 places, 6 de 4 places, 3 de 8 places, et 1 de 10 places – 2 réfectoires à 60 et 80 places dont un avec cheminée – 2 blocs sanitaires – prises électr. 220 V – chauffage général – places de jeux – vente de boissons – chiens interdits à l'intérieur
Gardiennage les week-ends et en juillet, août
tél. 038 53 20 19

La maison est indiquée pour/périodes d'ouverture

Des camps d'écoles, des cours, des week-ends, des vacances, des familles / Ouvert toute l'année

Possibilités d'excursions/sports

Route des Crêtes du Jura – Bassin du Doubs – 3 téléskis – pistes de ski de fond

Attractions/sites remarquables

Neuchâtel et son lac – Musée d'horlogerie de La Chaux-de-Fonds – Château de Valangin

Le Coutzet (St-Cergue, VD)

499.700/145.000, alt. 1140 m, 58 places

Situation

Le chalet se trouve non loin de sites exceptionnels avec vue sur le bassin lémanique et les Alpes

Accès

Train ☐ 155 de Nyon jusqu'aux Pralies (arrêt sur demande) puis 10 min. de marche
Parking à 100 m du chalet

Description de la maison

Chalet bien aménagé – cuisine: fourneau éléctrique et potager à mazout – vaisselle pour 70 personnes – 3 chambres à 4 places, 2 chambres à 6 places, 2 dortoirs à 17 places – sacs de couchage obligatoires – réfectoire de 50 places – douche – prises électr. 220 V – chauffage central – terrasses – places de jeux
Gardiennage les week-ends – tél. 022 60 16 25

La maison est indiquée pour/périodes d'ouverture

Des camps d'écoles, des cours, des week-ends, des fêtes, des vacances / Ouvert toute l'année

Possibilités d'excursions/sports

La Barillette, La Dôle, Col de la Faucille, Le Noirmont – Ski de piste (La Dôle) – Ski de fond (La Givrine)

Attractions/sites remarquables

Genève, Lausanne – Nyon: cité bi-millénaire, 3 musées et nombreuses expositions – Nombreuses curiosités en France voisine – Zoo «La Garenne» – Le Vaud

46 Le Furet (La Creusaz sur Les Marécottes, VS)

565.500/107.300, alt. 1800 m, 25 places

Situation

A La Creusaz sur Les Marécottes, avec panorama magnifique sur les Alpes valaisannes et françaises

Accès

Train ☐ 132 de Martigny jusqu'aux Marécottes; de là 20 min. jusqu'au départ de la télécabine ☐ 1140 jusqu'à La Creusaz, puis 10 min. de marche. A partir des Marécottes, 2 h 30
Parking près de la télécabine (en hiver défense de parquer durant la nuit). Parquer au bas du village

Description de la maison

Ancien chalet modeste, aménagé – cuisine: potager à bois et électrique, fours à raclette – vaisselle pour 25 personnes – 1 dortoir de 7 places, 4 de 4 places, 1 de 2 places – sacs de couchages obligatoires – réfectoire pour 25 pers. – lavabos/ 1 douche – prises électr. 220 V – chauffage électr. – vente de boissons – pas de pension
Gardien permanent

La maison est indiquée pour/périodes d'ouverture

Des camps d'écoles, des cours, des week-ends, des fêtes, des touristes, des vacances / Ouvert toute l'année

Possibilités d'excursions/sports

Emaney, Col d'Emaney, Col de Barberine, Emosson, Finhaut, Col de la Golettaz, etc. – Varappe: le Luisin 2800 m – Parapente – Ski de piste à 50 m – 5 remontées mécaniques – Pas de piste de ski de fond – Piscine aux Marécottes

Attractions/sites remarquables

Zoo aux Marécottes

Le Muguet (St-George, Jura VD)

509.000/151.900, alt. 1000 m, 46 places

Situation

Au-dessus du village de St-George. Vue magnifique sur le Pays de Vaud et les Alpes

Accès

Bus ☐ 150.22 de la gare de Nyon ou du Brassus jusqu'à St-George. De là 10 min. de marche. De la gare de Rolle, autobus par Gimel, St-George. Parc pour autos au chalet

Description de la maison

Chalet aménagé – cuisine équipée: 2 cuisinières à bois – vaisselle pour 100 personnes – 2 dortoirs à 8 places, 2 chambres à 2 lits, 1 dortoir à 3 places, 4 à 4 places, 1 à 7 places – sacs de couchage ou draps obligatoires – réfectoire de 80 places – salle de jeux – 4 douches-lavabos – prises électr. 220 V – chauffage central – place de jeux – vente de boissons – les animaux sont interdits à l'intérieur
Gardiennage en juillet/août, sinon week-end
tél. 022 68 13 98

La maison est indiquée pour/périodes d'ouverture

Des camps d'écoles, des cours, des week-ends, des fêtes, des vacances, des randonneurs / Ouvert toute l'année

Possibilités d'excursions/sports

Nombreuses randonnées dans la Vallée de Joux et le Jura vaudois. Propositions: Crêt de la Neuve par la Glacière, Col du Marchairuz – Pistes de fond et téléskis

Attractions/sites remarquables

Musée et moulin de St-George – La Glacière (grotte) sur St-George – Nyon, Lausanne, Genève

Les Barmes (Val d'Anniviers, VS)

611.500/115.800, alt. 1280 m, 65 places

Situation

A proximité des stations de Grimentz, St-Luc et Zinal

Accès

Bus ☐ 100.77 de la gare de Sierre jusqu'à St-Jean. De là env. 400 m sur la route en direction de Mission
Parking devant la maison ou au village (enneigement)

Description de la maison

Séjour idéal pour familles – cuisine équipée: cuisinière électrique – vaisselle pour 70 personnes – chambres à 1, 3, 5, 6, 8 et 10 lits – sacs de couchage ou draps obligatoires – salle à manger et salon avec cheminée – douches/bain – prises électr. 220 V – chauffage central à mazout – vente de boissons – au chalet les animaux ne sont pas admis
Gardiennage en fin de semaine et durant les vacances

La maison est indiquée pour/périodes d'ouverture

Des camps d'écoles, des cours, des week-ends, des séjours en famille, des randonneurs et des skieurs / Ouvert de décembre à avril et de juin à octobre

Possibilités d'excursions/sports

Excursions au barrage de Moiry, Illhorn, Petit-Mountet, Tracuit – Piscines, patinoires, tennis, téléskis au Val d'Anniviers (Grimentz, Zinal, St-Luc, Chandolin) – Une piste de ski relie Grimentz à St-Jean

Attractions/sites remarquables

Grimentz, Zinal, Chandolin – Sentier planétaire de St-Luc – Les moulins de St-Luc

Les Chaignons (Porrentruy, JU)

572.600/246.800, alt. 900 m, 20 places

Situation

Crête rustique du Mont-Terrible, entre Fontenais et Ocourt

Accès

Bus ☐ 240.30 de la gare de Porrentruy jusqu'à Villars-sur-Fontenais, de là 75 min. de marche
Parc à côté du chalet

Description de la maison

Aménagée normalement – cuisine équipée – 20 lits répartis dans 3 chambres – sacs de couchage obligatoires – réfectoire de 40 places – salle de bains rustique – prises électr. 220 V – chauffage bois central et électricité – place de jeux – terrasse – grill – vente de boissons
Gardiennage le week-end

La maison est indiquée pour/périodes d'ouverture

Des camps´d'écoles, des cours, des randonneurs, des fêtes, des vacances en famille / Ouvert toute l'année

Possibilités d'excusions/sports

Nombreuses randonnées en Ajoie et dans le Jura: Réclère, Roche d'Or, Les Rangiers, Montanay (France), etc. – A 20 m du chalet, piste de ski de fond reliée à celle menant à Roche d'Or (parcours de 15 km) – Piscine, patinoire à Porrentruy

Attractions/sites remarquables

Porrentruy, son château, sa vieille-ville – Etangs de Bonfol – Franches Montagnes – Delémont, Musée jurassien

50 Les Cluds (Les Cluds sur Bullet, Jura VD)

533.100/188.500, alt. 1218 m, 38 places

Situation

Situé sur le balcon du Jura vaudois, au pied du Chasseron. Vue exceptionnelle sur le Plateau et les Alpes

Accès

CFF ☐ 212 Yverdon–Ste-Croix, puis 1 h de marche. En car postal ☐ 212.25 de Ste-Croix–Bullet, puis 20 min. de marche Parc devant le chalet

Description de la maison

Idéal pour vacances – cuisine équipée: cuisinière à bois et électrique – vaisselle pour 60 personnes – 2 chambres à 4 places, 5 à 6 places – réfectoire de 60 places – douches – prises électr. 220 V – chauffage au bois – garage pour vélos Gardiennage le week-end – tél. 024 61 20 98

La maison est indiquée pour/périodes d'ouverture

Des camps d'écoles, des cours, des week-ends, des fêtes, des vacances, des randonneurs / Ouvert toute l'année

Possibilités d'excursions/sports

Vaste réseau de chemins pédestres dans les forêts – Le Chasseron, Mont de Baulmes, Gorges de Covatannaz – Pistes de fond devant le chalet (42 km) – Ski de piste (Les Rasses)

Attractions/sites remarquables

Musée Baud à L'Auberson (boîtes à musique) – CIMA à Ste-Croix. Musée spectacle – Yverdon-les-Bains – Grandson (château) – circuit des vignobles – Ore (mosaïques romaines) – Vallorbe (grotte et musée du fer) – Pontarlier (F)

Les Collons (Val d'Hérens, VS)

595.800/114.900, alt. 1800 m, 118 places

Situation

Commune de Vex, Val d'Hérens, sur Les Mayens de Sion: vue splendide sur les Alpes et les forêts à proximité

Accès

De la gare de Sion jusqu'aux Collons transport par autocar Theytaz Excursions. Bus ☐ 135.63 de la gare de Sion
Places de parc au chalet

Description de la maison

Maison moderne, aménagée – cuisine équipée pour grande restauration – vaisselle pour 120 personnes – 1 chambre à 4 lits, 12 à 6 lits et 1 dortoir de 42 places – réfectoire de 120 places – lavabos/douches – prises électr. 220 V – chauffage à air chaud – place de jeux – forêt à proximité – vente de boissons – sur demande pension complète ou repas
Gardiennage le week-end (de juin à sept.) – tél. 027 81 12 16

La maison est indiquée pour/périodes d'ouverture

Des camps d'écoles, des cours, des week-ends, des fêtes de famille (mariages) et de société, les groupes d'été / Ouvert de mai à fin octobre (en hiver, la maison est louée au Service des Sports de Neuchâtel)

Possibilités d'excursions/sports

Crêtes de Thyon, Les Mayens de Sion-Veysonnaz, Lac des Dix, Cabane de Prafleuri – Magnifiques champs de ski, téléski à 5 min. du chalet – pistes de ski de fond

Attractions/sites remarquables

Sion – Tennis, bowling, piscine couverte à Thyon 2000

52 Les Saneys (Les Brenets, Jura NE)

546.800/214.400, alt. 1186 m, 31 places

Situation

Les Saneys à la Saignotte. Site magnifique pour de belles courses dans le Jura et les Côtes du Doubs

Accès

Train ☐ 223 de Neuchâtel jusqu'au Locle, puis 1 h 30 de marche
Parc devant le chalet

Description de la maison

Maison aménagée – cuisine: cuisinières à bois et électrique – vaisselle pour 60 personnes – chambres de 2, 3, 4 et 5 lits – sacs de couchage obligatoires – réfectoire de 45 places – lavabos – prises électr. 220 V – chauffage général – place de jeux – camp de camping à proximité
Gardien samedi/dimanche – tél. 039 32 12 75

La maison est indiquée pour/périodes d'ouverture

Des camps d'écoles, des cours, des week-ends, des fêtes, des vacances / Ouvert toute l'année. Dépôt des clés Police locale (Le Locle) ou F. Aeschlimann (La Saignotte)

Possibilités d'excursions/sports

Excursions dans le Jura et les Côtes du Doubs – Ski de fond

Attractions/sites remarquables

Les moulins souterrains du Col-des-Roches – Musée d'horlogerie au Château des Monts de la ville du Locle

Propositions de randonnées

Voir page 218

53 Lüeg ins Land (Riederalp, VS)

646.500/136.700, alt. 1950 m, 40 places

Situation

Situé dans les Alpes valaisannes, au-dessus de Mörel, au pied du glacier et des forêts de l'Aletsch

Accès

Train ☐ 610 de Brigue ou de Göschenen jusqu'à Mörel; de là télécabine ☐ 1330 ou ☐ 1331 jusqu'à Riederalp
Place de parc à Mörel

Description de la maison

Maison de vacances aménagée – cuisine équipée: cuisinières électriques – 3 chambres à 2 lits, 5 chambres à 4 lits, chambres à 6 et 8 lits superposés – sacs de couchage ou draps obligatoires – douches – prises électr. 220 V – ravitaillement à proximité – pas de pension
Gardiennage – tél. 028 27 11 65

La maison est indiquée pour / périodes d'ouverture

Des camps d'écoles, des cours, des groupes, des vacances en famille, des randonneurs, des skieurs / Ouvert de janvier à avril et de juin à octobre

Possibilités d'excursions/sports

Excursion au Märjelensee – Randonnée en haute montagne dans la région et sur le glacier d'Aletsch – Téléskis et télécabine – Piste de ski de fond

Attractions/sites remarquables

Réserve naturelle des forêts d'Aletsch

Proposition de randonnée

Voir page 236

54 **Medergerfluh** (Schanfigg, GR)

774.700/185.700, 2032 m ü. M., 28 Schlafplätze

Lage

Rechte Talseite im Schanfigg, Tschuggenalp ob Litzirüti

Anreise

Zug ☐ 930 ab Chur bis Langwies, Litzirüti oder Arosa, dann je 2 Std. zu Fuss
Parkplatz 1,3 km vom Haus entfernt

Hausbeschreibung

Einfaches, gemütliches Haus – Selbstkocherküche: 1 Holzherd – Geschirr für 40 Personen – je 1 Raum mit 6, 8 und 14 Schlafplätzen – Schlafsäcke obligatorisch – 1 Aufenthaltsraum für 28 Personen – Butangasbeleuchtung – Spielplatz – Mindestalter für Kinder: 6 Jahre
Wochenendhüttenwart von Juni bis Oktober

Eignung des Hauses/Öffnungszeiten

Für Schullager und Familienferien / von Juni bis Oktober geöffnet, im Winter auf Anfrage

Wander- und Sportmöglichkeiten

Grosse Auswahl an Wanderungen und Touren: Arosa, Davos, Sapün, Fondei, Medergerfluh, Trejerfluh

Sehenswürdigkeiten

Aroser Bergkirchli, Heimatmuseum

Wandervorschläge

Siehe Seiten 140 und 142

Meisenpfiff (Schwarzwald, BRD)

1100 m ü. M., 28 Schlafplätze

Lage

Muggenbrunn, im südlichen und höchsten Teil des Schwarz-
waldes, Hochtal zwischen Feldberg und Belchen

Anreise

Bus ☐ ab Freiburg (BRD) Richtung Todtnau bis Muggenbrunn, von da 15 Min. zu Fuss, oder Bahn ab Badischem
Bahnhof Basel bis Todtnau und weiter mit Bus bis Muggenbrunn
Parkplatz in Hausnähe (300 m)

Hausbeschreibung

Normal eingerichtetes Haus – Selbstkocherküche: 1 Holz-
und 1 Elektroherd – Geschirr für 50 Personen – 1 Zimmer mit
4 Betten, 3 Räume mit je 6 Schlafplätzen – Schlafsäcke
obligatorisch – 1 Aufenthaltsraum für 45 Personen und
1 Hüttenstube für 6 Personen – Waschräume – elektr. Anschlüsse 220 V – Ofenluftheizung
Wochenendhüttenwart

Eignung des Hauses/Öffnungszeiten

Ideal für Weekends und Ferien, auch für Schulen, Kurse und
Vereinsfeste. Für Übernachtungen Anmeldung an die Hausverwaltung / ganzjährig geöffnet

Wander- und Sportmöglichkeiten

Prächtiges Wandergebiet (Feldberg, Belchen, Schauinsland
usw.) im Schwarzwald – ideales Skigebiet

Sehenswürdigkeiten

Vogelparadies Steinen im Wiesental – Zoo Steinenwasen

56 Mettmen (Schwanden, GL)

726.400/202.400, 1560 m ü. M., 70 Schlafplätze

Lage

In den Glarner Freibergen

Anreise

Bus ☐ 902.40 ab Bhf. Schwanden bis Kies, von dort Luftseilbahn ☐ 1830 bis Mettmen

Hausbeschreibung

Gut eingerichtetes Haus – Kleinere und grössere Schlafräume mit Matratzen – Schlafsäcke empfehlenswert – Je 1 Aufenthaltsraum für 30 und 40 Personen – Waschräume – elektr. Anschlüsse 220 V – Holzheizung – Pensionsabgabe und Getränkeverkauf – Mindestalter für Kinder: 3 Jahre Ständiger Hauswart – Haus-Tel.-Nr. 058 81 14 12

Eignung des Hauses/Öffnungszeiten

Für Lager, Kurse, Weekends, Familienferien und Familienanlässe / nur vom 1. Mai bis 31. Oktober geöffnet

Wander- und Sportmöglichkeiten

Grosse Auswahl an Wanderungen (z. B. Wildmaad–Elm, Leglerhütte–Schönau–Schwanden) und Bergtouren (z. B. Gandstock, Berglihorn, Kärpf) – gut eingerichteter Klettergarten

Sehenswürdigkeiten

Wildbeobachtung (ältestes Schweizer Schongebiet) – Stausee

Moléson (Le Moléson, VD)

653.800/153.200, alt. 1145 m, 70 places

Situation

A 7 km de Châtel-St-Denis dans les Préalpes fribourgeoises

Accès

Bus ☐ 256.10 de Châtel-St-Denis jusqu'aux Paccots, de là 50 min. de marche. Parc devant le chalet

Description de la maison

Maison bien équipée – cuisine: 2 cuisinières à bois – vaisselle pour 80 personnes – pas de pension – 9 chambres de 2, 3 et 4 places et 2 dortoirs à 20 et 15 places – sacs de couchage ou draps obligatoires – 2 réfectoires à 50 et 30 places – lavabos/ 2 douches individuelles et 1 douche commune – éclairage à l'électricité – place de jeux – Gardiennage tous les week-ends, permanent en juillet/août – tél. 021 948 73 58

La maison est indiquée pour/périodes d'ouverture

Des camps d'écoles, des cours, des week-ends, des fêtes, des skieurs / Ouvert toute l'année

Possibilités d'excursions/sports

Teysachaux – Moléson – Dent de Lys – Niremont – Ski de fond et de piste à Rathvel et aux Paccots

Attractions/sites remarquables

Fromagerie de démonstration à Pringy et authentique fromagerie d'alpage à Moléson sur Gruyères – Fabrique de chocolat Nestlé S.A. à Broc – Châtel-St-Denis

Propositions de randonnées

Voir page 226

Mont-Soleil (St-Imier, BE)

566.300/223.700, alt. 1257 m, 43 places

Situation

Un point de départ idéal pour de nombreuses excursions

Accès

Train □ 225 de Bienne ou La Chaux-de-Fonds jusqu'à St-Imier; de là funiculaire □ 1020 jusqu'à Mont-Soleil
Parc devant la maison

Description de la maison

Maison aménagée normalement – cuisine: cuisinières à bois et potager électrique – vaisselle pour 100 personnes – 2 chambres à 4 lits, 1 à 2 lits, 1 dortoir à 17 places, 1 à 10 places et 1 à 6 places – draps ou sacs de couchage obligatoires – réfectoire de 70 places – douches – prises électr. 220 V – place de jeux – les chiens ne sont pas admis
Gardiennage les week-ends et les vacances horlogères

La maison est indiquée pour/périodes d'ouverture

Des camps d'écoles, des cours, des fêtes, des randonneurs, des vacances / Ouvert tous les week-ends de l'année

Possibilités d'excursions/sports

Le Chasseral, Rocher des Sommêtres, Le Noirmont, Saignelégier, Les Breuleux – Ski de fond et de piste à proximité – Natation à St-Imier et à Saignelégier

Attractions/sites remarquables

La plus grande centrale d'énergie solaire d'Europe à proximité – Réserve naturelle de l'Etang de la Gruère

Propositions de randonnées

Voir pages 218 et 222

Ova Spin (Zernez, Nationalpark, GR)

808.100/172.700, 1879 m ü. M., 25 Schlafplätze

Lage

7 km von Zernez an der Ofenpassstrasse am Rande des Nationalparks

Anreise

Postauto ☐ 960.20 ab Bhf. Zernez bis Ova Spin
Parkplatz bei der Hütte

Hausbeschreibung

Einfaches, gemütliches Haus – Selbstkocherküche: 1 Holzherd – Platz für 24 Personen – Schlafsäcke obligatorisch – Waschräume/Dusche – Holzzentralheizung mit Warmwasseraufbereitung – Kläranlage – elektr. Anschlüsse 220 V – Hunde verboten
Gelegentlich Hüttenwart

Eignung des Hauses/Öffnungszeiten

Für Lager und Familienferien, Anmeldung beim Hüttenwart / nur Juni bis Oktober geöffnet

Wander- und Sportmöglichkeiten

Nationalpark – Höhenweg Unterengadin und Münstertal

Sehenswürdigkeiten

Schloss Tarasp – Nationalparkmuseum in Zernez – Segantini-Museum in St. Moritz – Bleibergwerk im Val S-charl

Wandervorschlag

Siehe Seite 134

60 Passwanghaus (Jura, SO)

618.800/246.400, 1020 m ü. M., 80 Schlafplätze

Lage

Am Südhang des Passwanggrates mit wunderbarer Aussicht

Anreise

Bus ☐ 500.10 (Linie 70) ab Basel Aeschenplatz oder Bhf. Liestal bis Reigoldswil, oder Bus ☐ 502.20 (Linie 91) ab Bhf. Waldenburg bis Reigoldswil, von dort Gondelbahn ☐ 1029 bis Wasserfallen, dann 45 Min. zu Fuss
Autozufahrt möglich, jedoch beschränkte Anzahl Parkplätze; bei Schnee keine Zufahrt

Hausbeschreibung

Grosses Touristenhaus mit Restaurant – Selbstkocherküche: 1 Holz- und 1 Elektroherd – je 1 Zimmer mit 2 bzw. 5 Betten, je 3 Zimmer mit 3 bzw. 4 Betten, 1 Raum mit 6, 3 Räume mit 7 und 2 Räume mit 12 Schlafplätzen – Aufenthaltsräume für 15, 20 und 80 Personen – Waschräume/Dusche – elektr. Anschlüsse 220 V – Holz- und Elektroheizung – Spielplatz – Restaurant mit Kiosk, Mo. und Di. zu (Pensionsabgabe auf Anfrage)
Ständiger Hauswart – Haus-Tel.-Nr. 062 71 32 94

Eignung des Hauses/Öffnungszeiten

Für Weekends, Familien, Ausflüge und Schulen / ganzjährig geöffnet, vom 1. Januar bis 30. März nur auf tel. Anmeldung

Wander- und Sportmöglichkeiten

Schöne Jurawanderungen, z. B. Passwang–Wasserfallen–Langenbruck – Skilift Wasserfallen–Vogelberg

Wandervorschläge

Siehe Seiten 182 und 184

61 Pilatus (Krienseregg, LU)

662.600/206.900, 900 m ü. M., 30 Schlafplätze

Lage

Krienseregg, idealer Ausgangspunkt für Wanderungen

Anreise

Bus ☐ 100.00 (52), Linie 1, ab Bhf. Luzern bis Kriens, dann Luftseilbahn ☐ 1516 bis Krienseregg, 7 Min. zu Fuss
Für Autozufahrt Bewilligung bei Polizei einholen

Hausbeschreibung

Gut eingerichtetes Haus – 4 Zimmer mit 2 Betten, 1 Zimmer mit 4 Betten, 1 Zimmer mit 6 Betten, 2 Räume mit je 6 Schlafplätzen – Schlafsäcke obligatorisch, in Zimmern Bettwäsche vorhanden – 1 Aufenthaltsraum für 50 Personen – Zimmer mit fl. Wasser, Waschräume bei Massenlager – Duschen – elektr. Anschlüsse 220 V – Zentralheizung – Mindestalter für Kinder: 4 Jahre – Pensionsabgabe (Restaurantbetrieb an Wochenenden und mittwochs)
Ständiger Hauswart – Haus-Tel.-Nr. 041 45 77 98

Eignung des Hauses/Öffnungszeiten

Ideal für Weekends, Vereinsfeste und Berggänger – keine Schulen, da Restaurantbetrieb / ganzjährig geöffnet

Wandermöglichkeiten/Wintersport

Vielfältige Wanderungen und Bergtouren im Pilatusgebiet – Skilifte am Pilatus

Sehenswürdigkeiten

Schloss Schauensee – Luzern

Plaine-Joux (Haute-Savoie, France)

alt. 1335 m, 80 places

Situation

A 5 km de la station Les Carroz, idéal pour profiter du «plus grand domaine skiable de la Haute-Savoie»

Accès

Train SNCF ☐ 3152 de Genève jusqu'à Cluses. De là, service de cars jusqu'aux Carroz. Service de cars franco-suisse: quotidien en hiver depuis Genève, gare routière, place Dorcière – tél. 022 732 02 30. (Du 21. 12. au 7. 4.: 8 h 15, 11 h 30, 14 h 45, 18 h 45.) De Carroz 45 min. de marche
Parking à env. 15 min. du chalet

Description de la maison

Maison aménagée – cuisine: cuisinières à bois et au gaz – vaisselle pour 100 personnes – petits et moyens dortoirs de 4 à 16 personnes – sacs de couchage ou draps obligatoires – lavabos/douches -place de camping, de jeux, – forêt à proximité – vente de boissons – les animaux ne sont pas admis
Gardiennage le week-end

La maison est indiquée pour

Des camps de ski, des cours, des week-ends, des fêtes, des familles, des parapentistes / Ouvert toute l'année

Possibilités d'excursions/sports

Nombreuses possibilités de randonnées pédestres dans les environs – A env. 1 km, 300 km de pistes de ski – Pistes de ski de fond – Piscine, tennis aux Carroz

Attractions/sites remarquables

Les Carroz – Flaine – Morillon-Samöens

63 **Pragelblick** (Pragelpass, Muotathal, SZ)

706.300/205.100, 1275 m ü. M., 20 Schlafplätze

Lage

An der alten Passstrasse auf Bergen-Gutenthalboden

Anreise

Bus ☐ 600.16 Bhf. Schwyz bis Hinterthal, dann 2 Std. zu Fuss
Pragelstrasse nur im Sommer von Hinterthal aus bis zur
Hütte befahrbar

Hausbeschreibung

Einfaches Selbstkocherhaus – Küche: Holz-/Gaskombiherd –
Geschirr für 25 Personen – je 2 Räume mit 4 bzw. 6 Schlafplätzen – Schlafsäcke obligatorisch – 1 Aufenthaltsraum für
25 Personen – Waschräume – Notbeleuchtung durch Son-
nenzellen/kein Strom – Warmwasser von Holzherd – Spielplatz

Eignung des Hauses/Öffnungszeiten

Für Ferien, Weekends, Lager, Vereine und Feste / ganzjährig
geöffnet, November–April nur mit Ski zugänglich

Wander- und Sportmöglichkeiten

Reizvolle Wanderungen (Pragelpass, Klöntalersee, Wäggita-
lersee, Schwynalp) und Bergtouren – Skitourengebiet

Sehenswürdigkeiten

Tellskapelle – Rütli – Bundesbriefarchiv Schwyz – Hölloch –
Gebirgsurwald Bödmeren – Schaukäserei in Schwyz

64 Prés-d'Orvin (Jura, BE)

579.900/222.100, 1067 m ü. M, 56 Schlafplätze

Lage

Am Nordhang des Spitzberges

Anreise

Ab Bhf. Biel Bus FC ☐ 224.25 bis Les Prés-d'Orvin oder ab Bhf. Biel Bus ☐ 224.25 und Standseilbahn ☐ 1023 bis Evilard/ Leubringen, dann 1½ Std. zu Fuss, oder ab Biel BM-Bahn ☐ 1022 nach Magglingen, dann 1½ Std. zu Fuss
Parkplatz 200 m vor dem Haus

Hausbeschreibung

Gut eingerichtetes Haus – Selbstkocherküche: Hotelholzherd und 2 Elektrorechauds – 3 Zimmer mit 6, 7 und 16 Betten und 2 Räume mit 13 und 14 Schlafplätzen – Schlafsäcke erwünscht – 1 Aufenthaltsraum für 60 und 1 Cheminéeraum für 20 Personen – Waschraum – el. Anschlüsse 220 V – Zentralheizung – Getränkeverkauf – Verpflegung auf Anfrage oder im Restaurant «Grillon» – Zelt- und Spielplatz Wochenendhüttenwart – Haus-Tel.-Nr. 032 23 53 98

Eignung des Hauses/Öffnungszeiten

Für Schullager, Gruppen, Vereinsausflüge sowie Kurse, Weekends, Ferien und Feste / ganzjährig geöffnet, Schlüsseldepot im Restaurant «Grillon» in Les Prés-d'Orvin

Wander- und Sportmöglichkeiten

Schöne Wanderungen im Chasseralgebiet, Chaumont, Mont Sujet, Twann – herrliches Ski- und Langlaufgebiet

Sehenswürdigkeiten

Alpkäserei – ETS Magglingen – Altstadt Biel – St.-Petersinsel – Rebbaumuseum in Ligerz

65 **Prise Milord** (Val de Travers, NE)

533.300/196.500, alt. 860 m, 44 places

Situation

A l'écart du village de St-Sulpice, le chalet bénéficie d'un bon ensoleillement à la lisière d'une forêt

Accès

Train ☐ 221 de Neuchâtel via Travers jusqu'à Fleurier. De là 30 min. de marche (indicateurs jaunes)
Place de parc au chalet

Description de la maison

Maison aménagée – cuisine équipée: 2 cuisinières à bois, 1 électrique – vaisselle pour 50 personnes – 6 chambres à 4 places, 2 à 6 places et 1 à 8 places – draps ou sacs de couchage obligatoires – réfectoire de 50 places avec cheminée – douches/lavabos – prises électr. 220 V – chauffage central – place de jeux – vente de boissons
Gardiennage permanent

La maison est indiquée pour/périodes d'ouverture

Des camps d'écoles, des cours, des week-ends, des fêtes, des randonneurs, des vacances / Ouvert toute l'année

Possibilités d'excursions/sports

Excursions: les Sources de l'Areuse, le Chapeau de Napoléon, le Lac des Taillères, le Chasseron, etc. – Piscines à Boveresse (en été) et à Ste-Croix/Les Rasses – Téléskis Buttes–La Robellaz – Ski de fond dans la région des Cernets–Verrières–Les Bayards, centre nordique Les Rasses

Attractions/sites remarquables

Chemin de fer à vapeur reliant St-Sulpice à Travers – Pêche à l'Areuse – Musée J. J. Rousseau Château de Môtiers

66 Raimeux (Grandval, Jura BE)

598.800/239.100, alt. 1300 m, 76 places

Situation

Un point de départ idéal pour de nombreuses excursions

Accès

Train ☐ 411 de Soleure jusqu'à Crémines ou Moutier, de là 1 h 30 de marche
Place de parc au chalet

Description de la maison

Aménagée normalement – cuisine: cuisinières à bois et électrique – vaisselle pour 70 personnes – 3 dortoirs de 8 places, 1 de 6, 1 de 16 et 1 de 30 places sous le toit – 1 réfectoire de 50 places et 1 de 20 – douches – prises électr. 220 V – place de jeux – terrain de football – vente de boissons
Gardiennage samedi–dimanche et jours de fête

La maison est indiquée pour/périodes d'ouverture

Des camps d'écoles, des cours, des week-ends, des fêtes, des randonneurs, des skieurs de fond / Ouvert toute l'année

Possibilités d'excursions/sports

Nombreuses possibilités de randonnées dans la région – Ski de piste à Grandval – Ski de fond – Escalade

Attractions/sites remarquables

Le Jura – Moutier (patinoire) – Delémont

67 # Retemberg (Vicques, JU)

600.100/247.600, alt. 890 m, 74 places

Situation

Au-dessus du village de Vicques dans un site tranquille en bordure des belles forêts jurassiennes

Accès

Bus ☐ 230.30 de la gare de Delémont jusqu'à Vicques. De là 1 h 30 de marche
Parking au chalet

Description de la maison

Maison de conception moderne – cuisine: cuisinière électrique, vaisselle pour 100 personnes – 1 dortoir de 25 places, 4 chambres à 3 lits, 6 à 4 lits et 1 à 10 lits – sacs de couchage et draps obligatoires – 2 réfectoires de 30 et 80 places – lavabos/douche individuelle et 1 commune – prises électr. 220 V – chauffage central au mazout – place de jeux – balançoires, toboggan, ping-pong – terrain de sport – vente de boissons
Gardiennage les week-ends – tél. 066 35 68 91

La maison est indiquée pour/périodes d'ouverture

Des camps d'écoles, des cours, des week-ends, des fêtes, des randonneurs et vacanciers / Ouvert toute l'année

Possibilités d'excursions/sports

Randonnées dans le Jura, Roc de Courroux, Raimeux – Téléskis à Grandval et aux Breuleux – Ski de fond à 10 km

Attractions/sites remarquables

Château de Raimeux – Delémont, Musée jurassien – St-Ursanne, Porrentruy

68 Reutsperre (Rosenlauital, BE)

656.600/172.300, 1270 m ü. M., 88 Schlafplätze

Lage

Ob Meiringen im Herzen des Rosenlauitales

Anreise

Postauto ☐ 470.65 ab Bhf. Meiringen bis Kaltenbrunnen, dann 15 Min. zu Fuss (Postauto Mitte Mai bis Oktober) Autoparkplatz beim Haus (Parkplatzgebühr)

Hausbeschreibung

Einfaches Haus – Selbstkocherküche: 3 Holzherde – Geschirr für 100 Personen – je 1 Zimmer mit 2 bzw. 5 Betten, 2 Zimmer mit 4 Betten, je 3 Zimmer mit 3 bzw. 6 Betten, 1 Zimmer mit 16 Betten und 1 Raum mit 30 Schlafplätzen – Schlafsäcke obligatorisch, Bettwäsche mietbar – 3 Aufenthaltsräume für 22, 28 und 40 Personen – Waschräume/Dusche – Gaslicht/kein Strom – Ölofen – Pension/Mahlzeiten Ständiger Hauswart – Haus-Tel.-Nr. 036 71 13 15

Eignung des Hauses/Öffnungszeiten

Speziell für Ferien sowie Schulen, Kurse und Weekends / 1. Juni bis 30. Oktober geöffnet, sonst auf Anfrage

Wander- und Sportmöglichkeiten

Ideal für Wanderungen und Touren (z. B. Rosenlauigletscher, Grosse Scheidegg) – beliebtes Skitourengebiet

Sehenswürdigkeiten

Kaltenbrunnen-Hochmoor – Reichenbachfälle – Rosenlauischlucht – Freilichtmuseum Ballenberg – Aareschlucht

Wandervorschläge

Siehe Seiten 186 und 190

69 **Rietlighaus** (Schächental, UR)

698.300/194.000, 1700 m ü. M., 53 Schlafplätze

Lage

Oberhalb Spiringen im Schächental

Anreise

Postauto ☐ 600.32 ab Bhf. Flüelen bis Spiringen, von dort Seilbahn bis Ratzi, dann 15 Min. zu Fuss
Parkplatz und Parkhaus in Spiringen

Hausbeschreibung

Gut eingerichtetes Haus – Selbstkocherküche: 2 Elektroherde – Geschirr für 50 Personen – 4 Zimmer mit 2 Betten, 2 Zimmer mit 3 bzw. 4 Betten, 1 Zimmer mit 5 Betten, 2 Räume mit 10 und 16 Schlafplätzen – Schlafsäcke obligatorisch – 3 Aufenthaltsräume für 20, 20 und 25 Personen – Waschräume/Dusche – elektr. Anschlüsse 220 V – Holzzentralheizung – Wald – Mindestalter für Kinder: 2 Jahre – Getränkeverkauf
Wochenendhüttenwart – Haus-Tel.-Nr. 044 6 15 98

Eignung des Hauses/Öffnungszeiten

Vielseitig. Für Schulen, Kurse, Weekends, Familienferien und Vereinsausflüge / ganzjährig geöffnet

Wander- und Sportmöglichkeiten

Eggberge–Klausenpass – Kinzigpass – Skitouren

Sehenswürdigkeiten

Biologie-/Geologiewandergebiet – Gleitschirmstartplätze – Tellmuseum Bürglen – Historisches Museum Altdorf

Wandervorschlag

Siehe Seite 174

Röthen (Klewenalp, NW)

678.700/198.500, 1570 m ü. M., 56 Schlafplätze

Lage

Klewenalp ob Beckenried am Vierwaldstättersee

Anreise

Bus ☐ 480.10 ab Bhf. Stans, oder Schiff ☐ 2600 ab Luzern oder Brunnen bis Beckenried, von da Luftseilbahn ☐ 1556 bis Klewenalp, dann 20 Min. zu Fuss
Keine Autozufahrt, Parkplatz bei Luftseilbahn-Talstation

Hausbeschreibung

Gut eingerichtetes Haus mit Restaurant – Selbstkocherküche: 3 Holz-/Elektroherde – 2 Zimmer mit 2 Betten, 1 Zimmer mit 4 Betten, 4 Zimmer mit 6 Betten und 3 Räume mit je 8 Schlafplätzen – Schlafsäcke obligatorisch, Bettwäsche mietbar – 2 Aufenthaltsräume für 20 und 30 Personen – Waschräume/Dusche – elektr. Anschlüsse 220 V – Öl- und Holzheizung – Mindestalter für Kinder: 4 Jahre
Wochenendhüttenwart – Haus-Tel.-Nr. 041 64 15 73

Eignung des Hauses/Öffnungszeiten

Ideal für Weekends, Familienferien und Vereinsfeste / Dezember bis April und Juni bis Oktober geöffnet

Wander- und Sportmöglichkeiten

Vielfältige Bergwanderungen (z. B. Buochser-/Stanserhorn, Engelberg–Titlis) und Klettertouren – ideales Skigebiet

Sehenswürdigkeiten

Seerundfahrten Vierwaldstättersee – Bürgenstock – Rütli

Wandervorschlag

Siehe Seite 166

Rumpelweide (Homberg/Olten, SO)

632.300/245.500, 780 m ü. M., 60 Schlafplätze

Lage

Am höchsten Punkt der Rumpelweide bei Olten, am Grat-weg des Hombergs

Anreise

Bus ☐ 100.00 (65) oder ☐ 500.47 ab Bhf. Olten bis Wangen bei Olten, dann 1 Std. zu Fuss
Parkplatz 10 Min. vom Haus entfernt

Hausbeschreibung

Normal eingerichtetes Haus – Selbstkocherküche: Holz- und Elektroherd – Geschirr vorhanden – 2 Zimmer mit 4 Betten, 2 Räume mit 8 und 3 Räume mit 12 Schlafplätzen – Schlafsäk-ke obligatorisch – Aufenthaltsraum – Waschräume/Dusche – elektr. Anschlüsse 220 V – Spielwiese – Wald in der Nähe – Getränkeverkauf
Ständiger Hüttenwart: Juli, August und Oktober, übrige Zeit Wochenendhüttenwart – Haus-Tel.-Nr. 062 23 39 98

Eignung des Hauses/Öffnungszeiten

Ideal für Schullager, Kurse, Weekends und Vereinsfeste / ganzjährig geöffnet

Wander- und Sportmöglichkeiten

Belchen – Allerheiligen – Froburggebiet

Sehenswürdigkeiten

Museen in Olten – Ruine Wartburg und Froburg

Wandervorschlag

Siehe Seite 182

St. Anton (Oberegg, AI)

759.400/253.500, 1040 m ü. M., 27 Schlafplätze

Lage

Bei Oberegg, 10 Min. östlich des «Rösslis» in St. Anton

Anreise

Postauto ☐ 857.80 ab Post Heiden oder ☐ 880.65 ab Altstätten Stadt oder Bhf. Trogen bis St. Anton, dann 10 Min. zu Fuss
Parkplatz 1 km entfernt, Hauszufahrt für Materialtransport

Hausbeschreibung

Gemütliches Bauernhaus – Selbstkocherküche: 2 Holzherde – Geschirr für 40 Personen – 2 Räume mit je 6 Schlafplätzen, je 1 Raum mit 5 und 10 Schlafplätzen – Schlafsäcke obligatorisch – 2 Aufenthaltsräume für 20 und 35 Personen – Waschräume/Dusche – elektr. Anschlüsse 220 V – Holzheizung – Spielplatz – Wald in der Nähe – Getränkeverkauf
Wochenendhüttenwart

Eignung des Hauses/Öffnungszeiten

Für Familienferien, Weekends und Schullager / ganzjährig geöffnet, Schlüsseldepot im Hotel «Rössli» in St. Anton

Wander- und Sportmöglichkeiten

Vielseitige Wanderungen: Landmark–Gäbris, Tanne–Kaien, Heiden, Oberegg–Gebertshöchi – Ausflüge: Säntis, Alpstein, Pizol, Bodensee – Skilifte und Loipen in Hausnähe

Sehenswürdigkeiten

Schaukäserei Stein – Städtchen Appenzell – Stickereimuseum St. Gallen – Kristallhöhle Kobelwald, Freienbach

St. Jakob (Isenthal, UR)

682.800/195.700, 1050 m ü. M., 28 Schlafplätze

Lage

Im Grosstal zwischen Schwalmis und Urirotstock

Anreise

Postauto ☐ 600.34 ab Bhf. Altdorf bis Stettli (Parkplatz)
Parkplatz 300 m vom Haus entfernt

Hausbeschreibung

Gut eingerichtetes Haus – Selbstkocherküche: 1 Holz- und
1 Elektroherd – Geschirr für 30 Personen – 5 Räume mit 4,
1 Raum mit 8 Schlafplätzen – Schlafsäcke obligatorisch –
3 Aufenthaltsräume für 10, 17 und 25 Personen – Waschräu-
me/Dusche – elektr. Anschlüsse 220 V – Holz- und Elektroheizung – Spielplatz – Wald in der Nähe – Mindestalter für
Kinder: 1 Jahr

Eignung des Hauses/Öffnungszeiten

Für Schulen, Kurse, Weekends, Familienferien und Vereinsausflüge / ganzjährig geöffnet

Wander- und Sportmöglichkeiten

Vielfältige Wanderungen und Bergtouren: Schwalmis, Riset-
tenstock, Brisen, Bannalppass, Engelberger Rothorn, Biwald-
alp, Urirotstock usw. – Skilift in Gitschenen

Sehenswürdigkeiten

Telldenkmal in Altdorf – Tellmuseum Bürglen

Wandervorschläge

Siehe Seiten 166 und 174

Sattelegg (Vorderthal, SZ)

707.300/219.600, 1250 m ü. M., 12 Schlafplätze

Lage

Passhöhe Sattelegg

Anreise

Postauto ☐ 900.15 ab Bhf. Siebnen-Wangen bis Vorderthal (Restaurant «Sonne»), dann 2 Std. zu Fuss
Parkplatz 500 m vom Haus entfernt (Passhöhe)

Hausbeschreibung

Einfach eingerichtetes Haus – Selbstkocherküche: 2 Holzherde – Geschirr für 15 Personen – 1 Raum mit 12 Schlafplätzen – Schlafsäcke obligatorisch – 1 Aufenthaltsraum für 12 Personen – Petrollicht/kein Strom – Holzheizung – Mindestalter für Kinder: 3 Jahre – Schlüsseldepot: Berggasthaus «Sattelegg»

Eignung des Hauses/Öffnungszeiten

Ideal für Weekends und teilweise auch für Familienferien und Vereinsfeste / 15. Oktober bis 15. Mai geöffnet, restliche Zeit wird Haus als Alp benutzt

Wander- und Sportmöglichkeiten

Vielseitige Wandermöglichkeiten im Ibergeregg-Gebiet, Wägital usw. (Haus allerdings im Sommer geschlossen) – Langlaufloipe beim Haus – Skiliftpiste bei der Passhöhe

Sehenswürdigkeiten

Kloster Einsiedeln

Schafmatt-Berghaus (Jura, BL)

638.800/252.100, 840 m ü. M., 36 Schlafplätze

Lage

Am Westhang der Geissfluh, am Jurahöhenweg gelegen

Anreise

Bus ☐ 500.37 ab Bhf. Gelterkinden bis Oltingen, dann 45 Min. zu Fuss, oder ☐ 500.42 ab Bhf. Olten bis Rohr, oder ☐ 650.10 ab Aarau bis Barmelweid, dann 30 Min. zu Fuss
Parkplatz 300 m vom Haus entfernt

Hausbeschreibung

Renoviertes Touristenhaus – Küchenbenützung auf Anfrage – Geschirr für 50 Personen – 2 Räume mit 9 Schlafplätzen, 1 Raum mit 6 und 1 Raum mit 12 Schlafplätzen – Schlafsäcke obligatorisch – 2 Aufenthaltsräume für 16 und 40 Personen – Waschräume – biologische Kläranlage – elektr. Anschlüsse 220 V – Bodenheizung – Spielplatz – Wald in der Nähe – Mindestalter für Kinder: 2 Jahre – Getränkeverkauf Wochenendhüttenwart – Haus-Tel.-Nr. 062 48 17 85

Eignung des Hauses/Öffnungszeiten

Für Schullager (Mo. bis Sa.), Familienferien und Vereinsfeste. Wochenendferien schwierig, da Passantenbetrieb / an Wochenenden offen oder nach Vereinbarung

Wander- und Sportmöglichkeiten

Vielfältige Jurawanderungen: Froburg, Salhöchi–Wasserfluh, Rohrerplatte–Geissflue–Barmelweid usw. – Skigebiet

Sehenswürdigkeiten

Kirche Oltingen – Museen in Aarau

76 | Schauenburg (Hasenmatt, SO)

600.400/232.000, 1172 m ü. M., 70 Schlafplätze

Lage

Westhang der Hasenmatte (Weissensteinkette) im Solothurner Jura. Prächtige Aussicht auf Mittelland und Alpen

Anreise

Zug □ 411 von Solothurn oder Moutier bis Im Holz, dann 1½ Std. auf Waldwegen zu Fuss
Mit Auto über Lommiswil–Im Holz bis 150 m vor das Haus

Hausbeschreibung

Touristenhaus für Selbstkocher – 2 Holz- und 1 Elektroherd – Geschirr für 70 Personen – 2 Zimmer mit je 4 Betten, 6 Räume mit 6, 8, 8, 9, 12 und 18 Schlafplätzen – Schlafsäcke obligatorisch – 3 Aufenthaltsräume für 16 und 2mal 36 Personen – Waschräume/Dusche – Strom 220 V – Zentralheizung – Terrasse – Spielplatz – Getränkeverkauf an Wochenenden Wochenendhüttenwart

Eignung des Hauses/Öffnungszeiten

Vielseitig. Für Einzelne, Familien, Vereine, Schulen. Speziell für Lager und Kurse / ganzjährig geöffnet

Wander- und Sportmöglichkeiten

Weissenstein, Hasenmatte, Rötifluh, Geologie-Wanderweg – Haus liegt an Jurahöhenweg Schaffhausen–Genf

Sehenswürdigkeiten

Exkursion ins Nidlenloch – 15 Min. vom Haus entfernt älteste Eibe Europas (2000jährig) – Planetenweg

Wandervorschlag

Siehe Seite 184

Schienberghütte (Ibergeregg, SZ)

697.900/207.400, 1280 m ü. M., 42 Schlafplätze

Lage

Abseits der Ibergereggstrasse inmitten von Wiesen und Wald

Anreise

Postauto ☐ 600.20 ab Bhf. Seewen bis Eseltritt, dann 100 m bergauf und links
Autoparkplatz 500 m oberhalb des Hauses

Hausbeschreibung

Normal eingerichtetes Haus – Selbstkocherküche: 1 Holz- und 2 Elektroherde – Geschirr vorhanden – je 1 Raum mit 2, 4, 6, 14 und 16 Schlafplätzen – Schlafsäcke empfehlenswert – 2 Aufenthaltsräume für 20 und 22 Personen – Waschräume/ Dusche – elektr. Anschlüsse 220 V – Holzzentralheizungs- Speichersystem – Getränkeverkauf – Hunde verboten
Hüttenwart im Winter an Wochenenden und bei Bedarf – Haus-Tel.-Nr. 043 21 19 19

Eignung des Hauses/Öffnungszeiten

Ideal für Schulen, Weekends, Familienferien und Kletterkur- se / ganzjährig geöffnet, Schlüsseldepot bei Betschart, Grün- delsäge, 6432 Rickenbach

Wander- und Sportmöglichkeiten

Mythenregion und Hochybrig – Klettergarten (Schienberge) – Skilifte und Loipen 1 km entfernt

Sehenswürdigkeiten

Bundesbriefarchiv in Schwyz

78   Schmalzgrube (Unteriberg, SZ)

704.100/214.600, 930 m ü. M., 20 Schlafplätze

Lage

Zwischen Euthal und Unteriberg

Anreise

Postauto □ 672.30 ab Bhf. Einsiedeln bis Hintere Schmalz-
grube, dann 5 Min. zu Fuss
Autoparkplatz beim Haus

Hausbeschreibung

Gut eingerichtetes Haus – Selbstkocherküche: Elektroherd –
Geschirr für 20 Personen – 3 Räume mit je 6 Schlafplätzen
und 1 Raum mit 2 Schlafplätzen – Schlafsäcke obligatorisch –
1 Aufenthaltsraum für 20 Personen – Dusche – elektr. Anschlüsse 220 V – Zentralheizung – Gartengrill – Mindestalter
für Kinder: 2 Jahre – Getränkeverkauf
Kein ständiger Hauswart – Schlüsseldepot bei Fam. Bellmont,
«Jägerhöckli», 100 m nach NF-Haus links, Tel. 055 56 15 42

Eignung des Hauses/Öffnungszeiten

Für Ferien, Lager und Weekends / ganzjährig geöffnet

Wander- und Sportmöglichkeiten

Grosse Auswahl an Wanderungen und Skiliften in der Region Ybrig – Klettern im Wägital (Bockmattli)

Sehenswürdigkeiten

Kloster Einsiedeln

Schrattenblick (Entlebuch, LU)

638.900/190.800, 1150 m ü. M., 38 Schlafplätze

Lage

Hilferntal bei Wiggen zwischen Bäichlen und Schrattenfluh

Anreise

Postauto ☐ 460.50 ab Bhf. Wiggen bis Hilfernstrasse, dann 1 Std. zu Fuss
Für Autofahrer und Velofahrer Parkplatz beim Haus

Hausbeschreibung

Gut eingerichtetes Haus – Selbstkocherküche: Elektroherd – Geschirr für 50 Personen – 1 Raum mit 4 Schlafplätzen, 3 Räume mit 8 Schlafplätzen, 2 Räume mit je 5 Schlafplätzen – Schlafsäcke obligatorisch – 1 Aufenthaltsraum mit Balkon für 40 Personen – Waschräume/Dusche – elektr. Anschlüsse 220 V – Holzheizung – Spielplatz – Grillplatz

Eignung des Hauses/Öffnungszeiten

Vielseitig. Geeignet für Familienferien, Weekends, Lager und Kurse / ganzjährig geöffnet

Wander- und Sportmöglichkeiten

Viele Wandermöglichkeiten im Bäichlen- und Schrattenge-biet – 10 Autominuten entfernt Ski- und Langlaufgebiet Marbach

Sehenswürdigkeiten

Heimatmuseum Chüechlihus in Langnau i. E.

Seegüetli (Obertoggenburg, SG)

743.200/228.100, 1170 m ü. M., 100 Schlafplätze

Lage

Am Schwendisee im oberen Toggenburg ob Unterwasser

Anreise

Postauto ☐ 853.70 ab Bhf. Nesslau oder Bhf. Buchs bis Unterwasser oder Wildhaus, dann ¾ Std. zu Fuss, oder ab Unterwasser mit Iltiosbahn bis Iltios, dann 15 Min. zu Fuss Autoparkplatz beim Haus

Hausbeschreibung

Grosses Haus mit 60plätzigem Restaurant – 2er, 3er und 4er Zimmer mit Kalt- und Warmwasser – 4 Räume mit 6, 8, 10 und 12 Schlafplätzen – Schlafsäcke nur im Lager obligatorisch – 2 Aufenthaltsräume für 40 und 60 Personen – Waschräume/Duschen – elektr. Anschlüsse 220 V – Zentralheizung – Wald in der Nähe – Feuerstelle am See Ständiger Gerant – Haus-Tel.-Nr. 074 5 11 10

Eignung des Hauses/Öffnungszeiten

Für Familien und Einzelne, Gruppen, Gesellschaften, Schulen, Carfahrten und Hochzeiten / ganzjährig geöffnet

Wander- und Sportmöglichkeiten

Ideales Wander-, Bergtouren- und Skigebiet zwischen Säntis und Churfirsten – vielseitige Klettermöglichkeiten (Kreuzberge) – Bademöglichkeit im Schwendisee beim Haus

Sehenswürdigkeiten

Sennereimuseum – Zwinglihaus – Thurbachfälle

Wandervorschlag

Siehe Seite 152

82 Selibühlhaus (Gantrisch, BE)

600.100/175.500, 1700 m ü. M., 100 Schlafplätze

Lage

Am Südhang des Selibühlhubels im Gantrischgebiet

Anreise

Postauto ☐ 290.40 ab Bhf. Bern bis Stierenhütte, dann 10 Min. zu Fuss
Autoparkplatz 15 Min. vom Haus entfernt

Hausbeschreibung

Gut eingerichtetes Haus – Selbstkocherküche: 2 Holz- und 3 Elektroherde – Geschirr für 80 Personen – 6 Zimmer mit 4 Betten, 1 Zimmer mit 6 Betten, je 1 Raum mit 15 bzw. 30 Schlafplätzen, 2 Räume mit je 13 Schlafplätzen – Schlafsäcke obligatorisch – 2 Aufenthaltsräume für 40 und 60 Personen – Waschräume/Dusche – elektr. Anschlüsse 220 V – Holzheizung – Spielplatz – Wald in der Nähe – Mindestalter für Kinder: 2 Jahre – Getränkeverkauf
Ständiger Hauswart – Haus-Tel.-Nr. 031 809 08 72

Eignung des Hauses/Öffnungszeiten

Vielseitig. Für Schulen, Weekends und Familienfeste / ganzjährig geöffnet auf Anfrage

Wander- und Sportmöglichkeiten

Vielseitige Wanderungen und Bergtouren (Gantrisch, Stockhorn, Leiterlipass) – Skilift und Loipe 1 km entfernt

Sehenswürdigkeiten

Bauernmuseum Riggisberg, Besichtigung Schwefelberg Bad

Wandervorschlag

Siehe Seite 198

83   Sonnenberg (Oberegg, Sihlsee, SZ)

702.900/225.000, 1100 m ü. M., 55 Schlafplätze

Lage

Zwischen Sihl- und Zürichsee, südöstlich des Etzelkulms

Anreise

Postauto ☐ 672.25 ab Bhf. Einsiedeln bis Egg, dann ½ Std. zu Fuss, oder Postauto ☐ 720.90 ab Bhf. Pfäffikon SZ bis Abzweigung Etzelpass, dann 2½ Std. zu Fuss
Autostrasse bis Egg, Parkplatz beim Schulhaus

Hausbeschreibung

Normal eingerichtetes Haus – Selbstkocherküche: Elektroherd – Geschirr für 70 Personen – je 3 Zimmer mit 2 bzw. 6 Betten, je 1 Raum mit 8, 9 und 14 Schlafplätzen – Schlafsäcke obligatorisch oder mietbar – 2 Aufenthaltsräume für 20 und 30 Personen – Waschräume/Dusche – elektr. Anschlüsse 220 V – Holzheizung – Spielplatz und Spielbaracke – Cheminée im Freien – Getränkeverkauf
Wochenendhüttenwart – Haus-Tel.-Nr. 055 53 23 39

Eignung des Hauses/Öffnungszeiten

Ideal für Weekends, Lager, Vereine und Familien / ganzjährig geöffnet

Wander- und Sportmöglichkeiten

Etzel–Sihlsee–Einsiedeln, Stöcklichrüz–Rinderweidhorn–Sattelegg–Egg–Sonnenberg – Skigebiet Hochybrig

Sehenswürdigkeiten

Kloster Einsiedeln – Rosenstadt Rapperswil mit Schloss

Stampf (Region Thun–Steffisburg, BE)

623.300/176.400, 1280 m ü. M., 30 Schlafplätze

Lage

Am Fusse des Sigriswiler Grates, an sonnigem, ruhigem Ort

Anreise

Bus ☐ 310.60 ab Bhf. Thun bis Oberhofen, dann ☐ 310.63 bis Schwanden bei Sigriswil, oder Bus ☐ 310.60 ab Bhf. Interlaken West bis Gunten, dann ☐ 310.65 bis Schwanden bei Sigriswil, dann ½ Std. zu Fuss
Strasse zum Haus mit Fahrverbot belegt

Hausbeschreibung

Einfaches, gemütliches Haus – Selbstkocherküche: Holzherd – Geschirr für 50 Personen – 1 Raum mit 30 Schlafplätzen, unterteilt durch Nischen – Schlafsäcke obligatorisch – 1 Aufenthaltsraum für 30 Personen – kein Strom – Petrollicht – Holzheizung – Getränkeverkauf – Hundeverbot
Wochenendhüttenwart

Eignung des Hauses/Öffnungszeiten

Ideal für Weekends, Familienferien und Feste aller Art / ganzjährig geöffnet

Wander- und Sportmöglichkeiten

Vielseitige Wanderungen und Bergtouren im Voralpengebiet über Thunersee – Skilift in der Nähe des Hauses

Sehenswürdigkeiten

Beatushöhlen, Schlösser am Thunersee, Manorfarm, Ballenberg, Heimwehfluh, Kocher-Panorama Thun

Wandervorschlag

Siehe Seite 206

85 Stooshaus (Stoos, Muotathal, SZ)

693.100/203.600, 1335 m ü. M., 89 Schlafplätze

Lage

Stoos – autofreie Sonnenterrasse über Vierwaldstättersee

Anreise

Bus ☐ 600.16 ab Bhf. Schwyz bis Schlattli, von dort Standseilbahn ☐ 1570 bis Stoos, ab Bergstation 20 Min. zu Fuss
Parkplatz bei Talstation der Stand- bzw. Luftseilbahn

Hausbeschreibung

Gut eingerichtetes Haus mit Restaurant – Selbstkocherküche
– 1 Zimmer mit 2 Betten, 8 Zimmer mit 4 Betten im Neubau,
je 1 Raum mit 3 und 6 Schlafplätzen und je 2 Räume mit 4, 7
und 12 Schlafplätzen im Altbau – Schlafsäcke in Massenlager
obligatorisch, Bettwäsche mietbar – 3 Aufenthaltsräume für
20, 40 und 50 Personen – Waschräume/Dusche – elektr.
Anschlüsse 220 V – Zentralheizung – Wald in der Nähe – Voll-
und Halbpension – Terrasse – Getränkeverkauf
Haus-Tel.-Nr. 043 21 53 03

Eignung des Hauses/Öffnungszeiten

Vielseitig. Ideal für Schulen, Kurse, Weekends, Familienferien und Vereinsfeste / ganzjährig geöffnet

Wander- und Sportmöglichkeiten

Beliebtes Wander-, Ski- und Langlaufgebiet: Fronalpstock,
Huserstock, Chlingenstock usw. – Schlitteln – Pferdeschlittenfahrten

Wandervorschlag

Siehe Seite 174

Stotzweid (Toggenburg, SG)

726.000/233.000, 1200 m ü. M., 35 Schlafplätze

Lage

Östliche Seite des Hügelzuges Regelstein, Tanzboden

Anreise

Zug ☐ 853 ab Wil SG via Lichtensteig bis Ebnat-Kappel, dann 1½ Std. zu Fuss
Autostrasse zum Skilift Tanzboden bis Bächenrank, dann ½ Std. zu Fuss

Hausbeschreibung

Gut eingerichtetes Haus – Selbstkocherküche mit 2 Holzherden – Geschirr für 40 Personen – 2 Zimmer mit 4 Betten, je 1 Raum mit 5, 6 und 16 Schlafplätzen – Schlafsäcke obligatorisch – 2 Aufenthaltsräume für 8 und 30 Personen – Waschräume/Dusche – elektr. Anschlüsse 220 V – Holzheizung – Spielplatz – Wald in der Nähe – Getränkeverkauf
Hüttenwart auf Anfrage – Haus-Tel.-Nr. 074 3 16 06

Eignung des Hauses/Öffnungszeiten

Besonders für Wochen- und Weekendlager von Schulen, Vereinen oder mehreren Familien. Keine Einzelübernachtungen, Gruppen ab 10 Personen / geöffnet auf Anfrage

Wander- und Sportmöglichkeiten

Stotzweid–Tanzboden–Speer–Nesslau – Nachtskifahren

Sehenswürdigkeiten

Ackerhaus Ebnat-Kappel (Hausorgeln) – Fredis mechanischer Musiksalon und Heimatmuseum in Lichtensteig

Wandervorschlag

Siehe Seite 156

87 Tannhütte (Alpsteingebiet, AI)

752.100/237.200, 1250 m ü. M., 32 Schlafplätze

Lage

Oberhalb des Sämtisersees am Weg zur Bollenwees am Fählensee

Anreise

Bus ☐ 854.30 ab Bhf. Weissbad bis Brülisau, dann 1½ Std. zu Fuss

Hausbeschreibung

Einfaches Berghaus – Selbstkocherküche: Holz- und Gasherd – Geschirr für 45 Personen – 2 Räume mit je 5 Schlafplätzen, 2 Räume mit 10 und 12 Schlafplätzen – 2 Aufenthaltsräume für 10 und 24 Personen – Waschräume/Dusche – Gaslicht – kein Strom – Holzheizung – Mindestalter für Kinder: 2 Jahre – an Gruppen Pensionsabgabe nach Vereinbarung Wochenendhüttenwart – Schlüsseldepot (nur mit Mitgliederausweis) bei Restaurant «Krone» und Restaurant «Rössli», Brülisau, oder Restaurant «Plattenbödeli», neben NF-Haus

Eignung des Hauses/Öffnungszeiten

Für Familienferien, Weekends, Wander- oder Klettergruppen sowie Schulen, Kurse und Vereinsfeste / Sommer geöffnet, Winter nur ab 10 Personen geöffnet

Wander- und Sportmöglichkeiten

Vielfältige Wanderungen (Hoher Kasten, Staubern, Alpsiegel usw.) und Bergtouren (Kreuzberge, Hundstein, Dreifaltigkeit usw.) – Skilifte in Brülisau/Wasserauen

Sehenswürdigkeiten

Sämtisersee – Seealpsee – Wildkirchli

Tscherwald (Amden, SG)

731.100/224.600, 1361 m ü. M., 63 Schlafplätze

Lage

Auf Sonnenterrasse oberhalb des Walensees

Anreise

Bus ☐ 900.20 ab Bhf. Ziegelbrücke oder Weesen bis Amden, Sell, dann 30 Min. zu Fuss
Parkplatz beim Haus, im Winter 10 Min. zu Fuss

Hausbeschreibung

Gut eingerichtetes Haus – Selbstkocherküche: Holz-/Elektroherd – Geschirr für 60 Personen – je 1 Zimmer mit 3 und 5 Betten, je 2 Zimmer mit 2 und 4 Betten, je 1 Raum mit 8 und 12 Schlafplätzen, 3 Räume mit je 7 Schlafplätzen – Schlafsäcke obligatorisch/mietbar – 2 Tagesräume mit 20 und 40 Plätzen – Waschräume/Dusche – Strom 220 V – Zentralheizung – Terrasse – Getränke – Morgen-/Nachtessen auf Anfrage – Ständiger Hauswart vom März bis August, sonst Wochenendhauswart – Haus-Tel.-Nr. 058 46 12 36

Eignung des Hauses/Öffnungszeiten

Ideal für Schulen, Kurse, Weekends, Feste. Familienferien nicht während der Schulferienzeit / ganzjährig geöffnet

Wander- und Sportmöglichkeiten

Vielfältige Wanderungen und Bergtouren (z. B. Toggenburg, Mattstock, Speer) – Skilifte in Amden/Arvenbühl

Sehenswürdigkeiten

Wildhüterexkursion – Hochmoor Hintere Amdener Höhe

Wandervorschläge

Siehe Seiten 152 und 156

89 Tschuggen (Simmental, BE)

607.800/165.100, 1340 m ü. M., 24 Schlafplätze

Lage

Im Gebiet Tschuggenalp, Rinderalp, Turnen, Diemtigtal

Anreise

Zug ☐ 320 ab Spiez bis Oey-Diemtigen, dann 2 Std. zu Fuss
Strasse bis Parkplatz 80 m unterhalb Haus von Frühjahr bis
Spätherbst, im Winter bis «Bergli», von da 45 Min. zu Fuss
(bewilligungspflichtige Strasse)

Hausbeschreibung

Einfach eingerichtetes Haus – Selbstkocherküche: 2 Holzherde – Geschirr für 30 Personen – 3 Räume mit 12, 8 und
4 Schlafplätzen – Schlafsäcke erwünscht – 2 Aufenthaltsräume für 6 und 20 Personen – von Frühjahr bis Herbst Wasser in
der Küche, im Winter Brunnenwasser – Petroleumlicht – kein
Strom – Holzheizung – Wald in der Nähe
Hüttenwart bei Anmeldung

Eignung des Hauses/Öffnungszeiten

Für Weekends, Familienferien und Feste aller Art / ganzjährig geöffnet

Wander- und Sportmöglichkeiten

Ideales Wander-, Berg- und Skitourengebiet: Tschuggenalp,
Rinderalp, Turnen, Abendberg, Diemtigtal / kein Skilift

Sehenswürdigkeiten

Gemeinde Diemtigen erhielt Wakker-Preis des Schweizer
Heimatschutzes für vorbildliche Ortsbilderhaltung

Turmstübli Sonnenberg (Möhlin, AG)

630.600/264.700, 632 m ü. M., 35 Sitzplätze

Lage

Sehr ruhige Lage mitten in grossem Waldgebiet

Anreise

Zug ☐ 700 ab Basel oder Zürich bis Möhlin, dann 1½ Std. zu Fuss, oder Bus ☐ 700.10 (Linie 100) ab Bhf. Rheinfelden oder Bhf. Gelterkinden bis Magden (dann 1¼ Std. zu Fuss) oder Maisprach (¾ Std. zu Fuss)
Parkplatz 20 Min. unterhalb des Aussichtsturms

Hausbeschreibung

Keine Übernachtungsmöglichkeiten – 1 Tagesraum für 35 Personen – Verpflegungsmöglichkeiten – Getränkeverkauf
Sonntags Hüttenwart

Eignung des Hauses/Öffnungszeiten

Ideal für Spaziergänger / sonntags geöffnet

Wander- und Sportmöglichkeiten

Fricktaler Höhenweg

Sehenswürdigkeiten

Aussichtspunkt, Baden in Rheinfelden (Natursolebäder), Besichtigung der Römerstadt Augusta Raurica in Augst

91 # Wäckerschwend (Ochlenberg, BE)

219.500/621.900, 780 m ü. M., 24 Schlafplätze

Lage

Ochlenberg ob Wäckerschwend in den Buchsibergen

Anreise

Postauto ☐ 450.40 ab Bhf. Riedtwil bis Oschwand (Morgen- und Abendkurs, sonst auf Bestellung), ab Bhf. Riedtwil 1 Std. zu Fuss
Parkplatz in Wäckerschwend, 300 m vom Haus

Hausbeschreibung

Normal eingerichtetes Haus – Selbstkocherküche: Holz- und Elektroherd – Geschirr für 30 Personen – 3 Räume mit 6, 8 und 10 Schlafplätzen – Schlafsäcke obligatorisch – 1 Aufenthaltsraum für 24 Personen – Waschräume – elektr. Anschlüsse 220 V – Elektroheizung – Getränkeverkauf – Spielplatz – Wald in der Nähe – Haustiere verboten
Wochenendhüttenwart

Eignung des Hauses/Öffnungszeiten

Für Schulen, Kurse, Weekends und Familienferien / ganzjährig geöffnet

Wander- und Sportmöglichkeiten

Tourenmöglichkeiten in den Buchsibergen bis Emmental

Sehenswürdigkeiten

Aussichtspunkt Oberbühlknobel

Waldeggli (Vorderberg, Altendorf, SZ)

705.700/224.600, 1050 m ü. M., 18 Schlafplätze

Lage

Stöcklikreuz ob Lachen mit schöner Aussicht auf Zürichsee und Alpen

Anreise

Zug ☐ 900 ab Zürich oder Chur bis Lachen, dann 2 Std. zu Fuss
Bergstrasse für Autos befahrbar. Parkplatz 2 km vom Haus (Bergrestaurant «Bräggerhof», Altendorf)

Hausbeschreibung

Einfaches Haus – Selbstkocherküche: Holz-Elektro-Kombiherd – Geschirr für 40 Personen – 3 Räume mit je 6 Schlafplätzen – Schlafsäcke obligatorisch – 1 Aufenthaltsraum für 40 Personen – Waschraum – elektr. Anschlüsse 220 V – Holzheizung – Wald in der Nähe – Mindestalter für Kinder: 3 Jahre – Getränkeverkauf
Wochenendhüttenwart – Haus-Tel.-Nr. 055 63 12 75

Eignung des Hauses/Öffnungszeiten

Ideal für 1 bis 2 Familien und Wochenendgäste / an Wochenenden ganzjährig geöffnet

Wander- und Sportmöglichkeiten

Vielseitige Wanderungen und Bergtouren: Stöcklikreuzgebiet, Satteleg, Etzel, Sihlsee, Einsiedeln, Aubrig, Wägitaler Berge – Ski- und Langlaufgebiet in Hausnähe

Sehenswürdigkeiten

Einsiedeln, Lachen

93   Widacker-Horben (Simmental, BE)

610.600/165.300, 1025 m ü. M., 21 Schlafplätze

Lage

Am Strässchen Oey-Diemtigen–Bächlen–Widacker

Anreise

Zug ☐ 320 ab Spiez bis Oey-Diemtigen, dann 1 Std. zu Fuss
Autoparkplatz 100 m vor Haus

Hausbeschreibung

Einfaches Touristenhaus – Selbstkocherküche: Holzherd –
Geschirr für 25 Personen – je 1 Raum mit 6 und 15 Schlafplät-
zen – Schlafsäcke obligatorisch – 1 Aufenthaltsraum für
20 Personen – Solarlicht für Küche und Toiletten – kein
Strom – Holzheizung – Spielplatz – Wald in der Nähe –
Küche von 11.00 Uhr bis 13.00 Uhr für Hüttenwart reserviert

Eignung des Hauses/Öffnungszeiten

Ideal für Weekends, Familienferien und Feste / ganzjährig
geöffnet, Schlüsseldepot in Restaurant «Sternen» oder Bäk-
kerei Bieri in Oey

Wander- und Sportmöglichkeiten

Zahlreiche Wander- und Tourenmöglichkeiten: Fromberg-
horn, Drunengalm, Standhorn, Steinschlaghorn, Tschiparel-
lenhorn, Meggiserhorn, Hohniesen, Diemtigtal–Grimmialp,
Entschwil–Egelsee – Skigebiet Springenboden, Wirienhorn
usw.

Widi (Kandertal, BE)

617.000/159.900, 780 m ü. M., 36 Schlafplätze

Lage

1 km östlich des Dorfes Frutigen

Anreise

Zug ☐ 300 ab Bern oder Brig bis Frutigen, dann 15 Min. zu Fuss, ab Bahnhof mit grünen Schildern markiert
Parkplatz beim Haus

Hausbeschreibung

Einfach eingerichtetes Haus – Selbstkocherküche: 2 Elektroherde – Geschirr für 50 Personen – 4 Zimmer mit 4 Betten, 2 Zimmer mit 6 Betten und 1 Zimmer mit 8 Betten – Schlafsäcke obligatorisch – 1 Aufenthaltsraum für 48 Personen – Waschräume/Dusche – elektr. Anschlüsse 220 V – zentrale Ölheizung – Spielwiese – Sitzplatz mit Feuerstelle Wochenendhüttenwart – Haus-Tel.-Nr. 033 71 32 00

Eignung des Hauses/Öffnungszeiten

Ideal für Familien, Gruppen, Schulen und Vereine. Für Weekends, Ferien, Lager, Kurse / ganzjährig geöffnet

Wander- und Sportmöglichkeiten

Frutigen–Blausee–Kandersteg, Frutigen–Aris–Kiental – Kanufahrten – Rundflüge – Skilifte (Elsigenalp, Metschalp, Adelboden) – Langlauf (Frutigen, Kandersteg, Adelboden)

Sehenswürdigkeiten

Holzspanverarbeitung (Besichtigung), Tellenburg, Blausee

Wandervorschlag

Siehe Seite 196

95 Zermatt (Mattertal, VS)

624.200/096.200, 1670 m ü. M., 120 Schlafplätze

Lage

Am Hang der Gornergratbahn mit Blick aufs Matterhorn

Anreise

Zug ☐ 140 ab Brig oder Visp bis Zermatt, vom Bahnhof 20 Min. zu Fuss. Abends und morgens Bahnverbindung der Gornergratbahn vom Naturfreundehotel zum Bhf. Zermatt Autofreier Kurort Zermatt

Hausbeschreibung

Komfortables, renoviertes Hotel – Zimmer mit 2, 3 oder 4 Betten mit Kalt- und Warmwasser – 3 Aufenthaltsräume für 36, 40 und 120 Personen – Duschen – elektr. Anschlüsse 220 V – Pensionsabgabe – Mindestalter für Kinder: 2 Jahre Haus-Tel.-Nr. 028 67 42 15

Eignung des Hauses/Öffnungszeiten

Ideal für Familienferien und Kurse / im Mai und November Betriebsferien, sonst ganzjährig geöffnet

Wander- und Sportmöglichkeiten

Vielseitige Wanderungen und Bergtouren (Gornergrat, Matterhorn usw.) – traumhaftes Skigebiet in Zermatt – Langlaufloipe 1 km vom Haus entfernt

Sehenswürdigkeiten

Alpines Museum

Wandervorschlag

Siehe Seite 230

Zimmerboden (Simmental, BE)

593.400/158.200, 1270 m ü. M., 40 Schlafplätze

Lage

Zimmerboden im Simmental

Anreise

Zug ☐ 320 ab Spiez oder ☐ 120 ab Montreux bis Zweisimmen, dann 1½ Std. zu Fuss
Parkplatz 10 Min. vom Haus entfernt

Hausbeschreibung

Normal eingerichtetes Haus – Selbstkocherküche: Holzherd – Geschirr für 50 Personen – je 2 Räume mit je 4 bzw. 6 Schlafplätzen, 2 Räume mit je 10 Schlafplätzen – 2 Aufenthaltsräume für 15 und 30 Personen – Waschräume – Gaslicht – kein Strom – Holzheizung – Getränkeverkauf Wochenendhüttenwart – Haus-Tel.-Nr. 030 2 25 87

Eignung des Hauses/Öffnungszeiten

Für Schulen, Weekends, Familienferien und Feste / ganzjährig geöffnet, Schlüsseldepot im Bahnhof Zweisimmen

Wander- und Sportmöglichkeiten

Ideales Wander- (Jaunpass, Hundsrügg, Sparenmoos, Rinderberg, Seebergsee) und Bergtourengebiet (Gastlosen, Bäderhorn usw.) – Skigebiet in Zweisimmen/Rinderberg, Jaunpass – Loipen in Sparenmoos

Sehenswürdigkeiten

Naturschutzgebiet Tollmoos

Wandervorschlag

Siehe Seite 202

Loo-Huus (Emmental, BE)

622.875/200.600, 673 m ü. M., 23 Schlafplätze

Lage

Witenbach bei Lauperswil am Fusse der Moosegg

Anreise

Zug ☐ 460 ab Konolfingen oder Luzern bis Emmenmatt, dann 20 Min. zu Fuss Richtung Lauperswil
Autozufahrt zum Haus, aber wenig Parkplätze

Hausbeschreibung

Gut eingerichtetes Bauernhaus – Selbstkocherküche: Holz- und Elektroherd – je 1 Raum mit 15, 6 und 2 Schlafplätzen – Schlafsäcke obligatorisch – 2 Aufenthaltsräume mit 6 und 34 Plätzen – Lavabo – elektr. Anschlüsse 220 V – Holzheizung
Hüttenwart nach Absprache

Eignung des Hauses/Öffnungszeiten

Für Familienferien und -anlässe, Vereinsfeste und Weekends / ganzjährig geöffnet

Wander- und Sportmöglichkeiten

Vielseitige Wanderungen im Emmental und der Emme entlang

Sehenswürdigkeiten

Dürsrüti-Tannen (die dicksten und höchsten Tannen Europas) – Schaukäserei Affoltern im Emmental – alte Mühle mit verschiedenen Ausstellungen in Lützelflüh

Plan-Marmet (Jura, BE)

566.900/219.300, alt. 1120 m, 12 places

Situation

Entre les Savagnières et les Bugnenets

Accès

Chemin de fer jusqu'à St-Imier, de là auto postale ☐ 225.10 jusqu'au Plan Marmet
Parking au chalet

Description de la maison

Maison aménagée simplement – cuisine: cuisinière à bois, éclairage à gaz – vaisselle pour 25 personnes – dortoir à 12 places – sacs de couchage désirés – salle commune pour 20 personnes – pas de douches
Gardien les week-ends pendant la saison d'hiver

La maison est indiquée pour/périodes d'ouverture

Des familles, des petits groupes et des week-ends / Ouvert toute l'année – clef à disposition à la gare de St-Imier et chez le propriétaire M. Willi Cuche fermier, entre la loge et le restaurant du Bugnenet

Possibilités d'excursions/sports d'hiver

De nombreuses possibilités d'excursions – à 20 mètres de la route cantonale accès facile entre 7 remontées mécaniques Savagnières-Bugnenets – à 50 mètres du départ des pistes de fond

Attractions/sites remarquables

Combe Grêde Chasseral

Übersetzungen

Traductions

5 Aurore (Lac Noir, FR)

588.500/168.500, 1050 m ü. M., 49 Schlafplätze

Lage

Schwarzsee. Prächtige Aussicht auf die Freiburger Voralpen, den See und den nahen Wald

Anreise

Bus GFM ☐ 250.61/62 ab Bhf. Fribourg bis Schwarzsee Post oder Gypsera, dann 10 Min. zu Fuss – Autoparkplatz beim Haus

Hausbeschreibung

Gut eingerichtetes Haus – Küche: 1 Holzherd und 3 Elektroherde – Geschirr für 50 Personen – je 1 Raum mit 6 bzw. 7 Schlafplätzen, 3 Räume mit je 4 Schlafplätzen und 2 Räume mit je 12 Schlafplätzen – Schlafsäcke oder Bettwäsche obligatorisch – Aufenthaltsraum für 60 Personen – Duschen – elektr. Anschlüsse 220 V – Grosse Terrasse – Getränkeverkauf Ständiger Hauswart – Haus-Tel.-Nr. 037 32 11 23

Hauseignung/Öffnungszeiten

Vielseitig. Für Familien, Lager, Kurse, Feste, Weekends und Ferien / ganzjährig geöffnet

Wander- und Sportmöglichkeiten

Seerundfahrt, Ausflug nach Bellegarde (Jaun), La Berra – Schwimmen, Rudern, Fischen – Skilifte, Sesselbahnen, Langlaufloipe

Sehenswürdigkeiten

Fribourg – Murten – Kloster La Valsainte

Wandervorschläge

Siehe Seiten 198 und 202

---

7 Bellevue (Montoz, Jura BE)

582.900/228.300, 1285 m ü. M., 25 Schlafplätze

Lage

Brahon oberhalb Montoz. Herrliche Aussicht auf die Alpen, die Freiberge und ins Tal von St. Immer

Anreise

Zug ☐ 226 von Biel oder Delémont bis Tavannes, dann 1¼ Std. zu Fuss – Parkplatz 2 km entfernt

Hausbeschreibung

Normal eingerichtetes Haus – Küche: 1 Holz- und 1 Elektroherd – Geschirr für 40 Personen – je 1 Raum mit 5 bzw. 20 Schlafplätzen – Schlafsäcke erwünscht – Aufenthaltsraum für 40 Personen – keine Duschen – elektr. Anschlüsse 220 V – Heizung – Spielplatz – Getränkeverkauf – Wochenendhauswart

Hauseignung/Öffnungszeiten

Für Lager, Feste, Weekends und Ferien / ganzjährig geöffnet

Wander- und Sportmöglichkeiten

Ausflüge in der ganzen Montoz-Kette – Jurawanderungen – Skilift, Langlaufloipe 500 m entfernt

Wandervorschläge

Siehe Seiten 222 und 224

11 Chaumont (La Combe d'Enges, NE)

565.900/212.100, 1113 m ü. M., 30 Schlafplätze

Lage

Idyllisch gelegen inmitten von Jura-weiden und -wäldern

Anreise

Bus 7 ab Bhf. Neuchâtel, dann Standseilbahn ☐ 1011 Neuchâtel–La Coudre bis Chaumont, danach 1 Std. zu Fuss – Autoparkplatz 200 m vom Haus entfernt

Hausbeschreibung

Renoviertes Haus – Küche: fliessen-des Wasser (nicht trinkbar), Holz- und Elektroherd – Geschirr für 40 Personen – 6 Zimmer mit 4 bis 6 Betten – Schlafsäcke erwünscht – Aufenthaltsraum für 40 Personen – Lavabos – elektr. Anschlüsse 220 V – Zentralheizung

Wochenendhauswart (Samstag, 16.00 Uhr, bis Sonntag, 17.00 Uhr)

Hauseignung/Öffnungszeiten

Für Lager (bis 12 Jahre), Kurse, Weekends und Ferien / ganzjährig geöffnet. Schlüsseldepot im «Petit Hôtel du Château» in Chaumont

Wander- und Sportmöglichkeiten

Chaumont-Panoramatour – Sessel-bahn Nods–Chasseral – Skipisten: Les Bugnenets, Savagnière, Crêt du Puy – Langlaufloipe: Chaumont–La Dame–Mètrèvie de l'Ile

Sehenswürdigkeiten

Neuchâtel – See – Automatenmu-seum Jacquet-Droz-Utter – Schmet-terlingsmuseum in Marin

20 Frateco (Villard-sur-Chamby, VD)

560.800/147.700, 1040 m ü. M., 50 Schlafplätze

Lage

Vallon du Villard, oberhalb der waadtländischen Riviera

Anreise

Zug ☐ 112 von Vevey bis Ondallaz-L'Alliaz, dann 20 Min. zu Fuss – Au-toparkplatz 300 m vom Haus ent-fernt

Hausbeschreibung

Gut eingerichtetes Haus – Küche: 3 Rechauds – 8 Zimmer mit 2 bis 6 Betten, 1 Raum mit 28 Schlafplät-zen – 1 Aufenthaltsraum für 50 Per-sonen – Lavabos/Duschen – elektr. Anschlüsse 220 V – Holzheizung – Spielplatz – Getränkeverkauf – Ständiger Hauswart Juli/August – Haus-Tel.-Nr. 021 964 58 98

Hauseignung/Öffnungszeiten

Für Lager, Kurse, Weekends, Feste und Familien / ganzjährig geöffnet

Wander- und Sportmöglichkeiten

Von Blonay nach Les Pléiades, Châ-tel-St-Denis, Les Avants; von Pléia-des nach St-Légier oder Col de Son-loup – Skipiste 2 km entfernt, Lang-laufloipe – Seebäder in Vevey und Montreux

Sehenswürdigkeiten

Rochers-de-Naye – Schloss Chillon – Schweizer Spielmuseum – Schwei-zer Fotoapparatemuseum – Alimen-tarium Montreux

Wandervorschlag

Siehe Seite 226

24 Genzianella (Giubiasco, TI)

725.350/115.470, 1400 m ü. M., 15 Schlafplätze

Lage

Auf dem Pian-Dolce-Hochtal mit grossartiger Aussicht

Anreise

Postauto ☐ 625.45 ab Bellinzona (via Canc. Molo) bis Monti di Paudo oder Melera, von dort 1 bzw. 1½ Std. zu Fuss – Materialtransport mit Seilbahn nach Vereinbarung mit Hausverwaltung – Parkplatz nur am Ende der Strasse auf «Monti di Ravecchia»

Hausbeschreibung

Einfach eingerichtetes, kleines Haus – Selbstkocherküche: Holzherd und Gasrechaud – 1 Raum mit 15 Schlafplätzen – 1 Wohn-/Essraum – fliessendes Wasser/keine Duschen – kein Strom – Beleuchtung mit Solaranlage – Hauswart auf Anfrage – Tel.-

Nr. 092 25 85 05 (bei der Seilbahn)

Hauseignung/Öffnungszeiten

Ideal für Familien und kleine Gruppen / April bis Oktober geöffnet. Schlüsseldepot bei Hausverantwortlichen in Bellinzona und Giubiasco

Wander- und Sportmöglichkeiten

Romantische Berg- und Waldwanderungen – gut signalisierte Routen über den Höhenzug bis zur ital. Grenze – San Jorio, Val Marobbia, Alpe di Gesero, Biscia

Sehenswürdigkeiten

Bellinzona mit seinen Burgen – Bergsturzgebiet Frana – Seelein Laghetto d'Orbello

Wandervorschlag

Siehe Seite 240

24 Genzianella (Giubiasco, TI)

727.350/115.470, alt. 1400 m, 15 places

Situation

Sur le plateau de Pian Dolce avec vue splendide

Accès

Car postal ☐ 625.45 de Bellinzone (via Canc. Molo) jusqu'à Monti di Paudo ou Melera, de là env. 1 h 30 de marche – funiculaire, seulement pour des transports de matériel (sur demande)

Description de la maison

Petite maison aménagée modestement – cuisine à disposition: cuisinière à bois et réchaud à gaz – 1 dortoir de 15 places – 1 salon/salle à manger – eau courante/pas de douche – pas d'électricité – éclairage à l'énergie solaire – Gardiennage

sur demande – tél. 092 25 85 05 (funiculaire)

La maison est indiquée pour/ périodes d'ouverture

Des familles, des petits groupes – ouvert d'avril à octobre – dépôt des clés auprès du responsable de la maison, à Bellinzone et à Giubiasco

Possibilités d'excursions/sports

Randonnées romantiques

Attractions/sites remarquables

Bellinzone et ses châteaux – les éboulis des Frana – le petit lac Laghetto d'Orbello

Proposition de randonnée

Voir page 240

30 Haute-Borne (Delémont, JU)

589.600/247.800, 888 m ü. M., 42 Schlafplätze

Lage

7 km nordöstlich von Delémont, an ruhigem, stillem Ort

Anreise

Bus ☐ 230.10 ab Bhf. Delémont bis «Le Sommet» (Halt auf Verlangen), dann 45 Min. zu Fuss – Parkplatz beim Haus

Hausbeschreibung

Gut eingerichtetes Haus – Küche: Elektroherd – Geschirr für 40 Personen – 9 Zimmer mit 3 bis 6 Betten – Schlafsäcke obligatorisch – Aufenthaltsraum für 40 Personen – Duschen – elektr. Anschlüsse 220 V – Elektro- und Holzheizung – Spielplatz – Getränkeverkauf

Wochenendhauswart – Haus-Tel.-Nr. 066 22 62 49

Hauseignung/Öffnungszeiten

Für Lager, Kurse, Feste, Weekends und Ferien / ganzjährig geöffnet

Wander- und Sportmöglichkeiten

Jurahöhenwanderungen – Schlucht von Soyhières und Kapelle von Vorbourg – Col des Rangiers – Freiberge – Schwimmbad in Delémont – Skipiste (Grandval) und Langlaufloipe

Sehenswürdigkeiten

Delémont, Juramuseum – Schloss Domont, Soyhières – Abtei Lucelle – St-Ursanne – Porrentruy und Ajoie

---

42 La Flore (Courtelary, BE)

572.150/227.650, 1254 m ü. M., 20 Schlafplätze

Lage

Höhe von Bises de Courtelary (sur Les Roches)

Anreise

Bus ☐ 237.10 ab Bhf. St-Imier oder Tramelan bis Mont-Crosins, dann 35 Min. zu Fuss – Autoparkplatz beim Haus in der Sommersaison

Hausbeschreibung

Einfaches Haus – Küche: ohne fliessendes Wasser, 1 Holzherd und 1 Elektrorechaud – Geschirr für 35 Personen – 2 Räume mit je 10 Schlafplätzen – Schlafsäcke erwünscht – Aufenthaltsraum für 35 Personen – WC ausserhalb des Hauses/keine Duschen – Holzhei-

zung – Spielplatz – Getränkeverkauf, Wochenendhauswart

Hauseignung/Öffnungszeiten

Für Familien, Wanderer und Ferien / ganzjährig geöffnet

Wander- und Sportmöglichkeiten

Jura und Freiberge – Val du Doubs, les Rochers des Sommêtres, Chasseral – Schwimmbad in Tramelan – Skilift, Langlaufloipe

Sehenswürdigkeiten

Naturschutzgebiet Etang de la Gruère – St-Ursanne

Wandervorschlag

Siehe Seite 222

43 La Ginestra (Val Colla, TI)

719.300/105.100, 985 m ü. M., 40 Schlafplätze

Lage

Am Südwesthang des Caval Drossa

Anreise

Postauto ☐ 633.35 ab Tesserete Posta bis Roveredo – Auto bis Roveredo, dann 40 Min. zu Fuss

Hausbeschreibung

Normal eingerichtetes Haus – Selbstkocherküche: Butangas – Geschirr für 40 Personen – 5 Zimmer mit je 2 Betten, 3 Zimmer mit je 4 Betten, je 1 Zimmer mit 6 bzw. 12 Betten – Schlafsäcke obligatorisch – 2 Aufenthaltsräume für 10 und 30 Personen – Waschräume/ Dusche – elektr. Anschlüsse 220 V – Wiese – Wald in der Nähe – Getränkeverkauf

Wochenendhüttenwart – Haus-Tel.- Nr. 091 91 23 73

Hauseignung/Öffnungszeiten

Vielseitig. Gut geeignet für Schulen, Kurse, Weekends und Ferien / April bis Oktober geöffnet – Schlüsseldepot im «Ristorante Stazione» in Tesserete

Wander- und Sportmöglichkeiten

Wanderungen Richtung Galo di Lago, Monti Bigorio – Besteigung des Gazzirola und Monte Baro

Sehenswürdigkeiten

Schöne Sicht auf den Luganersee

Wandervorschlag

Siehe Seite 244

43 La Ginestra (Val Colla, TI)

719.300/105.100, alt. 985 m, 40 places

Situation

Sur le versand sud-ouest du Caval Drossa

Accès

Car postal ☐ 633.35 de Tesserete Posta jusqu'à Roveredo, puis 40 min. de marche – en voiture aussi jusqu'à Roveredo

Description de la maison

Maison aménagée normalement – cuisine à disposition: butane-gaz – vaisselle pour 40 personnes – 5 chambres à 2 lits, 3 chambres à 4 lits, 2 à 6 et 12 lits – sacs de couchage obligatoires – 2 réfectoires de 10 et 30 places – douches – prises électr. 220 V – place de jeux – forêt – vente de boissons

Gardien le week-end – tél. 091 91 23 73

La maison est indiqué pour/ périodes d'ouverture

Des écoles, des cours, des weekends et des vacances / Ouvert d'avril à octobre – dépôt des clés au restaurant Stazione de Tesserete

Possibilités d'excursions/sports

Randonnées vers Gola di Lago, Monti Bigorio – Gazzirola et Monte Baro

Attractions/sites remarquables

Vue magnifique sur le Lac de Lugano

Proposition de randonnée

Voir page 244

44 La Serment (Tête de Ran, Jura NE)

555.500/210.700, 1246 m ü. M., 94 Schlafplätze

Lage

Im Neuenburger Jura in der Nähe des Neuenburgersees, mit herrlicher Aussicht

Anreise

Zug ☐ 223 von Neuchâtel oder Le Locle bis Hauts-Geneveys, dann 45 Min. zu Fuss – Autoparkplatz 3 Min. vom Haus (Sommer), Tête de Ran oder in Les Gollières beim Skilift (Winter)

Hausbeschreibung

Einfaches Haus – Küche: 1 Hotelherd – Geschirr für 100 Personen – je 1 Raum mit 10 bzw. 30 Schlafplätzen, 2 Räume mit je 3 Schlafplätzen, 6 Räume mit je 4 Schlafplätzen, 3 Räume mit je 8 Schlafplätzen – 2 Aufenthaltsräume für 60 bzw. 80 Personen, davon ein Cheminéeraum – Waschräume – elektr. Anschlüsse 220 V – Zentralheizung – Spielplatz – Getränkeverkauf – Hundeverbot

Hauswart an Wochenenden und Juli/August – Haus-Tel.-Nr. 038 53 20 19

Hauseignung/Öffnungszeiten

Für Lager, Kurse, Weekends, Ferien und Familien / ganzjährig geöffnet

Wander- und Sportmöglichkeiten

Jurahöhenwege – Doubs-Flusslandschaft – 3 Skilifte, Langlaufloipen

Sehenswürdigkeiten

Neuchâtel mit See – Uhrenmuseum La Chaux-de-Fonds – Schloss Valangin

---

45 Le Coutzet (St-Cergue, VD)

499.700/145.000, 1140 m ü. M., 58 Schlafplätze

Lage

In der Nähe von Aussichtspunkten auf Genfersee und Alpen

Anreise

Zug ☐ 155 von Nyon bis Pralies-Télésiège (Halt auf Verlangen) – Autoparkplatz 100 m vom Haus entfernt

Hausbeschreibung

Gut eingerichtetes Haus – Küche: Elektroherd und Gasrechaud – Geschirr für 70 Personen – 3 Zimmer mit 4 Betten, 2 Zimmer mit 6 Betten und 2 Räume mit je 17 Schlafplätzen – Schlafsäcke obligatorisch – Aufenthaltsraum für 50 Personen – Duschen – elektr. Anschlüsse 220 V

Hauswart – Haus-Tel.-Nr. 022 60 16 25

Hauseignung/Öffnungszeiten

Für Lager, Kurse, Weekends, Feste und Ferien / ganzjährig geöffnet

Wander- und Sportmöglichkeiten

La Barillette, La Dôle, Col de la Fucille, Le Noirmont – Skipisten (La Dôle), Langlaufloipen (La Givrine)

Sehenswürdigkeiten

Genf und Lausanne – Nyon: 3 Museen und zahlreiche Ausstellungen – Sehenswürdigkeiten in Frankreich – Zoo «La Garenne»

46   Le Furet (La Creusaz sur Les Marécottes, VS)

565.500/107.300, 1800 m ü. M., 25 Schlafplätze

Lage

In La Creusaz über Les Marécottes, mit wunderbarer Aussicht auf die Walliser und französischen Alpen

Anreise

Zug ☐ 132 von Martigny bis Les Marécottes, dann 2½ Std. zu Fuss, oder 20 Min. bis zur Seilbahn ☐ 1140 bis La Creusaz, dann 10 Min. zu Fuss – Autoparkplatz neben der Seilbahnstation (im Winter Nachtparkverbot, Parkplätze unterhalb des Dorfes)

Hausbeschreibung

Älteres, einfaches Haus – Küche: Holz- und Elektroherd, Racletteofen – Geschirr für 25 Personen – je 1 Raum mit 2 bzw. 7 Schlafplätzen, 4 Räume mit je 4 Schlafplätzen –

Schlafsäcke obligatorisch – Aufenthaltsraum für 25 Personen – Lavabos/Dusche – elektr. Anschlüsse 220 V – Elektroheizung – Getränkeverkauf – keine Pension Ständiger Hauswart

Hauseignung/Öffnungszeiten

Für Lager, Weekends, Feste und Ferien / ganzjährig geöffnet

Wander- und Sportmöglichkeiten

Emaney, Col d'Emaney, Col de Barberine, Emosson, Finhaut, Col de la Golettaz – Klettern: Le Luisin 2 800 m – Gleitschirmfliegen – 5 Skilifte – keine Langlaufloipe – Schwimmbad in Les Marécottes

Sehenswürdigkeiten

Zoo in Les Marécottes

47   Le Muguet (St-George, Jura VD)

509.000/151.900, 1000 m ü. M., 46 Schlafplätze

Lage

Oberhalb St-George. Wunderbare Aussicht auf Waadtland und Alpen

Anreise

Bus ☐ 150.22 ab Bhf. Nyon oder Le Brassus bis St-George, dann 10 Min. zu Fuss, oder mit Bus ab Bhf. Rolle nach Gimel, dann mit Bus oder zu Fuss nach St-George – Autoparkplatz beim Haus

Hausbeschreibung

Gut eingerichtetes Haus – Küche: 2 Holzherde – Geschirr für 100 Personen – 2 Zimmer mit je 2 Betten, je 1 Raum mit 3 bzw. 7 Schlafplätzen, 2 Räume mit je 8 Schlafplätzen, 4 Räume mit je 4 Schlafplätzen – Schlafsäcke oder Bettwäsche obligatorisch – Aufenthaltsraum für

80 Personen – Spielzimmer – Lavabos/Duschen – elektr. Anschlüsse 220 V – Zentralheizung – Spielplatz – Getränkeverkauf – Haustierverbot Hauswart Juli/August, sonst an Wochenenden – Tel.-Nr. 022 68 13 98

Hauseignung/Öffnungszeiten

Für Lager, Kurse, Weekends, Feste und Ferien / ganzjährig geöffnet

Wander- und Sportmöglichkeiten

Ausflüge ins Vallée de Joux und in den Waadtländer Jura, z. B.: Crêt de la Neuve über La Glacière, Col du Marchairuz – Loipen/Skilifte

Sehenswürdigkeiten

Museum und Mühlen von St-George – La Glacière (Eisgrotte) ob St-George – Nyon, Lausanne, Genève

48 Les Barmes (Val d'Anniviers, VS)

611.500/115.800, 1280 m ü. M., 65 Schlafplätze

Lage

In der Nähe der Ferienorte Grimentz, St-Luc und Zinal

Anreise

Bus ☐ 100.77 ab Bhf. Sierre bis St-Jean, dann zirka 400 m auf der Strasse in Richtung Mission – Autoparkplatz vor dem Haus oder im Dorf (je nach Schneeverhältnissen)

Hausbeschreibung

Gut eingerichtetes Haus – Küche: Elektroherd – Geschirr für 70 Personen – Zimmer mit 1, 3, 5, 6, 8 und 10 Betten – Schlafsäcke oder Bettwäsche obligatorisch – Ess- und Cheminéeraum – Duschen/Bad – elektr. Anschlüsse 220 V – Zentralheizung – Getränkeverkauf – Haustierverbot

Wochenendhauswart und während der Ferien

Hauseignung/Öffnungszeiten

Für Lager, Kurse, Weekends und Familien / Dezember bis April und Juni bis Oktober geöffnet

Wander- und Sportmöglichkeiten

Zahlreiche lohnende Ausflüge: z. B. Staudamm von Moiry, Illhorn, Petit-Mountet, Tracuit – Schwimmbäder, Tennis, Eisbahn, Skilifte im Val d'Anniviers (Grimentz, Zinal, St-Luc, Chandolin) – 1 Skipiste führt von Grimentz direkt nach St-Jean in der Nähe des Hauses

Sehenswürdigkeiten

Grimentz, Zinal, Chandolin – Planetenweg und Mühlen von St-Luc

49 Les Chaignons (Porrentruy, JU)

572.600/246.800, 900 m ü. M., 20 Schlafplätze

Lage

Höhe von Mont-Terrible, zwischen Fontenais und Ocourt

Anreise

Bus ☐ 240.30 ab Bhf. Porrentruy bis Villars-sur-Fontenais – Autoparkplatz neben dem Haus

Hausbeschreibung

Normal eingerichtetes Haus – 3 Zimmer mit insgesamt 20 Betten – Schlafsäcke obligatorisch – Aufenthaltsraum für 40 Personen – ländliches Badezimmer – elektr. Anschlüsse 220 V – Holzzentralheizung und Elektroofen – Spielplatz mit Schaukel – grosse Terrasse –

Grill – Getränkeverkauf Wochenendhauswart

Hauseignung/Öffnungszeiten

Für Lager, Kurse, Feste und Ferien / ganzjährig geöffnet

Wander- und Sportmöglichkeiten

Zahlreiche Wanderungen in der Ajoie und im Jura – Langlaufloipe beim Haus bis Roche d'Or – Schwimmbad, Eisbahn in Porrentruy

Sehenswürdigkeiten

Porrentruy mit Schloss und Altstadt – Teich von Bonfol – Freiberge – Delémont, Juramuseum

50 ## Les Cluds (Les Cluds sur Bullet, Jura VD)

533.100/188.500, 1218 m ü. M., 38 Schlafplätze

Lage

Auf Terrasse des Waadtländer Juras, am Fusse des Chasseron mit traumhafter Sicht auf die Hochebene und die Alpen

Anreise

Bus ☐ 212.25 ab Bhf. St-Croix bis Bullet, dann 20 Min. zu Fuss – Autoparkplatz vor dem Haus

Hausbeschreibung

Gut eingerichtetes Haus – Küche: Holz- und Elektroherd – Geschirr für 60 Personen – 2 Zimmer mit 4 Betten, 5 Zimmer mit 6 Betten – Aufenthaltsraum für 60 Personen – Duschen – elektr. Anschlüsse 220 V – Holzheizung – Garage für Velos und Motorräder

Wochenendhauswart – Haus-Tel.-Nr. 024 61 20 98

Hauseignung/Öffnungszeiten

Für Lager, Kurse, Weekends, Feste und Ferien / ganzjährig geöffnet

Wander- und Sportmöglichkeiten

Le Chasseron, Mont de Baulmes, Georges de Covatannaz – Langlaufloipe vor dem Haus, Skipiste (Les Rasses)

Sehenswürdigkeiten

Musikdosenmuseum Baud in L'Auberson – Museum CIMA in St-Croix – Yverdon-les-Bains – Schloss Grandson – Weinrundfahrt – Grotte und Eisenmuseum in Vallorbe – Pontarlier (F)

---

 51 ## Les Collons (Val d'Hérens, VS)

595.800/114.900, 1800 m ü. M., 118 Schlafplätze

Lage

Gemeinde Vex im Val d'Hérens, herrliche Sicht auf die Alpen

Anreise

Bus ☐ 135.63 ab Bhf. Sion bis Collons – Autoparkplatz beim Haus

Hausbeschreibung

Gut eingerichtetes Haus – Küche: Hotelherd – Geschirr für 120 Personen – 1 Zimmer mit 4 Betten, 12 Zimmer mit 6 Betten und 1 Raum mit 42 Schlafplätzen, in Nischen unterteilt – Aufenthaltsraum für 120 Personen – Lavabos/Duschen – elektr. Anschlüsse 220 V – Warmluftheizung – Waschmaschine – Spielplatz – Wald in der Nähe – Getränkeverkauf – Vollpension

oder einzelne Mahlzeiten auf Anfrage
Ständiger Hauswart – Haus-Tel.-Nr. 027 81 12 16

Hauseignung/Öffnungszeiten

Für Lager, Kurse, Weekends, Feste und Gruppen / Mai bis Ende Oktober geöffnet

Wander- und Sportmöglichkeiten

Crête de Thyon, Les Mayens de Sion-Veysonnaz, Lac des Dix, Hütte Prafleuri – grossartiges Skigebiet, Skilift 5 Min. vom Haus entfernt, Langlaufloipen

Sehenswürdigkeiten

Sion – Tennis, Kegeln und Hallenbad in Thyon 2000

52 Les Saneys (Les Brenets, Jura NE)

546.800/214.400, 1186 m ü. M., 31 Schlafplätze

Lage

Les Saneys bei Saignotte. Idealer Ausgangspunkt für Jura- und Doubswanderungen

Anreise

Zug ☐ 223 von Neuchâtel bis Le Locle, dann 1½ Std. zu Fuss – Autoparkplatz vor dem Haus

Hausbeschreibung

Einfaches Haus – Küche: Holz- und Elektroherd – Geschirr für 60 Personen – Zimmer mit 2, 3, 4 und 5 Betten – Schlafsäcke obligatorisch – Aufenthaltsraum für 45 Personen – Lavabos – elektr. Anschlüsse 220 V – Zentralheizung – Spielplatz – Zeltplatz in der Nähe – Lebensmitteleinkauf in Le Locle

Wochenendhauswart – Haus-Tel.-Nr. 039 32 12 75

Hauseignung/Öffnungszeiten

Für Lager, Kurse, Weekends, Feste und Ferien / ganzjährig geöffnet. Schlüsseldepot beim Polizeiposten (Le Locle) oder F. Aeschlimann (La Saignotte)

Wander- und Sportmöglichkeiten

Jura- und Doubswanderungen – Skilift und Langlaufloipe

Sehenswürdigkeiten

Unterirdische Mühlen in Col-des-Roches – Uhrenmuseum in Le Locle

Wandervorschlag

Siehe Seite 218

---

53 Lüeg ins Land (Riederalp, VS)

646.500/136.700, 1950 m ü. M., 40 Schlafplätze

Lage

In den Walliser Alpen, oberhalb Mörel, am Fusse des Aletschgletschers

Anreise

Zug ☐ 610 von Brig oder Göschenen bis Mörel, dann Seilbahn ☐ 1330 oder ☐ 1331 bis Riederalp – Autoparkplatz in Mörel

Hausbeschreibung

Gut eingerichtetes Haus – Küche: Elektroherde – 3 Zimmer mit 2 Betten, 5 Zimmer mit 4 Betten und je 1 Zimmer mit 6 bzw. 8 Betten – Schlafsäcke oder Bettwäsche obligatorisch – Duschen – elektr. Anschlüsse 220 V – keine Pension – Lebensmitteleinkauf in der Nähe

Hauswart – Haus-Tel.-Nr. 028 27 11 65

Hauseignung/Öffnungszeiten

Für Lager, Kurse, Gruppen und Familien / Januar bis April und Juni bis Oktober geöffnet

Wander- und Sportmöglichkeiten

Ausflug an den Märjelensee, Wanderungen und Bergtouren im Aletschgebiet – Ski- und Langlaufgebiet

Sehenswürdigkeiten

Aletschwald – Aletschgletscher – SBN-Naturschutzzentrum Aletsch

Wandervorschlag

Siehe Seite 236

57 Moléson (Le Moléson, VD)

653.800/153.200, 1145 m ü. M., 70 Schlafplätze

Lage

7 km von Châtel-St-Denis entfernt in den Freiburger Voralpen

Anreise

Bus ☐ 256.10 ab Bhf. Châtel-St-Denis bis Les Paccots, dann 50 Min. zu Fuss – Autoparkplatz beim Haus

Hausbeschreibung

Gut eingerichtetes Haus – Küche: 2 Holzherde – Geschirr für 80 Personen – keine Pension – 9 Zimmer mit 2, 3 und 4 Betten und 2 Räume mit 20 und 15 Schlafplätzen – Schlafsäcke oder Bettwäsche obligatorisch – 2 Aufenthaltsräume für 50 und 30 Personen – Lavabos/Duschen – elektr. Beleuchtung – Spielplatz

Hauswart an Wochenenden, Juli/August – Haus-Tel.-Nr. 021 948 73 58

Hauseignung/Öffnungszeiten

Für Lager, Kurse, Weekends und Feste / ganzjährig geöffnet

Wander- und Sportmöglichkeiten

Teysachaux – Moléson – Dent de Lys – Niremont – Skipiste und Langlaufloipe in Rathvel und Les Paccots

Sehenswürdigkeiten

Schaukäserei in Pringy und authentische Alpkäserei in Moléson – Nestlé-Schokoladenfabrik in Broc

Wandervorschlag

Siehe Seite 226

---

58 Mont-Soleil (St-Imier, BE)

566.300/223.700, 1257 m ü. M., 43 Schlafplätze

Lage

Idealer Ausgangspunkt für zahlreiche Wanderungen und Ausflüge

Anreise

Zug ☐ 225 von Biel oder La Chaux-de-Fonds bis St-Imier, dann mit Standseilbahn ☐ 1020 bis Mont-Soleil – Autoparkplatz vor dem Haus

Hausbeschreibung

Normal eingerichtetes Haus – Küche: Holz- und Elektroherd – Geschirr für 100 Personen – 1 Zimmer mit 2 Betten, 2 Zimmer mit 4 Betten und je 1 Raum mit 17, 10 und 6 Schlafplätzen – Schlafsäcke oder Bettwäsche obligatorisch – Aufenthaltsräume für 70 Personen – elektr. Anschlüsse 220 V – Spielplatz – Hundeverbot

Wochenendhauswart und während den Uhrmacherferien

Hauseignung/Öffnungszeiten

Für Lager, Kurse, Feste und Ferien / an Weekends ganzjährig geöffnet

Wander- und Sportmöglichkeiten

Le Chasseral, Rocher des Sommêtres, Le Noirmont, Saignelégier, Les Breuleux – Langlaufloipe und Skipiste in der Nähe – Schwimmbäder in St-Imier und Saignelégier

Sehenswürdigkeiten

Grösstes Sonnenenergie-Kraftwerk Europas in Hausnähe – Naturschutzgebiet Etang de la Gruère

Wandervorschläge

Siehe Seiten 218 und 222

62 Plaine-Joux (Haute-Savoie, France)

1335 m ü. M., 80 Schlafplätze

Lage

5 km von Les Carroz entfernt, im Skigebiet der Haute-Savoie

Anreise

Zug SNCF ☐ 3152 ab Genf bis Cluses, dann Autobusservice (franz.-schweiz.) bis Les Carroz: im Winter täglich ab Genf (Busbahnhof, place Dorcière, Tel. 022 732 02 30). Kurse vom 21. 12. bis 7. 4.: 8.15, 11.30, 14.45, 18.45 Uhr – Autoparkplatz 15 Min. vom Haus entfernt

Hausbeschreibung

Gut eingerichtetes Haus – Küche: Holz- und Gasherd – Geschirr für 100 Personen – kleine und mittlere Räume mit 4 bis 16 Schlafplätzen – Schlafsäcke oder Bettwäsche obligatorisch – Lavabos/Duschen – Spiel- und Campingplatz – Getränkeverkauf – Haustierverbot Wochenendhauswart

Hauseignung/Öffnungszeiten

Für Skilager, Kurse, Weekends, Feste und Ferien / ganzjährig geöffnet

Wander- und Sportmöglichkeiten

Vielfältige Wanderungen in der Umgebung – in 1 km Entfernung 300 km Skipisten, Langlaufloipen – Schwimmbad, Tennis in Les Carroz

Sehenswürdigkeiten

Les Carroz – Flaine – Morillon-Samöens

---

65 Prise Milord (Val de Travers, NE)

533.300/196.500, 860 m ü. M., 44 Schlafplätze

Lage

Ausserhalb von St-Sulpice, sonnige Lage an einem Waldrand

Anreise

Zug ☐ 221 ab Neuchâtel über Travers bis Fleurier, dann 30 Min. zu Fuss (Wegweiser) – Autoparkplatz beim Haus

Hausbeschreibung

Gut eingerichtetes Haus – Küche: 1 Elektro- und 2 Holzherde – Geschirr für 50 Personen – 6 Zimmer mit 4 Betten, 2 Zimmer mit 6 Betten, 1 Zimmer mit 8 Betten – Schlafsäcke oder Bettwäsche obligatorisch – Aufenthaltsraum mit Cheminée für 50 Personen – Lavabos/Duschen – elektr. Anschlüsse 220 V – Zentralheizung – Spiel- und Picknickplatz – Getränkeverkauf Ständiger Hauswart

Hauseignung/Öffnungszeiten

Für Lager, Kurse, Weekends, Feste und Ferien / ganzjährig geöffnet

Wander- und Sportmöglichkeiten

Ausflüge: Quellen der Areuse, Lac des Taillères, Chasseron – Schwimmbäder in Boveresse und Ste-Croix-Les Rasses – Skilifte Buttes–La Robellaz – Langlaufloipen in der Region Cernets–Verrières–Les Bayards – Nordisches Zentrum Les Rasses

Sehenswürdigkeiten

Dampfeisenbahn St-Sulpice bis Travers – Fischen in der Areuse – J.-J.-Rousseau-Museum im Schloss Môtiers

66 Raimeux (Grandval, Jura BE)

598.800/239.100, 1300 m ü. M., 76 Schlafplätze

Lage

Ausgangspunkt für zahlreiche Wanderungen und Ausflüge

Anreise

Zug ☐ 411 von Solothurn bis Crémines oder Moutier, dann 1½ Std. zu Fuss – Autoparkplatz beim Haus

Hausbeschreibung

Normal eingerichtetes Haus – Küche: Holz- und Elektroherd – Geschirr für 70 Personen – 3 Räume mit je 8 Schlafplätzen, je 1 Raum mit 6 und 16 Schlafplätzen – 30 Schlafplätze im Dachstock – 2 Aufenthaltsräume für 20 und 50 Personen – Duschen – elektr. Anschlüsse 220 V – Spielplatz – Fussballplatz – Getränkeverkauf Wochenend- und Feiertagshauswart

Hauseignung/Öffnungszeiten

Für Lager, Kurse, Weekends, Feste und Ferien / ganzjährig geöffnet

Wander- und Sportmöglichkeiten

Vielfältige Wandermöglichkeiten in der Region – Skigebiet Grandval, Langlaufloipen – Klettern

Sehenswürdigkeiten

Jura – Moutier – Delémont

67 Retemberg (Vicques, JU)

600.100/ 247.600, 890 m ü. M., 74 Schlafplätze

Lage

Oberhalb von Vicques, ruhige Lage am Waldrand

Anreise

Bus ☐ 230.30 ab Bhf. Delémont bis Vicques, dann 1½ Std. zu Fuss – Autoparkplatz beim Haus

Hausbeschreibung

Modern eingerichtetes Haus – Küche: Elektroherd – Geschirr für 100 Personen – 4 Zimmer mit 3 Betten, 6 Zimmer mit 4 Betten und 1 Zimmer mit 10 Betten, 1 Raum mit 25 Schlafplätzen – Schlafsäcke oder Bettwäsche obligatorisch – 2 Aufenthaltsräume für 30 und 80 Personen – Lavabos/Einzeldusche und Duschraum – elektr. Anschlüsse 220 V – Zentralheizung – Spiel- und Sportplatz – Getränkeverkauf Wochenendhauswart – Haus-Tel.-Nr. 066 35 68 91

Hauseignung/Öffnungszeiten

Für Lager, Kurse, Weekends, Feste und Ferien / ganzjährig geöffnet

Wander- und Sportmöglichkeiten

Jurawanderungen, Roc de Courroux, Raimeux – Skilifte in Grandval und Les Breuleux, Langlaufloipen 10 km entfernt

Sehenswürdigkeiten

Schloss Raimeux – Delémont, Juramuseum – St-Ursanne – Porrentruy

Plan-Marmet (Jura, BE)

566.900/219.300, 1120 m ü. M., 12 Schlafplätze

Lage

Im Berner Jura zwischen Savagnières und Bugnenets

Anreise

Zug bis St-Imier, dann mit Postauto ☐ 225.10 bis Plan Marmet – Autoparkplatz beim Haus

Hausbeschreibung

Einfach eingerichtetes Haus – Küche: Holzherd – Geschirr für 25 Personen – 1 Raum mit 12 Schlafplätzen – Schlafsäcke erwünscht – Aufenthaltsraum für 20 Personen – keine Duschen – Gasbeleuchtung Wochenendhauswart während der Wintersaison

Hauseignung/Öffnungszeiten

Für Familien, kleine Gruppen und Weekends / ganzjährig geöffnet. Schlüsseldepot beim Bhf. St-Imier und beim Hausbesitzer Willi Cuche, Bauernhof zwischen dem Naturfreundehaus und dem Restaurant in Bugnenent

Wander- und Sportmöglichkeiten

Vielfältige Wandermöglichkeiten in den Jurawäldern – 7 Skilifte, Langlaufloipen

Sehenswürdigkeiten

Combe Grêde Chasseral – St-Imier – Mont Soleil mit grösstem Solarkraftwerk Europas

Wandervorschläge

Propositions de randonnées

Kulturtour zur Segantini-Hütte

LK 1:25000, Blatt 1257 «St. Moritz», oder LK 1:50000, Blatt 268 «Julierpass»

TAGESWANDERUNG
VOM HAUS CRISTOLAIS AUS

Impressionen des berühmten Kunstmalers Giovanni Segantini stehen zuvorderst im Bilderbuch des Heidilandes Oberengadin. Dann folgen farbenprächtige Deltasegler am blauen Himmel, Surfer auf noch blaueren Seen und auf schneeweissem Grund die Teilnehmermassen des Engadiner Skimarathons. Bei soviel Betriebsamkeit ziehen wir es vor, zuerst einmal auf jenen Berg zu steigen, den der Künstler Segantini als Inbegriff des Daseins empfunden und in seinem Werk zur Geltung brachte. Die Rundwanderung vom Haus *Cristolais* **13** aus dauert gute 8 Std. Bei Benützung der Rhätischen- und der Muottas-Muragl-Bahn lässt sich die Tour in rund 5 Std. schaffen.

Der Ausgangspunkt unseres Unternehmens, das kleine Haus im Wald, hat eine dramatische, beinahe märchenhafte Vorgeschichte. Es war einmal... ein frommer Wunsch der Schweizer Naturfreunde, in der gesunden Höhenluft des Engadins ein Ferienhaus zu bauen. Sie kratzten mühsam Geld zusammen und kauften sich ein schönes Stück Land mit dem Flurnamen Cristolais, legten eine Wasserleitung und reichten ein Baugesuch ein. Doch damals, 1935, litt die Wirtschaft weltweit unter der grossen Krise. Im Oberengadin, wo sich vordem die Reichen und Noblen der ganzen Welt im Prunk riesiger Hotelpaläste trafen, wehte nur noch die feine Luft durch leere Zimmer und Säle. Die Hotelbesitzer warteten vergebens auf Gäste, Sorgen und Neid plagten sie, und sie ahnten wohl auch, dass ihre Nobelherbergen nicht mehr der Zeit angepasst waren. Deshalb erhoben sie Einspruch

gegen das Vorhaben der Naturfreunde. Die «Neue Bündner Zeitung» schrieb, es sei nicht angebracht, «dass ausgerechnet das fast unbezahlbare Herzstück des Engadins den Naturfreunden reserviert werden soll». Schliesslich musste sich sogar der Bundesrat mit dem Streitfall befassen und entschied, das krisenbedingte Hotelbauverbot gelte auch für das geplante Haus.

Schulhaus
wird zum Naturfreundehaus

Doch die findigen Naturfreunde kamen doch noch zu einem Haus. Sie wussten nun, ein Hotel durfte es nicht sein, ein kleines Schulhaus hingegen schon. Und weil zufällig in einer Bündner Gemeinde ein

Blick auf die Oberengadiner Seen von St. Moritz, Champfèr, Silvaplana und Sils (Bild: SVZ)

neues Schulhaus gebaut werden musste, verlegten sie flugs das alte, zu kleine Schulhaus aus Holz auf die Anhöhe von Cristolais. Während über 40 Jahren diente der alte Bau, klein, fein und urgemütlich, als Naturfreundehaus – und war oft so bumsvoll wie ein Hotel, das es ja nicht sein durfte, nie sein kann. Doch am 7. Dezember 1978 ging es in Flammen auf. Ein Jahr später stand dank der solidarischen Hilfe vieler ein neues Haus auf Cristolais. Wiederum kein Hotel, aber ein Musterhaus punkto Energienutzung und vernünftig bescheidenem Komfort. Und heute sind alle zufrieden. Das kleine Haus steht im Einklang mit der Umgebung, und Cristolais, das wirklich «unbezahlbare Herz-

stück des Engadins», ist Teil einer grösseren Schutzzone.

Engadiner Bäume: «Kämpfernaturen»

Nach der langen Anreise ins Engadin erreichen wir die zwischen Samedan und Celerina gelegene Anhöhe Cristolais zu Fuss in nur 40 Min. Das Naturfreundehaus sehen wir erst, wenn wir oben auf der Höhe ankommen. Da steht es in einer zauberhaft schönen Umgebung von Lärchen, Felsbrocken und grünen Matten – und die Murmeltiere begrüssen uns mit aufgeregtem Pfeifkonzert als Eindringlinge in ihrer Welt.

Es ist ein Erlebnis besonderer Art, im Bergwald zu wohnen und zu

131

wandern. Die Bäume schützen uns – und wir sollten sie schützen... Wenn wir auf unserer Wanderung von Cristolais nach Samedan hinuntersteigen, gelangen wir in eine Zone, wo der Wald offensichtlich Mühe hat, den Schneelawinen zu trotzen. Hier stehen auch keine Häuser. Eines, das vor 40 Jahren hier stand, fegte eine Staublawine weg.

An schönen alten Patrizierhäusern und der grazilen Kirche im Dorfzentrum vorbei gelangen wir zum Bahnhof Samedan. Hier müssen wir uns für die fünf- bzw. achtstündige Variante der Tour entscheiden: Im ersten Fall fahren wir mit der Rhätischen Bahn zuerst bis Punt Muragl und benützen von hier die berühmte Bergbahn auf den Muottas Muragl. Im zweiten Fall gelangen wir vom Bahnhof durch die Unterführung zum Ufer des Flusses Inn – rätoromanisch En – erste Silbe des Namens Engadin.

Von der Passerelle, über die wir den Fluss und die Autobahn queren, überblicken wir das weite topfebene Feld, genannt Chapagna, mit dem Flugplatz Samedan, an dessen Piste wir zirka 1 km entlang spazieren werden. Dort drüben, am Eingang zum engen Val Champagna, führt im kühlen Schatten des Berges ein angenehmer Weg nach Muottas Muragl und zum Schafberg hinauf.

Die Segantini-Hütte auf dem Schafberg
(Bild: Mersiovsky)

Und wieder begleiten uns die typischen Bäume des Engadins. Sie sind gute Bergsteiger, richtige Kämpfernaturen und stossen weit über die gewöhnliche Waldgrenze von 1 800 m ü. M. empor. Mit «Überlebenstricks» dringen sie in Höhen vor, wo dünne Luft und lange Winter keine Tannen- und Laubbäume überleben lassen: Die Legföhren – im Engadin Zuondra genannt – schaffen es kriechend und überwintern unter der Schneedecke. Anders die Arven. Von Stürmen arg zerzaust, strecken sie ihre dunkelgrünen Nadeln in dichten Büscheln der Sonne entgegen – für den Empfang von Wärmestrahlen. Und nochmals anders die Lärchen; sie warten asketisch schlank und kerzengerade auf den Frühling, um sich jedes Jahr ein neues Kleid anzulegen. Weit verbreitet dank raffiniert geflügelten Samen sind sie der farbenprächtigste Schmuck des Engadins, der den Frühling mit einem zartgrünen Schleier und den Herbst mit goldig lodernden Wipfeln verkündet.

Wenn wir auf unserer Wanderung zufällig auf einen kalenderwidrig kahlen, dürren Lärchenwald stossen, dürfen wir nicht gleich ans grosse Waldsterben denken. Nicht die Unvernunft des Menschen verursacht das unschöne Bild, sondern eine alle sieben Jahre in Massen auftretende kleine Raupe, der Lärchenwickler. Er spinnt dünne Fäden und frisst fürs Leben gern die jungen grünen Nadeln der Lärchen. Förster und Forscher fanden bislang

Maultiertransport wie zu Segantinis Zeiten...
(Bild: Mersiovsky)

kein geeignetes Mittel gegen den Lärchenwickler – doch zum Glück überleben die Lärchen in der Regel die Invasion der gefrässigen Besucher, die wiederum von anderen gefressen werden. Die Natur sorgt bestens für sich selbst.

Traumaussicht vom Schafberg

Bei unserem Aufstieg von Chantaluf nach Muottas Muragl hinauf steigt auch die Sonne höher. Sie blinzelt uns durch die spärlicher werdenden Bäume entgegen, und in ihrem Flutlicht haben die hier prächtig gedeihenden Alpenkräuter und Blumen ihren grossen Auftritt.

Und dann die Aussicht! Zuerst in angenehmen Portionen dargeboten, wird sie, sobald wir den berühmten Höhenweg, der zur Alp Languard hinüberführt, erreicht haben, schlicht grossartig. Wir folgen kurz dem vielbegangenen Höhenweg ins Val Muragl hinüber, um von dort auf den Munt de la Bescha, den Schafberg, mit der auf 2 731 m ü. M. gelegenen Chamanna Segantini zu steigen.

Hier also steht sie, die Hütte des Malers, zu der der Meister hochgestiegen – und wo er auch gestorben ist. Wir schweigen und staunen und verstehen nun auch, wie er nur an dieser Stelle den Himmel so weit und das Engadindasein so innig empfinden und darstellen konnte. Das Bild, das er hier am Ende seines kurzen Lebens schuf, steht in der Mitte des grossen dreiteiligen Werkes mit dem Titel: Werden – Sein – Vergehen.

Von dieser einmaligen Warte aus sehen wir das Oberengadin, das Rosegtal und das durch seine gleissenden Gletscher besonders imponierende Tal von Morteratsch vor uns liegen. Findlinge aus der Gegend Morteratsch–Bernina wurden sowohl am Bodensee wie auch am Comersee gefunden, hingetragen von Eisströmen. 1 000 m hoch muss der Gletscher gewesen sein, der lange Zeit durch das Oberengadin hinauf und durch das Bergell hinunterfloss, den Talgrund aushobelte und auf der seltsamen Schwelle bei Maloja die grössten Gletschermühlen der Alpen hinterliess. Auch die wie Perlen an einer Schnur im Sonnenlicht glitzernden Seen des Oberengadins erinnern an das Gletschereis, das hier langsam dahinschmolz. All diese wunderschönen Zeugen der Naturgeschichte stehen heute unter Schutz: Vor allem dank der allerersten Schoggitaleraktion zum Schutz des Silsersees, die kurz nach dem Zweiten Weltkrieg mit einem Glanzresultat durchgeführt wurde.

Die Schlussetappe hinunter ins Tal führt nun zuerst in gut 2 Std. bis zur Alp Languard. Von hier gelangen wir zu Fuss (45 Min.) oder mit dem Sessellift (15 Min.) hinab zum Bahnhof Pontresina.

Kurt Mersiovsky

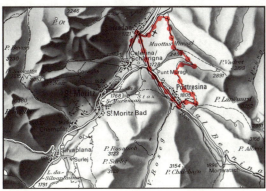

Die Route auf der LK 1:25 000, Blatt 1257 «St. Moritz»

Durchs Engadin zum Nationalpark

LK 1:50 000, Blätter 268 «Julierpass», 258 «Bergün», 259 «Ofenpass»

ZWEITAGESWANDERUNG
VOM HAUS CRISTOLAIS
ZUM HAUS OVA SPIN

Wenn die Fremdenverkehrswerbung Engadin von der «Champagnerluft» schwärmt, ist damit nicht etwa die Atmosphäre der Jet-Set-Bars gemeint, sondern die Atemluft unter freiem Himmel. Zwei Tage lang dürfen wir das Prickeln des belebend-anregenden Klimas – im Bündner Hochtal geniessen – auf einer Wanderung von Samedan dem jungen Inn entlang bis zum Nationalpark.

Die zweitägige Tour beginnt im Naturfreundehaus *Cristolais* **13**, eine halbe Stunde zu Fuss über Samedan gelegen. Samedan selber ist der wichtigste Verkehrsknotenpunkt im Oberengadin. Hier auf 1721 m ü. M. treffen die Linien der Rhätischen Bahn von Chur, St. Moritz, Pontresina und Scuol aufeinander. Einen Flugplatz hat's auch. Er befindet sich jenseits des Inns in der breiten Talung und dient vor allem als Landeplatz für betuchte Gäste des nahen Weltkurorts St. Moritz.

Unsere Wanderung talabwärts folgt auf stets gut markiertem Weg

Samedan: Kantonalbank auf Rätoromanisch (Bild: Auf der Maur)

in geringerer, gelegentlich auch grösserer Entfernung dem Talfluss Inn, der im Rätoromanisch der Region En heisst.

Obwohl wir uns mitten im Gebirge befinden, geniessen wir einen typischen Talbummel mit leichtem Gefälle und praktisch ohne Steigung. Ziel ist Zernez im Unterengadin, das Tor zum schweizerischen Nationalpark. Von dort aus lässt sich das Naturfreundehaus *Ova Spin* **59** mit dem Postauto in kurzer Fahrt erreichen. Zum Übernachten auf halbem Weg steht kein Naturfreundehaus zur Verfügung. Indes gibt es im reizenden Dörfchen Cinuos-chel günstige Pensionen.

Ein Blick in die Erdgeschichte

Der Weg von Samedan nach Zernez ist, wie gesagt, gut markiert, und verirren kann man sich in der zuerst breiten, dann ab Cinuos-chel schluchtartig engen Talfurche des Engadins ohnehin nicht. Wer Begleitung braucht, greife zu den 50 000er Blättern der Landeskarte (268 «Julierpass», 258 «Bergün», 259 «Ofenpass») oder zum aktuellen 60 000er Kartenwerk aus dem Geographischen Verlag Kümmerly + Frey (Blätter «Oberengadin» und «Unterengadin»). Schenken wir uns also die Details der Routenbeschreibung und nutzen den Raum lieber für geographische, geschichtliche und volkskundliche Informationen über diese interessante Region im äussersten Südosten der Schweiz.

Die meisten Alpentäler beginnen eng und steil; sie enden breit und mit geringem Gefälle. Beim Engadin ist es gerade umgekehrt. Dies hat mit dem Gesteinsuntergrund zu tun. Im Oberengadin prägen harte Granite und Gneise das Landschaftsbild. Das Unterengadin hingegen kennt weichere Gesteine wie

Samedan, der Hauptort des Oberengadins (Bild: SVZ)

die bröckligen Bündner Schiefer, in die sich der Talfluss leicht einschneiden kann.

Gleich bei Samedan quert der Wanderweg den Inn (Quizfrage: wohin fliesst dieses Wasser? Richtig, in die Donau und dann ins Schwarze Meer). Wie kann, so fragen wir uns, ein solch verhältnismässig bescheidenes Gewässer ein derart breites Tal schaffen? Geologen geben uns die Antwort: Nicht der Fluss hat die von Südwesten nach Nordosten verlaufende Furche aus dem Gebirge gegraben, sondern der Inngletscher der Eiszeiten verrichtete in jahrtausendelangem Wirken diese Arbeit.

Das religiöse Engadin (Bild: Auf der Maur)

Wo einst zäh das Eis talwärts floss, verlaufen nun die Verkehrslinien: der Inn als Entwässerungsgraben der gesamten Region, die Schmalspurlinie der Rhätischen Bahn (bis Scuol/Schuls, eine geplante Verlängerung nach Landeck im Tirol mit Anschluss an die Arlberglinie kam nicht zustande), die Kantonsstrasse (zwischen Madulain und S-chanf gleich doppelt geführt) und unser Wanderweg mit zahlreichen gelben Markierungen (doch auffallend wenigen Zeitangaben).

Berglandwirtschaft und Tourismus

Im Hochtal zwischen St. Moritz (1770 m ü. M.) und Zernez (1470 m ü. M.) ist es nicht leicht, dem Boden genügend fürs Leben abzuringen. Schon früher vermochte die Berglandwirtschaft allein nicht alle Leute zu ernähren. Manche Engadiner suchten deshalb – zeitweise oder für immer – ihr Auskommen in der Fremde. Heute noch hält der Zug aus den landwirtschaftlich geprägten Gebieten ins Unterland an. Im Gegenzug kommen, und zwar bereits seit dem letzten Jahrhundert,

Fremde zur Erholung in die Bündner Berge: Der Tourismus mit allem, was daran hängt, ist zum weitaus wichtigsten Erwerbszweig geworden. Dass daneben auch Bauern ihr Leben fristen können, zeigen die zahlreichen Stallneubauten längs des Wanderweges. Der Zuzug von Fremden, von denen sich etliche gleich dauernd im Engadin niederlassen, hat zu einer Verschiebung der Sprachverhältnisse geführt. Früher war das ganze Engadin rein rätoromanisches Gebiet. Im Oberengadin sprach man als Dialekt das Putèr, im Unterengadin Vallader. Inzwischen hat vor allem im stärker touristisch geprägten Oberengadin das Deutsche überhandgenommen. Wer denkt denn noch daran, dass St. Moritz eigentlich San Murezzan heisst?

Auf unserer Wanderung werden wir, was die Anschriften betrifft, häufig ein Nebeneinander von deutschsprachigen und rätoromanischen Bezeichnungen finden. Amtliche Verlautbarungen sind jetzt vorwiegend in der rätoromanischen Einheitssprache Rumantsch Grischun abgefasst, mit welcher der Zersplitterung in die verschiedenen Dialekte entgegengewirkt werden soll. Unterwegs werden wir übrigens keine Verständigungsschwierigkeiten haben: Überall im Engadin versteht und spricht man auch Deutsch.

Steinerne Zeugen der Geschichte

Fast etwas schade, dass unsere Route am rechten (südöstlichen) Innufer an den Dörfern vorbeiführt, welche (mit Ausnahme von Chamues-ch und Zernez) alle am Gegenufer liegen, oft einige Dutzend Meter über der Talsohle. Viele Ortschaften haben mindestens zum Teil in ihrer Bausubstanz das steinerne Erbe ihrer Geschichte bewahrt. Es lohnt sich daher, ab und zu einen Abstecher zu machen. Stichwortartig hier einige Hinweise:

- *Samedan* besitzt einen intakten Dorfkern. Am Dorfplatz (Plazett) das Haus der Familie Planta aus der Zeit um 1600 mit Planta-Stiftung (rätoromanische Bibliothek). In der Ebene südlich von Samedan die mittelalterliche Kirche San Gian mit zwei Türmen; der grössere, 1682 vom Blitz getroffen, ist seither Ruine.
- Bei *Bever mündet von Westen her das Val Bever ins Engadin (Wanderparadies, Linie der Rhätischen Bahn von Chur). Der Ort selber ohne spezielle Bedeutung.*
- *La Punt-Chamues-ch* ist ein Doppeldorf zu beiden Seiten des Inns und zählt viele typische Engadiner Häuser mit dicken Mauern (wegen der Winterkälte) und schönen Fassadenmalereien.
- Vor *Madulain* erhebt sich auf bewaldetem Felssporn die Ruine der Burg Guardaval (übersetzt: Wächterin des Tales). 1251 wurde sie auf Befehl des Bischofs von Chur zur Verwaltung seiner Güter im Oberengadin erbaut.
- *Zuoz* war einst Hauptort des Oberengadins; die Siedlung geht auf das Jahr 800 zurück. Im Schwabenkrieg von 1499 wurde Zuoz zerstört. Der Wiederaufbau schuf sehenswerte Gotteshäuser und Patriziersitze.
- *S-chanf* ist bekannt als Truppenstandort der Fliegerabwehr. Von den Schiessübungen nicht betroffen ist unser Wanderweg durchs

Unser ständiger Begleiter – der Inn (Bild: Auf der Maur)

Inntal. Wer hingegen die Bergflanken erklimmen möchte – lohnend vor allem der Aufstieg westwärts gegen den Piz Kesch (3 418 m ü. M.) –, tut gut daran, zuvor die Schiesspublikationen zu studieren. Als Dorf prunkt S-chanf mit stattlichen Bürgerhäusern, so der Chesa Juvalta von 1662.

- *Cinuos-chel* (mit dem benachbarten Brail teilt es die Bahnstation) ist Etappenort unserer zweitägigen Wanderung. Das reizende Örtchen markiert die Grenze zwischen Ober- und Unterengadin und ist auch eines der Tore zum schweizerischen Nationalpark (Val Trupchun).
- *Zernez* schliesslich setzt einen würdigen Schlusspunkt. Bevor wir das Postauto Richtung Ofenpass–Münstertal besteigen, um zum Naturfreundehaus Ova Spin

Der Wanderweg durchs Engadin ist auch bei Velotouristen beliebt (Bild: Auf der Maur)

Kinder in Cinuos-chel, dem Etappenort unserer Zweitageswanderung (Bild: Auf der Maur)

zu gelangen, lohnt sich ein Rundgang durch das Dorf, welches nach dem Grossbrand von 1872 in neuer Pracht und einheitlichem Ortsbild auferstand. Besondere Beachtung verdienen das Schloss Wildenberg mit Wehrturm von 1280 und das Nationalparkmuseum.

Anmerkungen zum Nationalpark

Die zweite Tagesetappe von Cinuos-chel nach Zernez – sie ist etwas kürzer als die erste von Samedan nach Cinuos-chel – führt meist durch Wald. Links in der Tiefe rauscht der Inn in seiner Schlucht, rechts oben am Hang verläuft in geringer Entfernung vom Wanderweg die Grenze zum Nationalpark. Über dieses grösste Naturreservat der Schweiz hier einige Informationen, die um so willkommener sein

dürften, als ja das Naturfreundehaus Ova Spin ebenfalls hart an der Parkgrenze liegt und Ausgangspunkt von Exkursionen in diese «letzte Wildnis» sein wird.

Eigentlich ist es ja nicht nötig, für den 169 km² grossen Nationalpark noch Propaganda zu machen, stösst er doch mit jährlich 250 000 Besucherinnen und Besuchern an die Grenzen seiner Kapazität. Auch der Überbestand an Hirschen, die durch ihren Appetit der Pflanzenwelt arg zusetzen, bereitet den Verantwortlichen Probleme. In gewisser Hinsicht ist also der Nationalpark, eine Pioniertat des Naturschutzes von europäischer Bedeutung, fast schon zu erfolgreich.

Nicht immer hatten es die Hirsche hier im Unterengadin so gut. Als 1914 der Nationalpark durch Beschluss der Bundesversammlung geschaffen wurde, lebten noch ganze neun Exemplare in den Tälern um den Piz Quattervals (3 164 m ü. M.). Sie vermehrten sich seither auf über 2 000 Stück — kein Wunder, richtet ihr Verbiss an den jungen Baumtrieben schwere Schäden an. Als tragbaren Bestand, im Gleichgewicht mit der Natur, sehen Wildbiologen eine Zahl von 700 bis 800 Hirschen. Weil keine Raubtiere für eine Reduktion sorgen, müssen die Behörden gelegentlich schweren Herzens Hegeabschüsse verordnen.

Mit den Steinböcken hingegen gibt es kaum Schwierigkeiten. Die stolzen Wappentiere Graubündens waren durch übermässige Jagd schon im 17. Jahrhundert ausgerottet worden. Zwischen 1920 und 1934 setzte man im Nationalpark insgesamt 34 Tiere aus. Gerne nahm das Steinwild seine einstige Heimat in Besitz und vermehrte sich auf seinen gegenwärtigen Bestand von rund 200 Stück.

Der «Parc nazunal svizzer», wie er auf rätoromanisch heisst, hat mit seinem Wegnetz von rund 80 km unter anderem die Aufgabe, der Bevölkerung die Natur nahezubringen. Freilich verstehen nicht alle Besucherinnen und Besucher, dass der Park kein Zoo ist, wo jederzeit Tiere posieren. In der wilden, weitläufigen Gebirgswelt leben eben keine Streichelwesen, sondern freie Tiere, die ihren Tagesrhythmus kaum nach den Wünschen der Menschen ausrichten.

Am Morgen wie am Abend zeigen sich die Hirsche, Steinböcke und Gemsen im allgemeinen aktiver als während der Mittagszeit. Unbedingt zu empfehlen ist die Mitnahme eines Feldstechers. Wer dennoch vergeblich auf das Erscheinen der im allgemeinen recht scheuen Huftiere warten sollte, kann sich die Zeit mit dem Beobachten von Insekten vertreiben, an denen der Nationalpark besonders reich ist. So zählte ein Spezialist in jahrelanger Arbeit 234 verschiedene Fliegenarten, und ein Schmetterlingsfachmann bestimmte mehr als 800 Sommervögel. Auch unter den Käfern herrscht eine schier unglaubliche Vielfalt: um die 1 200 Arten sind hier gefunden worden.   *Franz Auf der Maur*

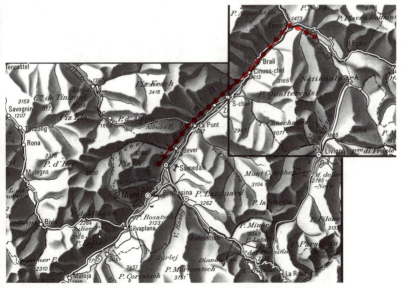

Die Route auf der LK 1:50 000, Blatt 5 013 «Oberengadin» und Blatt 5 017 «Unterengadin»

Wanderung in der Davoser Bergwelt

LK 1:25 000, Blatt 1197 «Davos» und Blatt 1196 «Arosa»

VOM HAUS CLAVADEL
ZUM HAUS MEDERGERFLUH

Ein klassisches Kur- und Fremdenverkehrsgebiet berührt die Bergwanderung vom Naturfreundehaus *Clavadel* **12** bei Davos hinüber zum Haus *Medergerfluh* **54** hoch über Arosa. Doch keine Bange: Bald sind wir abseits des Touristenstroms in einsamer, grossartiger Bündner Bergwelt. Weil die Tour recht anstrengend ist und an einer Schlüsselstelle auch Trittsicherheit verlangt, wird ein gewisses Mass an Gebirgstüchtigkeit vorausgesetzt.

Davos zählt zu den Pionierorten des Fremdenverkehrs in den Alpen. Als Kurgebiet entdeckt wurde das klimatisch begünstigte Hochtal in der zweiten Hälfte des 19. Jahrhunderts durch Tuberkulosekranke, die hier in reiner Luft und unter den Strahlen der Bergsonne Linderung zu finden hofften (und auch fanden). 1868 schreibt das «Reisetaschenbuch für Freunde der Alpenwelt», in den letzten Jahren habe sich der Ort beträchtlich vergrössert: «Besonders eignet sich derselbe in Verbindung mit Milch zu Luftkuren für Tuberkulose, Bleichsucht und Blutarmut.»

Start auf der Schatzalp

Inzwischen ist die Tuberkulose besiegt, Davos weitergewachsen und zur Stadt geworden. Beton wuchert allenthalben, und in Spitzenzeiten überlagert Benzindunst die legendäre Alpenluft. Abseits des Betriebes, bei Clavadel, 2 km südlich der Bahnstation Davos Platz (Verbindungen der Rhätischen Bahn nach Landquart–Chur und Filisur), steht auf 1980 m ü. M. das Naturfreundehaus Clavadel. Es dient als Ausgangspunkt für eine eindrückliche Bergwanderung über die Latschüel

furgga (2409 m ü. M.) hinüber zum Naturfreundehaus Medergerfluh ob Arosa (2032 m ü. M.).

Die Tour beginnt mit einer Postautofahrt von Clavadel nach Davos Platz und einer anschliessenden Drahtseilbahnfahrt hinauf zur Schatzalp auf 1861 m ü. M. Auf diese Weise lässt sich die wenig attraktive Davoser Agglomeration rasch durchqueren. Als Startort zur eigentlichen Wanderung besitzt die Schatzalp ausserdem den Vorzug, dass sie bereits auf einiger Höhe liegt. Die Schatzalpbahn erspart uns eine Steigung von 300 m ... nicht zu

Stille, unberührte Bergwelt oberhalb Davos (Bild: Auf der Maur)

verachten, wenn dann anschliessend zu Fuss und mit Gepäck gegen 550 weitere Höhenmeter zu bewältigen sind.

Von der Schatzalp führt eine Gondelbahn hinauf zum Strelapass (2352 m ü. M.). Auch wenn wir uns von den Gondeln mühelos weiterhinauf befördern lassen könnten (um dann gegen Südwesten zur Latschüelfurgga zu traversieren), verschmähen wir diese Aufstiegshilfe und machen uns auf die Socken. Der Anstieg ist nämlich durchaus reizvoll. Er führt zuerst durch das Alpinum (einen Alpengarten) und durch zuerst dichten, dann lichter werdenden Lärchenwald.

Liegt die Baumzone unter uns, wird – etwa bei der Alphütte Schönboden auf 2260 m ü. M. – eine erste Rast mit Tiefblick fällig. Vor uns liegt das Hochtal von Davos mit dem Häusermeer und dem Davosersee, und zwischen den Bergen am Gegenhang ziehen sich drei Täler nach Südosten – von links nach rechts Flüela, Dischma und Sertig.

Besiedlung aus dem Wallis

Bis weit ins Mittelalter hinein blieb die Region Davos praktisch unbewohnt. Dann kamen Auswanderer aus dem Wallis, die Walser, und fanden hier eine neue Heimat. Als Bodenschätze wie Blei und Zink entdeckt wurden, ergänzte der Bergbau die Berglandwirtschaft als Einnahmequelle. Heute wird im Bündnerland kein Erz mehr gegraben; an vergangene Zeiten erinnert das sehenswerte Bergbaumuseum Davos, Schmelzboden.

Inzwischen ist, wie gesagt, der Fremdenverkehr die Haupteinnahmequelle der Talschaft geworden. Weniger augenfällig zeigt sich die Bedeutung der Region für die Wissenschaft. Auf dem Weissfluhjoch, gerade 4 km nördlich unseres Rastplatzes, befindet sich auf 2 685 m ü. M. ein Forschungszentrum, welches einerseits Schnee und Lawinen, auf der anderen Seite die Strahlung aus dem Weltraum und schliesslich die medizinischen Auswirkungen des Hochgebirgsklimas auf den Menschen untersucht.

Weiter geht's in westlicher Richtung hinauf zur Latschüelfurgga, dem höchsten Punkt der Tour. Über diesem kleinen Pass, der die Talschaften von Davos und Arosa miteinander verbindet, thront in blen-

Markante Felsformation am «Tritt» –
der Schlüsselstelle dieser Wanderung
(Bild: Auf der Maur)

dendem Grauweiss die Chüpfenflue (2 658 m ü. M.). Sie besteht aus reinem Kalk und setzt einen Akzent in die geologisch so vielfältige Gegend. Neben dem Kalk finden sich unterwegs grobkörnige Gneise, dunkelgrüne Serpentine und rötliche Radiolarite – Grundlagen für eine kleine Gesteinssammlung.

Wo bleiben die Bären?

Hier oben bleibt Davos, hinter einer Bodenerhebung verborgen, wie vom Erdboden verschluckt. Nun sind wir tatsächlich in jener Einsamkeit, wie sie ein Reiseführer des Jahres 1858 beschrieben hat: «Es ist ein Winkel gar still, weit hinten im Berglande, wo bisher das Fremdenwesen nur wenig hingedrungen ist, und wo man noch viel Uranfänglichkeit findet. Gemsen und Bären sind nicht selten. Letzthin griffen Bären hier eine Kuhherde an.»

Gegen die Bären – sollen wir ihre Abwesenheit heute bedauern oder begrüssen? – wussten sich die Davoser wohl zu wehren. Hilfloser erwiesen sie sich, wie der bereits erwähnte Bericht erzählt, gegen eine Mäuseplage. Die Nager verschwanden erst, nachdem die protestantischen Bergbauern einen Kapuzinerpater holen liessen, der die Mäuse mit Hilfe von Weihwasser und Bannsprüchen vertrieb.

Ein halbes Stündchen hinter der Latschüelfurgga wechseln wir vom Blatt «Davos» (Nr. 1 197 der Landeskarte 1:25 000) auf das westlichbenachbarte Blatt «Arosa» (Nr. 1 196). Gleichzeitig beginnt beim «Tritt» der steile Abstieg zum Naturfreundehaus Medergerfluh. Die Route windet sich durch einen Riss im Kalkfels und ist durch eine hölzerne Treppe mit mehr als 200 Stufen gangbar gemacht worden; ein Drahtseil am Fels gibt willkommenen Halt. An dieser Schlüsselstelle heisst es vorsichtig sein, besonders bei Nässe. Wer mit Kindern unterwegs ist, muss seine Wildfänge hier ein Weilchen zur Disziplin anhalten.

Das Sommerdörfchen Medergen auf 2 000 m ü. M. am Fuss der Medergerfluh (Bild: Auf der Maur)

Und noch etwas: Beim Gehen die Blicke auf den Boden richten – Betrachten der eindrücklich kargen Gebirgslandschaft nur im Stillstand.

Nach zwei, drei etwas exponierten Stellen am Hang gelangen wir auf der Chüpferalp wieder in das Gebiet der Weiden. Wir biegen um die Wangegg und sehen bald das Sommerdörfchen Medergen auf gerade 2 000 m ü. M. mit seiner schlichten Gastwirtschaft vor uns.

Noch 2 km nach Südwesten, und auf der Tschugger Alp ist – 3 bis 4 Std. nach Abmarsch auf der Schatzalp – das Naturfreundehaus Medergerfluh erreicht. Bis Arosa wären es weitere zwei Wegstunden.

Franz Auf der Maur

Fortsetzung der Tour zum Haus Brambrüesch: siehe nächste Seite

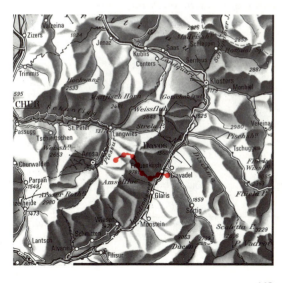

Die Route auf der LK 1:50 000, Blatt 5 002 «Chur–Arosa–Davos»

Höhenwanderung über dem Schanfigg

LK 1:25 000, Blatt 1196 «Arosa»

VOM HAUS MEDERGERFLUH ZUM HAUS BRAMBRÜESCH

Naturfreundehäuser liegen zwar nicht gerade auf Berggipfeln, aber doch oft in ansehnlicher Höhe – etwa das Haus *Medergerfluh* **54** (2 032 m ü. M.) im Schanfigg ob Arosa. Hier beginnt eine abwechslungsreiche Wanderung über Weiden und durch Wald. Via den Kurort Arosa führt sie westwärts zum Dörfchen Tschiertschen, von wo aus sich mit Postauto und Luftseilbahn das Haus *Brambrüesch* **8** (1576 m ü. M.) ob Chur erreichen lässt.

Verhältnismässig spät erst geht die Sonne hinter dem Kalkgebirge der Medergerfluh auf. Doch dann trocknen ihre Strahlen rasch den Morgentau, während wir über die Alp Tieja und dann abwärts durch den Tiejer Wald dem Schanfigger Talfluss Plessur zustreben. Die Lage des Naturfreundehauses Medergerfluh bringt es mit sich, dass unsere Tour – entgegen der goldenen Bergsteigerregel – nicht mit einem Anstieg, sondern eben mit einem

Abstieg von etwa 1½ Std. Dauer beginnt.

Vorzüge des Aroser Klimas

Wo die Plessur den Stausee von Arosa verlässt, auf 1607 m ü. M., beginnt die Gegensteigung hinauf zum Kurort. Arosa ist später vom Fremdenverkehr entdeckt worden als Davos, aus diesem Grund wohl auch kleiner geblieben. Wie der grössere Schwesterort wurde Arosa und mit ihm das Schanfigg – das sich gegen Chur erstreckende Tal der Plessur – im 13. und 14. Jahrhundert durch Walser, also Auswanderer aus dem Wallis, in Besitz genommen. Die Besiedlung erfolgte von Davos aus über den Strela-

Reizvoller Wanderweg ob Arosa (Bild: Perred)

Innerarosa mit (v. l. n. r.) Kipferfluh, Medergerfluh, Tiejerfluh und Furkahörner (Bild: Homberger)

pass, und bis 1851 gehörte Arosa politisch zu Davos. Noch 1870 gingen die Leute aus der Gegend von Arosa nach Davos auf den Markt, um ihre Produkte zu verkaufen und sich mit Bedarfsartikeln einzudekken: zweimal fünf Wegstunden «Wanderung», die – anders als heute – dem Lebensunterhalt und nicht dem Vergnügen dienten.

Arosa kennt, wie die meisten anderen Touristikzentren in Graubünden, eine winterliche Hauptsaison, ist aber auch im Sommer und Herbst gut besucht. Vor allem im Winterhalbjahr ist das Klima hier ausgesprochen mild bei Windstille und Nebelfreiheit. Obwohl 300 m höher gelegen als Davos, sind die Winter-

monate in Arosa durchschnittlich etwas wärmer. Das Januarmittel liegt bei minus 5 °C, das Julimittel bei 12 °C, die Jahresmitteltemperatur bei 3 °C – nicht schlecht für eine Höhenlage zwischen 1700 und 1800 m ü. M.

Gemütlich Richtung Tschiertschen

Die Fortsetzung der Wanderung von Arosa nach Tschiertschen ist eine gemütliche Halbtagestour mit einer anfänglichen Steigung von 300 m, einem Mittelstück ebenaus entlang der Waldgrenze bei 2000 m ü. M. und schliesslich einem Abstieg von 650 m. Die Route ist gut markiert und befindet sich auf der 25 000er-Karte, 1196 «Arosa».

Eine ideale Wanderung auch für Kinder (Bild: Perret)

Unser Weg verläuft an der schattigen Flanke des Schanfiggs, wo die landwirtschaftliche Nutzung und die Besiedlung geringer sind als auf der besonnten Gegenseite. Dort reihen sich die Dörfer am Hang, getrennt durch bewaldete Tobel: Peist, Molinis, St. Peter, Pagig, Lüen, Castiel, Calfreisen, Maladers. Verständlich, dass auch die schmalspurige Linie der Rhätischen Bahn von Chur nach Arosa sowie die Kantonsstrasse den Siedlungen folgen. Unsere Talseite bleibt so vom Verkehr verschont – ein ideales Wandergebiet. Freilich fehlt dann in der Bergeinsamkeit die Möglichkeit, bei vorzeitiger Ermattung ein Postauto oder einen Zug zu besteigen. Bis Tschiertschen müssen wir also durchhalten!

Zum Glück ist die Landschaft abwechslungsreich genug. Im Süden erhebt sich die Kette des Aroser Weisshorns (2653 m ü. M.), dessen Hänge im Winter dem Skisport dienen. Ein Zentrum der Alpwirtschaft ist die Ochsenalp auf halbem Weg zwischen Arosa und Tschiertschen in zweifacher Hinsicht: Hier geniessen Herden das saftige Gras, und

Wandersleute laben sich im Gasthaus neben der Alphütte.

Auf rutschigem Grund

Wer die Gegend mit aufmerksamem Blick betrachtet, wird bald eine geologische Besonderheit feststellen. Das Schanfigg ist in weiche Bündner Schiefer eingeschnitten, und an beiden Talflanken zeigen sich immer wieder Anrisse und Rutschungen. Wo das Gestein noch lockerer ist und aus Moränenmaterial besteht, bilden sich zuweilen Erdpyramiden, sichtbar etwa von der Alp Prätsch aus – die von Findlingsblöcken gekrönten Säulen stehen drei Kilometer weiter nördlich in einem Tobel jenseits der Plessur.

Der ganze Plessurhang unterhalb unseres Wanderweges ist, abgesehen von kleinen Lichtungen, die nun zum Teil ebenfalls langsam überwuchert werden, durch Wald bedeckt. Der Höhenlage entsprechend handelt es sich um Nadelwald. Eine Baumzählung ergab 88 Prozent Fichten und 7 Prozent Föhren; in den Rest teilen sich Weisstannen und – vor allem um Tschiertschen verbreitet – Lärchen.

Bis 1875, als die Talstrasse gebaut wurde (1914 nahm dann die Bahn den Betrieb auf), war das Schanfigg ein weltabgeschiedenes Tal mit weitgehender Selbstversorgung. Damals prägten noch Roggen- und Gerstenäcker das Landschaftsbild. Der Getreideanbau, der in der «Anbauschlacht» während des Zweiten Weltkriegs eine letzte Blüte erlebte, ist heute praktisch verschwunden. Nun dominieren Viehzucht und Milchwirtschaft. Eine Eigenart des Schanfiggs sind die grossflächigen Heuberge über der – oft künstlich tiefergelegten – Waldgrenze. Diese Heuberge wie auch die Alpweiden sind in der Regel weniger steil als die darunterliegenden Hänge. Einen solchen Hang lernen unsere Knie nun beim Abstieg nach Tschiertschen kennen, dem hintersten Dorf auf der Schattseite des Schanfiggs. Es ist ein reizender Ort ohne Durchgangsverkehr, an schönen Nachmittagen jedoch von Ausflüglern belebt. Manche sind, wie wir, von Arosa herübergekommen und warten nun auf das Postauto nach Chur (Voranmeldung empfiehlt sich). Die halbstündige Postautofahrt führt über Praden und Passugg mit seiner Heilquelle auf kurvenreicher Strasse hinunter in die Hauptstadt Graubündens. Unterwegs öffnet sich der Blick rheintalabwärts ... wie wär's am folgenden Tag mit einer Wanderung von Chur Richtung Landquart? Eine

Dörfchen Tschiertschen (Bild: Auf der Maur)

ideale Übernachtungsgelegenheit findet sich im Naturfreundehaus Brambrüesch in der Höhe südlich über Chur. Und weil wir ein ordentliches Tagespensum hinter uns haben, verzichten wir auf den Anstieg von immerhin mehr als 900 Höhenmetern und gönnen uns die Luftseilbahnfahrt hinauf nach Brambrüesch. Die Talstation befindet sich in der Nähe des Churer Obertors.

Franz Auf der Maur

Fortsetzung der Tour zum Haus Jägeri: siehe nächste Seite

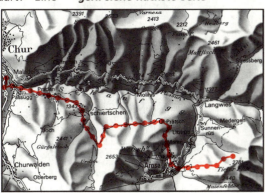

Die Route auf der LK 1:25 000, Blatt 1196 «Arosa»

Auf und ab im Bündner Rheintal

LK 1:25000, Blätter 1195 «Reichenau», 1196 «Arosa», 1176 «Schiers», 1175 «Vättis»

VOM HAUS BRAMBRÜESCH ZUM HAUS JÄGERI

Naheliegend der Gedanke, zwischen Chur und Landquart dem Rheinufer zu folgen. Doch die Autobahn nimmt einem solchen Vorhaben jeden Reiz. Suchen wir unseren Weg also weiter oben an der Ostflanke des Rheintals. In stetem Auf und Ab geht's von Dorf zu Dorf, von Wildbach zu Wildbach, von Rebberg zu Rebberg.

Ausgangspunkt der Wanderung abwärts durchs Bündner Rheintal ist Chur. Wer – etwa nach dem Anmarsch von Davos (Naturfreundehaus Clavadel) und Arosa (Haus Medergerfluh) her – im Naturfreundehaus *Brambrüesch* 8 ob Chur übernachtet hat, fährt mit der Seilbahn in die Stadt hinunter. Nach dem Durchqueren der Churer Altstadt geht's in nordöstlicher Richtung hinauf gegen das Lürlibad. Der Ort am Waldrand – heute durch den sich immer weiter ausdehnenden Häuserteppich mit dem Stadtzentrum verbunden – war und ist ein beliebtes Naherholungsziel. Schon um die Jahrhundertwende schwärmte das sonst so trockene Geographische Lexikon der Schweiz: «Rechtsseitiger Hang des Rheintales bei Chur, zum grossen Teil mit Reben und prächtigen Baumgärten bestanden. Hier wohnen zahlreiche Rentiers und Geschäftsleute. Kantonale Irrenheilanstalt, 1890 erbaut mit Raum für 250 Insassen. Prachtvolle landschaftliche Lage mit reizender Aussicht ins Vordere Rheintal. Fund eines Bronzebeiles.» Reben gibt's noch immer, die Irrenanstalt heisst heute Psychiatrische Klinik, der Tiefblick ist etwas beeinträchtigt durch architektonische Rundumschläge aus neue-

Das Obertor am Eingang zur Churer Altstadt (Bild: Auf der Maur)

Der Rhein oberhalb Landquart – ein Uferbummel wird allerdings durch die nahe Autobahn beeinträchtigt (Bild: Auf der Maur)

rer Zeit. Doch was soll's: Wer in einem dichtbesiedelten, verkehrsdurchbrausten Tal wandert, richtet seine Blicke besser hinauf zu den noch unverschandelten Bergen.

Föhn lässt Trauben reifen

Vor uns liegt eine rund vierstündige Wanderung in allgemein nördlicher Richtung nach Landquart. Sie führt in einiger Höhe über dem Talboden am Hang dahin, berührt dann und wann einen Ausläufer des Bergwaldes sowie die Dörfer Trimmis, Zizers und Igis, gewährt Einblicke in den Gebirgsbau und vermittelt Kenntnisse der lokalen Landwirtschaft.

Kartentechnisch präsentiert sich die Lage etwas kompliziert. Wer auf die Landeskarte 1:25 000 schwört, muss sich gleich vier Blätter beschaffen: 1195 «Reichenau», 1196 «Arosa», 1176 «Schiers» und – zum Aufstieg von Landquart zum Naturfreundehaus *Jägeri* **35** – 1175 «Vät-

tis». Eine ideale Alternative ist die Bündner Wanderkarte 1:60 000 «Prättigau–Albula» aus dem Geographischen Verlag Kümmerly + Frey, auf der auch die Route Davos–Arosa–Chur verzeichnet ist.

Das Bündner Rheintal ist ein typisches Föhngebiet. Oft weht der warme Fallwind mit Macht talauswärts, also in unserer Laufrichtung. Er treibt nicht nur die Wanderer an, sondern lässt auch die Trauben reifen: An der Sonnenhalde wächst auf Schiefergestein ein gar lieblicher Wein (zu kosten in den Dorfgasthäusern).

Neben den Rebbergen findet sich regelmässig wiederkehrend ein weiteres Landschaftselement. Es sind die bewaldeten Läufe der Wildbäche, welche aus dunklen Waldschluchten hervorbrechen. Diese Schluchten gewähren Einblick in die Bergkette am Ostrand des Rheintals: Aufgebaut wird sie aus dunklem, bröckligem Bündner Schiefer, der zur Bildung von Steilabstürzen neigt und nur wenig Raum für Siedlungen – etwa das Dörfchen Says ob Trimmis – lässt.

Siedlungen auf Bachschuttkegeln

Bei trockenem Wetter sickern in den Betten dieser Wildbäche blosse Rinnsale. Nach starkem Regen allerdings wälzt sich eine graubraune Flut dem Rhein entgegen. Zum Schutz der Siedlungen sind die Bachläufe verbaut worden; auch der Rhein in der Talsohle unten ist auf weite Strecken begradigt. Die Dörfer an der Ostflanke des Rheintals liegen entweder auf Bachschuttkegeln wie Trimmis (wo die Dorfrüfi aus dem Valturtobel bricht) oder aber zwischen zwei solchen Erosionszügen (etwa Zizers mit der Chessirüfi im Süden und der Schlundrüfi im Norden). Beim Gang durch das Gelände lassen sich die Bachläufe schon von weitem anhand von Baumreihen ausmachen, die längs der Ufer an Rebbergen und Obstgärten vorbei rheinwärts ziehen.

Das fruchtbare Rheintal mit seiner Klimagunst war schon früh be-

Kunstvolles Steinwappen im Weiler Molinära (Bild: Auf der Maur)

siedelt. Wo wir heute wandern (und nicht in der versumpften Ebene des damals noch unkorrigierten Rheins) zog eine Römerstrasse durch. Trimmis – unter dem Namen Tremune – bildete bereits um 750 ein Dorf mit eigener Kirche. Bis gegen Ende des Mittelalters lebten im Bündner Rheintal Rätoromanen; sie wurden dann abgelöst von deutschsprachigen Alemannen, die von Norden her gegen die Alpen vordrangen. Noch immer aber findet sich in den Orts- und Flurnamen romanisches Spracherbe: So stossen wir unterwegs auf Begriffe wie Parvaz und Molinära, Tschalär und Turnidor, Vadels und Schalmans. Auch manche Bewohner und vor allem Bewohnerinnen lassen das Erbgut ihrer rätoromanischen Vorfahren erahnen: dunkle Haare, dunkle Augen, braune Haut.

Burgen bewachen den Wanderweg

Graubünden ist nicht nur das Land der tausend Täler, sondern auch das Land der tausend Burgen (vielleicht sind's auch einige weniger, wer wollte das je zählen). Zwischen Chur und Landquart grüssen etliche

Der Rheintaler Föhn lässt die Trauben besonders reif werden (Bild: Auf der Maur)

Ruinen von hoher Warte zu unserem Wanderweg herunter, als ob sie ihn bewachen möchten. Als wichtigste seien genannt:

- *Ober Ruchenberg* im Wald vor Trimmis. Einstiger Sitz der Herren von Ruchenberg, 1232 erstmals erwähnt. Im 16. Jahrhundert verlassen und dem Zerfall preisgegeben.
- *Trimons* über Trimmis gehörte ab dem frühen 13. Jahrhundert den Herren von Trimmis. Ebenfalls im 16. Jahrhundert aufgegeben.
- *Alt Aspermont* vor Zizers. Stammsitz der Herren von Aspermont, seit 1275 urkundlich belegt. Wie die beiden andern Burgen im 16. Jahrhundert verlassen. Die exponierte Lage machte das Wohnen wohl zu unbequem.

Wesentlich gemütlicher hauste es sich in den Schlössern weiter unten am freundlichen Talhang. Zizers besitzt gerade zwei dieser Anlagen. Das Obere Schloss stammt aus dem späten 17. Jahrhundert, das Untere Schloss ist ein bisschen älter und dient nun, umgebaut, als Erholungsheim. Hier lebte auch die letzte österreichische Kaiserin Zita bis zu ihrem Tod 1989.

Welch ein Gegensatz zwischen den historischen Mauern dieser Burgen oder Schlösser und den modernen Industrieanlagen um Landquart. Rasch durchmessen wir nun – meist auf Asphaltwegen – die moderne Welt, überschreiten auf der Tardisbrücke den Rhein und gelangen beim abschliessenden Aufstieg zum Naturfreundehaus Jägeri wieder ins Grüne. Wer die Steigung von immerhin 700 Höhenmetern scheut und die Wanderung lieber in Landquart abschliessen möchte, findet hier ideale Zugsverbindungen in alle Richtungen.

Franz Auf der Maur

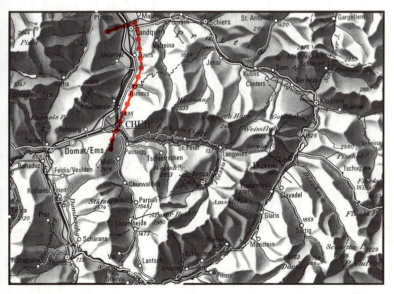

Die Route auf der LK 1:50 000, Blatt 5 002 «Chur–Arosa–Davos»

Der Churfirstenkulisse entlang

LK 1:25 000, Blätter 1135 «Buchs», 1134 «Walensee», oder LK 1:25 000, Blatt 237 «Walenstadt»

VOM HAUS SEEGÜETLI
ZUM HAUS TSCHERWALD

Vom Naturfreundehaus *Seegüetli* **81** oberhalb von Wildhaus können wir über die Alpen der Sellamatt und des Seluns zum Naturfreundehaus *Tscherwald* **88** über dem Walensee gelangen. Die Wanderung dauert etwa 7 Std. und führt an der eindrücklichen Kulisse der Churfirsten vorbei, zu deren Füssen eine phantasiereiche Sagenwelt liegt.

Irgendwo in den Felsen der Churfirsten hauste einst ein Riese, der vom lieben Gott dazu bestimmt war, den Menschen bei der harten Arbeit auf den Alpen und im Wald zu helfen. Doch der Riese war faul und träge. Die einzige Arbeit, die er im Laufe des Jahres verrichtete, war das Flechten einer weichen Matratze aus Moos, die er sich zwischen die Felsen legte, um besser schlafen zu können. Als Gott das sah, brachte er ihm einen grossen Sack voll mit Häusern und beauftragte ihn, eine Stadt zu bauen. Das war dem Riesen nun viel zu anstrengend: Lustlos schleifte er den Sack über die Felsen, so dass dieser aufriss und ein paar Ställe auf eine Alp hinunterfielen. Dieser Anblick machte dem Riesen nun unheimlich Spass, und er nahm die Häuser aus dem Sack und schleuderte sie wahllos ins Toggenburg hinunter. Deshalb gibt es hier am Fusse der Churfirsten keine Stadt, sondern Streusiedlungen prägen die Landschaft. Ob das Naturfreundehaus Seegüetli auch auf diese Weise vom Himmel fiel, bleibt dahingestellt.

Jedenfalls dient uns das Naturfreundehaus Seegüetli als Ausgangspunkt für die Tageswanderung nach Amden hinüber. Wir folgen zuerst dem Asphaltsträsschen hinauf bis zur Bergstation der

Standseilbahn Iltios, die wir in einer guten halben Stunde erreichen. Dem Wegweiser, der besagt, man könne in 4 Std. 50 Min. in Amden sein, sollte man nicht zuviel Vertrauen schenken. Die nächste Wegzeitangabe eine halbe Stunde später auf Sellamatt spricht wiederum von 5½ Std.! Für das Naturfreundehaus Tscherwald muss man gute 6 bis 7 Std. Marschzeit rechnen, weil zwischen Hinter Selun und Tritt eine schwierige Passage zu begehen ist.

Beim Berggasthof «Sellamatt» gehen wir gleich hinter dem Sessel-

Das Naturfreundehaus Seegüetli am idyllischen Schwendisee (Bild: Gugolz)

lift dem Waldrand entlang und steigen durch das halboffene Gebiet über den Lämmboden hinan, bis sich der Blick auf die Nordflanken der versammelten Churfirsten öffnet. Gerne hüllen sich diese Berge in ein unfürstlich graues Nebelgewand ein. Die Gegend ist bekanntlich sehr reich an Niederschlägen. Der schmale Wanderweg führt uns über die Alpweiden der Sellamatt, vorbei an Senken und wild verstreuten Felsblöcken über Mittelstofel, Loch und an einem kleinen Sumpfsee vorbei hinauf über eine Felsrippe zur Breitenalp.

Wir folgen den Wegweisern zum Selun und können schon von weitem über die immer magerer werdenden Alpwiesen einen Höhleneingang sehen. Hier ist das Wildenmannlisloch, das die Phantasie der einsamen Bergler schon vor Jahrhunderten beflügelt hat. Seelenlose Kobolde sollen hier gehaust und immer wieder Goldschätze an aufrichtige Leute verteilt haben. Tatsache ist, dass in dem 170 m tiefen Loch Spuren von steinzeitlichen Bewohnern gefunden wurden, so unter anderem behauene Quarzite, Feuerstellen und Knochen des Höh-

Der Eingang des sagenumwobenen Wildmannlisloch (Bild: Gugolz)

lenbären. Menschliche Überreste selbst wurden keine gefunden.

Wildenmannlislochsage

Einstmals wurde eine Hebamme aus dem Weiler Starkenbach im Tal unten von den Erdkobolden zu Hilfe gerufen, als eine Zwergfrau während der Geburt in Nöte kam. Eigentlich scheute die Hebamme keine einsamen Wege, und meistens wurde sie ja sowieso nachts zu Hilfe gerufen. Mit den Erdmannli aber wollte sie eigentlich nichts zu tun haben. Doch die feine Stimme vor der Tür winselte immer flehentlicher – und die Hebamme, die noch nie eine Bitte abgeschlagen hatte, folgte dem Zwergmännchen durch Steine und Gestrüpp bis zum Wildenmannlisloch und hinein in die weitverzweigte Höhle der Kobolde. Von dem Kobold selbst ging ein eigentümliches Licht aus. Mit Hilfe der Hebamme gebar die winzige Wöchnerin einen strammen Sohn, und als Dank sollten die Familie der Hebamme und deren Nachbarn nie mehr Hunger leiden. Die Erdklumpen, die die Kobolde der Hebamme mitgaben, verwandelten sich in Golddukaten, die an alle Leute vom

Weiler verteilt wurden. Die Kobolde, die sich bei der Hebamme über ihre Seelenlosigkeit beklagt hatten, wurden durch das siebentägige Gebet der Starkenbacher zu von Gott anerkannten Wesen, die auch ins ewige Reich eingehen durften. Seither zeigten sich die Kobolde nie mehr den Menschen, und sie verschlossen das Wildenmannlisloch.

Nach Strichboden, wo sich gemütliche Schweinchen mit «Sonnenbrand» vor der Scheune suhlen, folgen wir dem Natursträsschen zum Punkt 1577. Von hier steigen wir auf die Alp Selun hinauf, wo man im Gasthof «Ochsen» einkehren kann.

«Findling» Johannes Seluner

Hier auf dieser Alp wunderten sich im Jahre 1844 – eine tatsächliche Geschichte – die Sennen darüber, dass eine Kuh manchmal schon gemolken war, wenn sie diese melken wollten. Die Sennen verdächtigten einander, und beinahe gab es Streit unter ihnen. Dann aber entdeckte einer ein auf allen vieren kriechendes dichtbehaartes menschliches Wesen, welches unter die Kühe kroch und am Euter säugte. Der et-

154

wa 16jährige Bub wurde nackt und taubstumm, wie er war, von den Sennen eingefangen und in einem Triumphzug ins Tal gebracht. Da die Behörden nichts über die Herkunft des wilden Mannes herausfinden konnten, tauften sie den «Findling» Johannes Seluner, nach der Alp, wo er gefunden wurde, und brachten ihn ins Armenhaus von Nesslau. Johannes Seluner wurde zu einer Attraktion, die damals jeder Toggenburger einmal in seinem Leben gesehen haben wollte. Der arme Tropf lernte nie richtig sprechen, gab nur Urlaute von sich und lebte hauptsächlich von Milch und Brei. Die meiste Zeit sass er apathisch in einer Ecke und wurde von den anderen Kindern des Armenhauses geplagt. Warum wurde Seluner in die Wildnis ausgesetzt? War er ein unerwünschtes Kind oder etwa Störfaktor in einer Erbfolge? Gerüchte und Spekulationen geisterten durchs Tal. Wie konnte Seluner auf beinahe 2000 m Höhe überleben? Das Geheimnis, das ihn zeitlebens umgab, nahm Johannes Seluner am 20. Oktober 1898 mit sich ins Grab.

Ein Bergweg mit einigen schwierigen Passagen, die bei Nässe oder Nebel gar gefährlich werden könnten, führt uns nach der Alp Selun zum Fuss des Leistkamms. Hier heisst die Bezeichnung des steilen Hangs bezeichnenderweise Tritt: In einem vorsichtigen Abstieg gelangen wir hinunter zum Punkt First

Eine schwierige Wegpassage beim «Tritt» (Bild: Gugolz)

auf 1 663 m. Ab hier folgen wir dem Wegweiser Richtung Vorder Höhi, gelangen auf teilweise von Kühen ausgetrampelten Wegen am Flügenspitz vorbei über den Saum zur Vorder Höhi, auch Amdener Höhi genannt. Dann folgen wir talwärts der kleinen Strasse, von der wir nach einem Kilometer nach rechts hinauf zum Hüttlisboden abzweigen. Von hier sind wir in wenigen Minuten im Naturfreundehaus Tscherwald angelangt.

Aldo Gugolz

Fortsetzung der Tour zum Haus Stotzweid: siehe nächste Seite

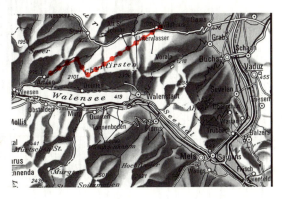

Die Route auf der LK 1:50 000, Blatt 5 015 «St. Galler Oberland»

Speer, die «Rigi» der Ostschweiz

LK 1:25 000, Blätter 1134 «Walensee», 1114 «Nesslau»

VOM HAUS TSCHERWALD ZUM HAUS STOTZWEID

In einer schönen Tageswanderung gelangen wir vom Naturfreundehaus *Tscherwald* **88** zum Naturfreundehaus *Stotzweid* **86** oberhalb von Ebnat-Kappel. Höhepunkt der Wanderung – in den verschiedenen Bedeutungen des Wortes – ist der Speer, der wuchtig über dem Toggenburg steht.

Vom Tscherwaldhaus steigen wir 10 Min. durch den vom Sturmwind zerrupften Tscherwald hinauf bis auf die Anhöhe, wo das Asphaltsträsschen endet. Hier folgen wir dem Hang auf einem von Kühen mitbenutzten Weg zum Gehöft Stöckli. Hinter der Scheune bezeichnet ein Wegweiser den weiteren Verlauf des Weges zur Hinter Höhi. Dieser verliert sich zeitweise in der Wiese, doch spätestens auf der Anhöhe finden wir den Weg wieder. Mit einer Abkürzung durch ein mit niederen Arven bewachsenes Hochmoor lässt sich hier etwas Zeit einsparen. Man halte sich dabei immer in Richtung Mattstock, der wuchtig die Richtung angibt. So gelangen wir zur Hinter Höhi.

Ab hier folgen wir den Wegweisern zum Speer, welche 2 Std. Wegzeit angeben. Am Fusse des imposanten, überhängenden Mattstocks entlang führt ein gut ausgebautes Strässchen, das wir nach 1 km links verlassen und zu einem Gehöft hinauf gelangen. Hier beginnt der Aufstieg zur Oberchäseren. Zuerst über einen Wiesenhang, dann zumeist im Schatten einer ersten Nagelfluh-Felsrippe verläuft der jetzt steil ansteigende Weg, wobei der wunderbare Ausblick aufs Säntisgebirge

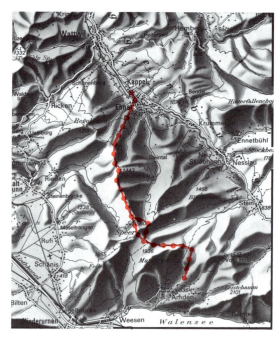

Die Route auf der LK 1:50 000, Blatt 2 513 «Toggenburg–Walensee»

Panoramarundsicht vom Speer aus (Bild: Gugolz)

ständig wächst. Auf der Oberchäseren angelangt, können wir uns in der gemütlichen Bergwirtschaft verpflegen. Hier geniessen wir den Blick auf die Glarner Alpen (Glärnisch, Wiggis, Rautispitz) und auf den westlichen Ausläufer des Speers, den Federispitz. Wie eine riesige überschwappende Woge steht dieser schräg aufgeschichtet da.

Älplerchilbi auf dem Tanzboden

In einer guten Dreiviertelstunde erreichen wir den Gipfel des Speers. Man nennt ihn auch die «Rigi der Ostschweiz». Mit der Höhe von 1950 m ist der Speer der höchste Nagelfluhberggipfel von Europa. Wenn wir die einmalige Rundsicht zu den Firnen der Zentralschweizer Alpen und über das Dunstmeer des Mittellandes hinter uns lassen, müssen wir uns genau überlegen, wie wir vom Speer wieder hinuntersteigen. Der direkte Weg hinunter zur Rossalp ist ein Kletterweg, der viel Geschick, Schwindelfreiheit und Trittsicherheit erfordert. Der teil-

weise fast senkrechte Abstieg ist mit einem Stahlseil versehen, an dem man sich zusätzlich noch festhalten kann. Weniger geübte Berggänger steigen besser den Aufstiegsweg wieder hinab bis Stelli und folgen der Ostflanke in nordöstlicher Richtung nach Bütz zum sogenannten Leiterli. Hier wird ein kleines Felsband durch ein mit Drahtseil gesichertes Kamin überwunden. Von Bütz aus erreichen wir bei Wannensattel den Grat wieder, der den nördlichen Ausläufer des Speers bildet. Jetzt wird unsere Wanderung flacher, und es geht in leichtem Auf und Ab dem Grat entlang über den Schorhüttenberg zum Tanzboden, wo wir uns wieder verpflegen können. Hier findet jeweils auch die Älplerchilbi statt, die dieser Alp den Namen Tanzboden gab.

Zum Naturfreundehaus Stotzweid ist es jetzt nur noch ein gemütlicher Abstieg von einer halben Stunde. Die gesamte Wanderzeit beträgt etwa 5 bis 6 Std.

Aldo Gugolz

Wandern über den Randen

LK 1:25 000, Blätter 1031 «Neunkirch», 1011 «Beggingen», oder LK 1:50 000, Blatt 205 «Schaffhausen»

ZWEITAGESWANDERUNG
MIT ÜBERNACHTUNG
IM HAUS BUECHBERG

Legal und oft unversehens gelangen Wanderer im Schaffhauser Hinterland über die Landesgrenze nach Deutschland und zurück. Der Juraausläufer Randen mit seinen sanften, bewaldeten Hügeln und lieblichen Tälern ist ein reizvolles Gebiet für Sommer- oder Herbstwanderungen. Wir beschreiben eine Zweitagesewanderung mit Übernachtung im Naturfreundehaus *Buechberg* **10**, dessen bewegte Geschichte viel mit seiner Lage an der Landesgrenze zu tun hat.

Ausser dem kleinen Gebiet um Basel liegt einzig der Kanton Schaffhausen nördlich des Rheins. Er breitet sich – so sagen es die Einheimischen – wie eine geöffnete Hand nach Deutschland aus. Und wie Finger der Hand verlaufen die Täler des Randen, des nördlichsten Juraausläufers. Eine äusserst reizvolle, weitgehend unberührte Landschaft findet man hier: breite, bewaldete Höhenzüge, artenreiche, farbenprächtige Magerwiesen und herrliche Ausblicke. Ein ideales Wander- und Langlaufgebiet in völliger Ruhe, hervorragend signalisiert und ausgerüstet mit zahlreichen Rast- und Feuerstellen.

Die Landesgrenzen sind in diesem Zipfel der Schweiz verschlungen und unübersichtlich. Wer im Schaffhausischen auf Wanderschaft geht, gelangt oft unversehens nach Deutschland über die «grüne» Grenze. Kein Zaun hält ihn auf. Seit die «grüne» Grenze jedoch von Asylanten zur illegalen Einreise in die Schweiz benutzt wird, wurden die Kontrollen verschärft. Zahlreiche der 32 Zollübergänge sind für die Wanderer offen, auch dann, wenn kein Zöllner dort steht: Tagsüber darf man unkontrolliert über die Staatsgrenze hinaus weiterwandern. Allerdings müssen gültige Ausweise mitgeführt werden, und Waren darf man keine mit dabei haben.

Blick frei von vier Aussichtstürmen

Auf den verschiedenen Höhenzügen des Randen bietet sich dem Wanderer in alle Richtungen ein herrlicher Rundblick.

Vier Aussichtstürme stehen an markanten Punkten: Im Norden, nahe der Grenze, der 1904 erbaute Hagenturm auf dem höchsten Punkt des Kantons Schaffhausen, dem Hagen (912 m ü. M.). Er gibt den Blick auf den Reiat frei, jene parkähnliche Landschaft mit den markanten Einzelbäumen im westlichen Zipfel des Kantons. Auf dem Schlossranden steht der 20 m hohe Schleitheimer Randenturm, erbaut 1909 neben der Ruine der ehemaligen Randenburg. Von hier aus bietet sich an klaren Tagen eine Rundsicht vom Schwarzwald bis zu den Berner Alpen. Vom dritten Turm, dem Siblinger Randenturm, weitet sich der Blick vor allem west- und südwärts, ebenso wie vom ältesten der vier Aussichtstürme, vom Beringer Randenturm, der schon 1884 erbaut wurde. Beide geben den Blick frei ins Zürichbiet bis zu den Alpen.

Die bewegte Geschichte eines Naturfreundehauses

Das Buechberghaus, in dem wir auf unserer Wanderung übernachten, blickt auf eine äusserst bewegte Vergangenheit zurück.

1913 bauten die Schaffhauser Naturfreunde am Buechberg ob Merishaus einen einfachen, offenen Unterstand, 9×8 m gross. In Schaffhausen mit seiner starken Arbeiter-

Randen – ein reizvolles Wandergebiet (Bild: Hornung)

bewegung gab es früh auch engagierte Naturfreunde. Die engen Verbindungen zwischen Arbeiter- und Naturfreundebewegung halten teilweise bis jetzt an. Wen wundert's, dass der Buechberg deshalb mitunter heute noch als «roter Berg» oder «Kommunisten-Säntis» bezeichnet wird.

Im Unterstand von 1913 gaben sich die Naturfreunde mit einem kleinen geschlossenen Raum zufrieden. Zwei Monate bauten sie in Fronarbeit an der Hütte, 867 Franken kostete sie. Schon im ersten Jahr wurden 363 Übernachtungen und 1555 Besuche gezählt. Das Schlafgeld betrug 20 Rappen.

1922 und 1934 wurde das Haus ausgebaut. Dazwischen, 1932, konnten die Schaffhauser Naturfreunde das fast 8 ha grosse Gelände kaufen. Günstig kam man zu Land und Haus, weil man mit der verkaufenden Erbgemeinschaft das Servitut aushandelte, dass im Buechberghaus auf Alkoholausschank verzichtet werde – eine Bestimmung, die bis heute gilt.

Zur Zeit des Naziregimes und besonders im Zweiten Weltkrieg erlebte das Buechberghaus turbulente Zeiten: In den Vorkriegsjahren diente das Haus als Notunterschlupf für politisch bedrängte Naturfreunde aus dem benachbarten Süddeutschland. Ab Kriegsausbruch 1939 war das Buechberghaus mit seinem Strohlager Emigrantenunterkunft. Bis zu 80 jüdische Emigranten lebten in den ersten Kriegsjahren hier, einige von Bauern, Geistlichen, aber auch von Zollbeamten – meist gegen gutes Geld – ins Land gelassen und vor dem sicheren Tod gerettet.

Nach dem Krieg wurde das Haus weiter ausgebaut: 1950 wird die Stromleitung, 1953 die Telefonleitung verlegt. Zuvor, schon seit den 30er Jahren, war mit Windrädern und Dieselmotoren Batteriestrom erzeugt worden.

1967 folgte eine weitere Ausbauetappe: Die ersten Ferienzimmer entstanden, aus den Strohwurden Matratzenlager, und ein Anbau für Vorräte sowie eine eigene Zisterne wurden gebaut.

1987/88 wurde erneut saniert und renoviert: Isolation des Hauses, neuer Holzherd mit Zentralheizung, Ausbau der Ferienzimmer. Und der Aufenthaltsraum wurde so gestaltet, dass er auch als Kursraum benutzt werden kann. Verbände und Vereine können sich hier zu Klausurtagungen zurückziehen. Hellraumprojektor, Projektions- und Pinwand stehen zur Verfügung.

Ruhiger Platz für erholsame Tage

Bereits seit 15 Jahren ist das Haus im Sommer regelmässig von Schulklassen belegt, die hier ihre Schulverlegungswochen durchführen. Nach den ersten erfolgreich durchgeführten Naturfreundekursen will man das Haus nun auch dafür noch vermehrt nutzen – die Infrastruktur ist jetzt vorhanden. Jedes Wochenende, jahrein, jahraus, aber ist das Buechberghaus allen zugänglich: Wanderern, Langläufern und Velotouristen, die vor allem im Frühling und im Herbst in grossen Scharen vorbeiwandern oder bleiben. Das Haus liegt nur 1½ Wegstunden vom berühmten Schwarzwald-Wanderweg entfernt. Mit seiner grossen Umgebung und vielfältigen Spielmöglichkeiten ist das Naturfreundehaus besonders beliebt bei Familien mit Kindern. Auch Velotouren-

fahrern bietet sich hier eine günstige Verpflegungs- und Übernachtungsmöglichkeit. Ein dichtes Veloroutennetz, allerdings meist ungeteerte Naturstrassen, überzieht den Randen.

Erster Tag der Randenwanderung – mit Abstecher über die «grüne Grenze»

Ausgangspunkt unserer zweitägigen Wanderung ist Bargen, die nördlichste Gemeinde der Schweiz. Man erreicht sie mit den öffentlichen Verkehrsmitteln ab Schaffhausen. Hier, vom Ende der Schweiz, wandern wir in rund 1½ Std. durch herrliche, parkähnliche Landschaften im Mülital aufwärts bis auf den Hagen, den höchsten Punkt im Kanton Schaffhausen (912 m ü. M.). Vom Hagen aus wandern wir genau südlich, immer leicht auf- und absteigend, über Uf Neuen und den Heidenbomm zum Toten Chrieger.

Unterwegs bietet sich ein kleiner Abstecher nach Osten an: Ob Lukken ist ein stark frequentierter Startplatz für Deltasegler und Gleitschirmpiloten, gleichzeitig ein herrlicher Aussichtspunkt. Vom Toten Chrieger wandern wir – es führen hier viele Wege zum gleichen Ziel – zum Guetbuck. Diese Stelle erreichen wir vom Hagen auf in rund 1 Std. Während 20 Min. müssen wir nun der von Autos befahrenen, befestigten Panoramastrasse zwischen Guetbuck und Bräunlingsbuck folgen. Dann zweigen wir Richtung Buechberghaus ab, das wir ab Bräunlingsbuck in einer knappen Stunde erreichen. Bei klarem Wetter geniessen wir hier ein phantastisches Alpenpanorama.

Verlängern können wir diese Tour gleich ab dem Start über deutsches Gebiet: Wir zweigen nach Bargen, beim Tiergarten im Mülital, halbrechts ab und gelangen zur Grenze auf dem Hoh Hengst. Von dort aus führt der Weg zum Randenhof und dann südlich zurück über den Hohen Randen zum Ha-

«Dorfidylle», wie sie in Randen (vielenorts) noch zu sehen ist (Bild: Hornung)

gen. Dieser Umweg von rund 1½ Std. führt uns zweimal über die «grüne» Grenze.

Zweiter Tag der Randenwanderung – mit Rundgang in Schaffhausen

Die Tour am nächsten Tag führt nach Schaffhausen zurück und dauert rund 3 Std. Zuerst wandern wir vom Buechberghaus zurück bis zum Guetbuck. Dort laufen wir noch 1 km weiter Richtung Osten bis zum Schlossranden. Der Schleitheimer Randenturm ist von hier aus in wenigen Minuten erreichbar – ein lohnender Abstecher. Wer auf diesen Turm verzichtet, den führt unsere Wanderung wenig später zum nächsten: Über Punkt 861 mit seinem fünfarmigen Wegweiser gelangen wir zum Siblinger Randenturm.

Steile und weniger steile Abstiege vom Grat nach Siblingen bringen uns zum öffentlichen Verkehrsmittel zurück. Mit dem Bus fahren wir nach Schaffhausen, der Stadt mit der sehenswerten Altstadt, dem Munot und dem reichhaltigen kulturellen Angebot. *René Hornung*

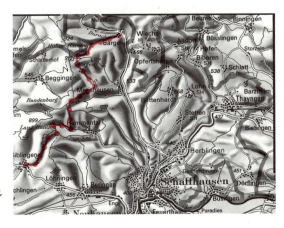

Die Route auf der LK 1:50 000, Blatt 2511, «Schaffhausen und Umgebung»

Grüner Ausweg aus grauer Stadt

LK 1:25 000, Blätter 1191 «Zürich», 1111 «Albis», oder LK 1:50 000, Blatt 225 «Zürich»

VOM HAUPTBAHNHOF ZÜRICH ZUM ALBISHAUS

«Sanfter Tourismus», diese hochaktuelle Forderung, wurde von Zürcher Naturfreunden schon vor Jahrzehnten angestrebt. Sie, die Pioniere, bauten 1932 in Fronarbeit «unweit über Stadt und Nebel» das Naturfreundehaus *Albishaus* **2**. Mit dem Slogan: «Hinaus aus den Städten und Beizen» propagierten die Naturfreunde eine sinnvollere und gesündere Freizeitgestaltung. Und mit Häusern wie dem Albishaus boten sie das erschwingliche Angebot dazu.

Heute gilt es nun, den grünen Fluchtweg aus der Stadt und die Herberge am Waldrand neu zu entdecken, natürlich zu Fuss, wie ursprünglich gedacht. Die gemütliche Wanderung dauert rund 4 Std. Nach Belieben können dabei auch Abschnitte mit Bahn oder Postauto zurückgelegt werden.

Wir treffen uns unter den Linden am Fluss. Nicht an der Limmat, sondern an der Sihl. Sie ist leicht zu finden, denn der alte Sackbahnhof Zürich liegt quer und unverschämt in ihrem Bett. Wenn wir im Sektor C des ankommenden Zuges die neu ausgebaute Südwestpassage benützen, stehen wir direkt bei der Sihlpost am Ufer des Flusses. An einem hässlichen, breitbeinig im Flussbett stehenden Autoparkhaus vorbei spazieren wir flussaufwärts und halten Ausschau nach einer riesigen Platane, die auf einer vom Wasser umspülten Terrasse steht. Dort führt eine Treppe hinunter zum romantisch angelegten Fussweg. Wir gehen unter der Gessnerbrücke durch und wandern nun unter Bäumen und in nächster Nähe des munter fliessenden Gewässers im sogenannten Schanzengraben. Unterwegs belehren uns einige Tafeln über die seltsame Geschichte der im 17. Jahrhundert erbauten Stadtbefestigung. Der Schanzengraben ist die noch heute sichtbare Grenze zwischen der alten Stadt an der Limmat und der neuen an der Sihl. Und es ist heute noch so, dass sich am 1. Mai in Aussersihl die Arbeiter zur Demonstration versammeln, um über den alten Graben in die Hochburg der Hablichen zu ziehen. Dort, wo das Männerbad den Wasserlauf für sich allein beansprucht, verlassen wir leicht ansteigend den Schanzengraben, der hier Richtung Zürichsee abbiegt. Auf der gegenüberliegenden Seite des Grabens sehen wir noch das alte Bollwerk «die Katz», ein Hügel mit prächtigem Baumbestand, der lange Zeit als Botanischer Garten der Stadt Zürich gepflegt wurde. Seit dem Beginn unserer Wanderung vor rund

Blick vom Albishorn in die Alpen (Bild: SVZ)

20 Min. ist die nun erreichte Selnau-
strasse die erste Verkehrsader mit
Strassenbahn, die wir überqueren
müssen. Rechts an der Ecke befindet sich der Eingang zur neuen unterirdischen Station der SZU (Sihltal
–Zürich–Uetliberg-Bahn). Ihr gegenüber, am Ufer der Sihl, finden
wir die Fortsetzung unseres Weges,
signalisiert als Fuss- und Veloweg.
Die beiden Wege sind deutlich getrennt und führen von Bäumen be-
schattet flussaufwärts.

Ein Mahnmal des Molochs Verkehrs

Die nächste stark befahrene Verkehrsader, die Sihlhölzlibrücke,
queren wir wieder elegant untendurch und hören kurz danach ange-
nehmes Wasserrauschen. Die Sihl
sprudelt hier über eine mehrere
Meter hohe Schwelle. Ein Natur-
phänomen? Nein, nur die Bahnlinie
der SBB, die untendurch das Fluss-

bett quert und den Mini-Niagarafall
verursacht.

Rechts die rauschende Sihl, links
die Gleise der Sihltalbahn, eine Wiese, viele Bäume und eine Bierbraue-
rei: Die Welt scheint hier in Ord-
nung zu sein. Doch dann taucht in
einer Biegung des Flusses ein merk-
würdiges Gebilde auf. Mitten im
Fluss steht eine riesige Säulengale-
rie, ein Mahnmal des Molochs Verkehr, halb Anfang und halb Ende
der Autobahn. Betoneisen hängt
hoch über dem Rinnsal der Sihl und
erinnert an das Vorhaben, die ständig anschwellende Blechlawine des
Verkehrs auf stolzen Stelzen mitten
in und durch die Stadt zu leiten.
Wohl hören wir noch Vogelgezwit-
scher aus hohen Baumkronen und
riechen den Duft von Bärlauch, der
uns aus dem Gehölz am Flussufer
entgegenweht. Doch wie lange
noch, fragen wir uns in diesem

merkwürdigen Tempel der Mobilität.

Freiraum Allmend Brunau

Endlich: «Brunau» – wie aus einem Keller treten wir hinaus aufs weite grüne Feld der Allmend. Die Sihl wird hier durch mehrere Wehren gebeten, Baumstämme, Eisschollen und andere Mitbringsel liegen zu lassen, damit die Brückenpfeiler der Stadt nicht ungebührlich zerkratzt werden. Aber Hunde und Kinder und was sonst noch sich austoben will, darf hier fast alles tun. Ein Fussbad im Fluss oder ein kühler Trunk in der Gartenwirtschaft zur «Cantine» dürfen auch wir Wandersleute geniessen. Die Wanderung über die grünen Auen der Allmend erleben wir als wohltuenden Gegensatz zur bisher gesehenen Enge und Platznot der Stadt. Rechts von uns rauscht und rieselt ständig der Fluss, und dahinter dehnen sich die Wälder bis hinauf zur Höhe des Albiskammes. Links zieht die Autobahn – schon wieder auf Stelzen – über Häuser und Wiesen hinweg auf die Höhe des Zimmerberges.

Unser Wanderweg heisst nunmehr Spulenweg und führt uns weiter bis zur stark befahrenen Brücke in Unter-Leimbach. Wir bleiben stets demselben Ufer des Flusses treu, passieren die Bahnlinie und versuchen, während der nächsten zirka einstündigen Wegstrecke immer so nahe als möglich der Sihl entlang zu gehen. Zuerst ein Kanal, dann in Adliswil einige Häuser und eine Fabrikanlage zwingen uns, von der Ideallinie abzuweichen.

Wandern durch den Wildpark Langenberg

In der Gegend von Gontenbach hören wir noch einmal das Rauschen der Sihl, die hier durch ein mehrstufiges Wehr gestaut wird. Und gleich danach achten wir auf die gelben Wegweiser, die uns über den Fluss und unter der Hauptstrasse durch zum Wildpark Langenberg führen. Welch ein Empfang! Auf dem im Wald ansteigenden Pfad begegnen uns Rehe und Hirsche. Wildschweine, Bären, Steinwild und viele andere Tierarten werden da gehegt und gepflegt. Und besonders fein werden auch hungrige Wandervögel bewirtet, denn mitten im Park gibt's eine Beiz und gutes Futter. Ein Waldlehrpfad mit Ausgangspunkt beim Restaurant ergänzt das naturkundliche Angebot des «Stadtforstamtes Zürich», das hier alles betreut. Die letzte Wegstrecke ist schnell beschrieben: Durch die Unterführung gelangen wir auf den

Spazierweg am Schanzengraben mitten in der Stadt Zürich (Bild: Mersiovsky)

Mit Spielplatz und Wald ist das Albishaus vor allem auch bei Kindern begehrt (Bild: Mersiovsky)

Fussweg entlang der Passstrasse Richtung Albis. Beim Gasthof «Löwen», einem schönen Riegelhaus, gehen wir bergan durch den Wald auf einem als Winzelenstrasse bezeichneten Weg bis hinauf zur Krete des Berges, dann westwärts dem Birrwald entlang bis zum wunderschön gelegenen Albishaus der Zürcher Naturfreunde, wo wir uns nach der erlebnisreichen Wanderung im grünen Abseits erholen und die prächtige Rundsicht geniessen können.

Für die Rückkehr nach Zürich und als Variante, wenn Nebel im Tal liegt, empfiehlt sich die Höhenwanderung über den Albiskamm sowie ein Ausflug aufs Albishorn, 909 m ü. M., und die Wanderung durch den grossartigen Sihlwald, der als «Urwald» der Natur überlassen und nicht mehr als Holzlieferant genutzt wird.   *Kurt Mersiovsky*

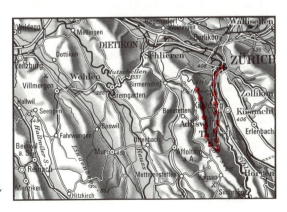

Die Route auf der LK 1:50 000, Blatt 225 «Zürich»

Von Uri hinüber nach Nidwalden

LK 1:25 000, Blätter 1171 «Beckenried» und 1191 «Engelberg»

VOM HAUS ST. JAKOB
ZUM HAUS RÖTHEN
ODER ZUM HAUS FELDMOOS

Vom urchigen Urner Grosstal mit der Ortschaft Isenthal und dem Naturfreundehaus *St. Jakob* **73** lässt sich zu zwei Naturfreundehäusern auf Nidwaldner Gebiet wandern: entweder zum Haus *Röthen* **70** im Wander- und Skiparadies Klewenalp oder zum Haus *Feldmoos* **17** in Oberrickenbach. An zwei Stellen der Wanderung – beim Urner Oberbauenstock und beim Nidwaldner Wellenberg – ist der Widerstand der Bevölkerung gegen die hier geplanten Atommüllager unübersehbar.

Wie schwer zugänglich Isenthal früher war, zeigt das Leiternsymbol im Gemeindewappen: Bevor es Strassen nach Isenthal gab, sind die Bergler auf solchen Leitern über die Felsen am Urnersee ins Tal hinaufgestiegen. Heute führt eine Autostrasse über die steilen «Spitzkehren» hinauf in die 560-Seelen-Gemeinde Isenthal – sechsmal pro Tag auch befahren von einem Postautokurs ab Bahnhof Altdorf.

Über den Vierwaldstättersee mit dem Schiff kommend, können wir entweder in Bauen oder in Isleten an Land gehen und einen der wenigen Postautokurse benützen. Bei Isleten liegt ein Badestrand, wo spektakuläre Surfeinlagen beobachtet werden können.

«Hiä niä»

Oft kann man hier in Isleten oder in Bauen auf grossen Transparenten die Worte «Hiä niä!» lesen. Dieser Slogan zeugt vom Widerstand der Urner Bevölkerung gegen die Endlagerabsichten der NAGRA im Oberbauenstock. In ihm soll ein Endlager für sogenannte «schwach- und mit-

telradioaktive Abfälle» errichtet werden. Durch den Bau des Seelisbergtunnels bestünden bereits Erkenntnisse über die geologische Zusammensetzung des Gesteins, argumentieren die Befürworter. Ihr Optimismus über die geologische Eignung des Gesteins wird von den Endlagergegner nicht geteilt. Zudem betonen sie: «Ein atomares Endlager hier am grössten Trinkwasserreservoir der Zentralschweiz, dem Vierwaldstättersee, ist eine Hy-

Sicht auf den Oberalper Grat von Gitschenen aus (Bild: Gugolz)

pothek, die niemand den kommenden Generationen aufbürden darf.»

Die Postautokurse vom Bahnhof Altdorf nach Isenthal führen bis zum Naturfreundehaus St. Jakob – der letzte Kurs des Tages allerdings nur bis Isenthal Dorf. Von hier aus bleibt eine gute Stunde Fussmarsch der Fahrstrasse entlang, bis wir zu einem kleinen Parkplatz mit dem Hinweis auf das Naturfreundehaus St. Jakob stossen. In Isenthal selbst sehen wir gleich nach dem verbli-

chenen Schild «Uri-Rotstock-Hotel» durch ein Fenster ein traditionelles Handwerk des Tales: das Schnitzen von Holzschuhen, im Dialekt «Dällefinke» genannt.

Der letzte Urner Bär

Zwischen Strasse und Bach in Isenthal nutzen zwei Sägereien die ungestüme Wasserkraft. Über der Haustüre der hinteren Säge baumeln an Ketten zwei Bärentatzen. Sie erinnern an den letzten Bären

*«Dällefinke»-Herstellung in Isenthal
(Bild: Gugolz)*

im Kanton Uri, der im Mai 1820 vom Sager Josef Anton Infanger geschossen wurde.

An einem Frühsommertag des Jahres 1820 alarmierte ein Knabe erschreckt die Dorfbevölkerung, da er im «Siti», 5 Min. vom Dorf entfernt, ein Tier gesehen und grässlich brummen gehört habe. Dem ausgezeichneten Gemsjäger Infanger gelang es, den drei Zentner schweren Bären zu erlegen.

Im Protokoll des Landrates von Uri vom 26. «Brachmonat» 1820 hiess es dann: «Dem Kirchenvogt Infanger, Sager, Isisthal, ist für das Erlegen eines Bärs zum bestimmten Schussgeld noch ein Louisdor Regale zuerkennet worden.» Das Fleisch des Bären wurde in Altdorf anschliessend in einem Wirtshaus öffentlich verspeist.

Wanderung zum Naturfreundehaus auf der Klewenalp ...

Das Naturfreundehaus St. Jakob ist Ausgangspunkt verschiedenster Wanderungen. Häufig wird von hier aus die Uri-Rotstock (2 928 m ü. M.) in etwa 5 Std. bestiegen. Er erschliesst eine prächtige Rundsicht auf die nahen Firne. Ebenfalls wegen seiner Rundsicht beliebt ist der Oberbauenstock, der den Blick bis zum Jura und zum Schwarzwald freigibt. Er ist 2 121 m hoch und in etwa 3½ Std. über die Alpen von Bauberg zu besteigen.

Unser erster Wandervorschlag führt uns von St. Jakob mit der Seilbahn Gitschenen hinauf auf eine wunderschöne Sonnenterrasse. Von hier aus beginnt der Aufstieg zum Hinter Jochli, der uns zwingt, einen Höhenunterschied von 550 m zu bewältigen. Über die Alpen Unter Bolgen und Ober Bolgen, die am südlichen Abhang des Schwalmis liegen, steigen wir auf zu den «Seelenen». Das sind kleine Sumpfseen, deren idyllische Lage ein Picknick fast unerlässlich macht. Vom Hinter Jochli aus kann als lohnender Abstecher in einer halben Stunde die Schwalmis bestiegen werden (2 246 m ü. M.).

Während des ganzen Aufstiegs begleitet uns in südlicher Richtung eine tolle Aussicht auf den Oberalper Grat mit einem markanten, unverkennbaren Fels namens «Stockzahn». Rechts daneben sehen wir ein grosses Loch im Felsgrat mit dem Namen «Tor». Nur gerade vom 25. bis 30. Dezember soll jeweils durch dieses Tor die Sonne auf Gitschenen hinunterscheinen. Für den Aufstieg von Gitschenen bis Hinter Jochli benötigen wir etwa 2 Std., für den Abstieg auf die Klewenalp eine gute Stunde.

... oder zum Naturfreundehaus in Oberrickenbach

Von der Seilbahn-Endstation Gitschenen aus können wir auch das Naturfreundehaus Feldmoos bei Oberrickenbach erreichen. Durch das Sulztal führt der Schoneggpass zwischen Kaiserstuhl und Hoh Brisen hinüber in den Sinsgäu. Von der Alp Widderen führt in zwei Etappen eine Seilbahn hinunter nach Oberrickenbach (Höhendifferenz 740 m). Bei schönem Wetter empfiehlt es sich, die Bahn vorzubestellen, denn das Heuen ist den Berglern dann wichtiger als der Personentransport (Familie Durrer, Telefon 041 65 12 47). Die Wanderzeiten von Gitschenen bis Sinsgäuer Schonegg und von Schonegg bis Widderen betragen je 1½ Std.

Eine weitere Variante, um von St. Jakob ins nidwaldnerische Oberrikkenbach hinüber zu gelangen, ermöglicht die Bannalper Schonegg. Durch das Grosstal bis Chimiboden und hinter dem Bärenstock hinauf auf die Oberalp erreichen wir den 2250 m hohen Pass, der zwischen Ruchstock und Kaiserstuhl liegt. Der Kaiserstuhl ist mit seinen 2400 m ein prächtiger Aussichtsberg, der seinen Namen von einer grossen Grasfläche auf dem Gipfel hat. Von der Passhöhe ist er in 40 Min. zu ersteigen. Der Abstieg über die Bannalp hinunter nach Oberrickenbach nimmt noch einmal etwa 2 Std. in Anspruch, kann aber durch die Benützung der Bannalpseilbahn abgekürzt werden.

Im Hinter Jochli scheiden sich die Wege (Bild: Gugolz)

Das Naturfreundehaus Feldmoos bei Oberrickenbach liegt am Fusse des Wellenberges. Der Wellenberg ist ein weiterer Kandidat für die Endlagerung von atomaren Abfäl-len aus den schweizerischen Kernkraftwerken. Doch auch hier lehnt die Bevölkerung die Standortwahl dankend ab, wie der Film «Der grüne Berg» von Fredy Murer eindrücklich zeigt.   *Aldo Gugolz*

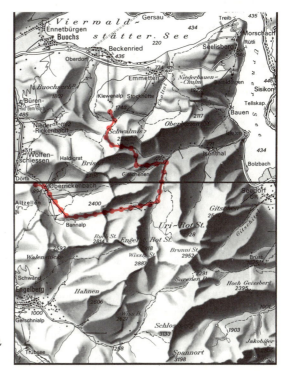

Die Route auf der LK 1:25000, Blatt 1171 «Beckenried» und Blatt 1191 «Engelberg»

Nostalgiewanderung im Glarnerland

LK 1:25 000, Blätter 1154 «Spitzmeilen», 1134 «Walensee», oder LK 1:50 000, Blatt 237 «Walenstadt»

TAGESWANDERUNG
VOM FRONALPHAUS AUS

Begeisterte Touristen aus der Stadt wollten anno 1916 am Talalpsee ein Naturfreundehaus bauen. Dort fanden sie alles, was ihr Herz begehrte: frische Waldluft und Blumen, Beeren und Pilze, zwei liebliche Bergseen, Felstürme, Kletterrouten und vieles mehr. Aber sie sahen auch, wie in schneereichen Wintern der zugefrorene See von beiden Seiten des engen Tales von Lawinen überfahren wurde. Und so bauten sie eben nicht allzu weit auf sicherem Platz das *Fronalphaus* **21** und kehrten immer wieder über den Berg ins wilde Tal ihrer ersten Liebe zurück. Für uns ist das Fronalphaus Ausgangspunkt zu einer rund fünfstündigen Berg-und-Tal-Wanderung im Glarnerland. Als beste Kartengrundlage wird die Wanderkarte «Mollis» des Verkehrsvereines empfohlen.

Erstaunlicherweise wurde dieses Haus zur Zeit des Ersten Weltkrieges durch die Zürcher Naturfreunde erbaut, wobei an Ort und Stelle die

Wegweiser Obere Fronalp (Bild: Mersiovsky)

Bruchsteine des Berges und das Holz des Waldes verwendet wurden, denn eine Strasse gab es damals noch nicht. Das alte Berghaus, mehrmals ausgebaut und erweitert, hat seinen ursprünglichen Charakter bewahrt und bietet uns eine einfache, gemütliche Unterkunft. Die Lage des Hauses, 1 000 m über dem Talgrund, mit dem Blick auf die wuchtigen Berge des Glarnerlandes, lässt einen Abend hier oben zum eindrucksvollen Erlebnis werden.

In der warmen Jahreszeit ist es ratsam, am Morgen frühzeitig aufzubrechen, um den Aufstieg im kühlen Schatten des Berges bewältigen zu können. Vom Haus weg führen ein neueres Strässchen und der von Bergsteigern bevorzugte alte Weg aufwärts.

Der Weg durch den lichten Bergwald bietet einen besonders schönen Ausblick hinüber zum schneeweissen Vrenelisgärtli am Glärnisch und zum Tödi, dem höchsten Gipfel im Glarnerland. Nach etwa einer halben Stunde sind wir bereits auf der Mittleren Fronalp, 1 584 m ü. M. Hier zweigt ein Weg Richtung Schilt nach rechts ab, eine Route, die vor allem Skitouristen bekannt ist, denn die Besteigung dieses Berges und die Abfahrt über Mürtschenalp, Robmen oder die Alp Bigligen zählt zu den schönsten Skitouren im Voralpengebiet.

Nach einer weiteren halben Stunde erreichen wir auf dem weiss-rotweiss bezeichneten Bergweg die Obere Fronalp, 1 816 m, und 10 Min. später die Krete des Berges. Von hier aus können wir in zirka 1 Std. den markanten und aussichtsreichen Gipfel des Fronalpstockes besteigen. Allerdings werden bei diesem Abstecher unsere Kletterkünste und unsere Schwindelfreiheit ein

Der Talalpsee, zu dem es die Naturfreude schon 1916 zog... (Bild: Gross)

wenig auf die Probe gestellt. Wer da hinauf will, muss auch wieder runter.

Farbenprächtige Alpenflora

Der Wegweiser auf der Höhe von 1950 m zeigt uns die Richtung zum Spanegg- und Talsee – aber aufgepasst, der Weg ins Tal ist nur ein Trampelpfad und zweigt kurz nach der Passhöhe von jenem ab, der zur Mürtschenalp hinüberführt. Einem kleinen Bach entlang steigen wir abwärts und gelangen in eine Zone, die einem Alpenblumengarten gleicht. Höchst sehenswert, was hier vom Frühsommer bis in den Herbst hinein alles blüht: Enziane in allen Spielarten, Alpen- und Steinrosen, ganze Kolonien des Türkenbundes und viele andere. Und wie wenn es darum ginge, zur Farbenpracht der kleinen Blumen einen grossartigen Kontrast zu bieten, zeigen sich auf der gegenüberliegenden Talseite die grauen, vegetationslosen Felswände des Mürtschenstockes. Und mitten im Talkessel liegt die Alp Platten, 1665 m ü. M., von der nun ein angenehmer Weg weiter talwärts führt, begleitet von einem merkwürdigen «Schlauch», durch den bei Hochbetrieb der Alpwirtschaft Milch in die unteren Regionen geleitet wird.

Die Alp Hummel, 1560 m ü. M., am Hang zwischen Ruchen und Spaneggsee, lädt zu einer längeren Rast ein. Sei es, weil vor der Sennhütte eine bequeme Holzbank steht und ein Brunnen plätschert, oder sei es, um mit den bärtigen Sennen ein wenig zu plaudern. Sie erzählen, wie aus dem angrenzenden Wildschongebiet oft grosse Gemsrudel herüberkommen und friedlich inmitten der Kuhherden grasen. Doch wenn im Herbst die Hochwildjagd beginnt, verziehen sie sich schleunigst ins Schongebiet. Dann hat es hier oben mehr Jäger als

Festbild der Fronalphauseinweihung von 1918 (Archivbild)

Wild, sagen sie schmunzelnd. Und dann, Mitte September, ziehen auch sie mit den Herden ins Tal hinunter.

Der Spaneggsee ist in den letzten niederschlagsarmen Jahren kleiner geworden. Als natürliches Auffangbecken mit unterirdischem Abfluss wirkt er aber auf wundersame Weise gegen Wildbachschäden im unteren Tal. Nur gegen Sturmschäden scheint es keine Mittel zu geben. Der Jahrhundertsturm «Vivian» hat ausgerechnet an jenem Felsenriegel, der den oberen Talkessel vom unteren trennt, den wertvollen Bergwald weggerissen. Nur der nackte Fels hielt stand – und es wird

Der Spaneggsee mit Fronalpstock und Schijenstock (Bild: Mersiovsky)

wohl mehr als 100 Jahre dauern, bis hier wieder ein Wald steht.

Hüttenmiete anno dazumal: 50 Franken im Jahr...

Nach einer Marschzeit von 3 bis 3½ Stunden (ohne Rast und ohne Abstecher auf den Fronalpstock) vom Fronalphaus aus, setzen wir uns zufrieden an einen der Tische vor dem Gasthaus am Talalpsee. Das Landschaftsbild, das hier zu sehen ist, macht es auch uns schwer, den schönen Ort zu verlassen. Und wir begreifen, wieso sich die Zürcher Naturfreunde einst hier einnisten wollten. (Eingenistet haben sie sich aber doch. Während fünf Jahren, von 1912 bis 1917, mieteten sie eine Hütte am Talsee für 50 Franken im Jahr und dazu gleich noch eine kleine Hütte am Spaneggsee für 25 Franken jährlich. Das waren noch Zeiten!)

Vom Talalpsee – oft nur Talsee genannt – führt der alte Weg durch das enge, schluchtartige Tal steil abwärts. In 50 Min. erreichen wir den «Walsaweg», den hier horizontal verlaufenden Wanderweg auf der Nordseite des Walensees, und über

Viehalp Hummel (Bild: Mersiovsky)

diesen das Dorf Filzbach, wo wir das Postauto besteigen können.

Neuerdings gibt es aber auch die Möglichkeit, vom Talsee in 40 Min. zur Bergstation der Gondelbahn Habergschwänd aufzusteigen, dort die prächtige Sicht auf den Walensee zu geniessen und dann nach Filzbach hinunterzugondeln.

Das Postauto bringt uns sicher, heil und günstig zum Ausgangspunkt Näfels-Mollis zurück.

Kurt Mersiovsky

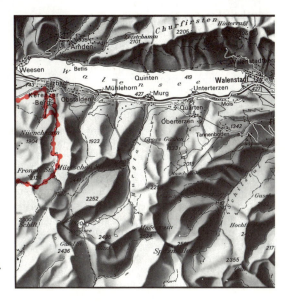

Die Route auf der LK 1:50 000, Blatt 2 512 «Flumserberge– Walensee»

Weg der Schweiz auf Naturfreundeart

«Weg der Schweiz»-Prospekt. Für die Naturfreundehäuser-Abstecher LK 1:25 000, Blätter 1171 «Beckenried», 1192 «Schächental», 1172 «Muotatal»

WEG DER SCHWEIZ
MIT ÜBERNACHTUNGEN
IN VIER NATURFREUNDEHÄUSERN

Am stotzigen Ufer auf und ab, über rauschende Bäche und quer durchs Delta der Reuss wurde zur 700-Jahr-Feier der Eidgenossenschaft ein neuer und ganz besonderer Wanderweg angelegt: Der «Weg der Schweiz», der 35 km lang ist und rund um das Urner Becken des Vierwaldstättersees führt.

Er soll der Besinnung dienen und kein patriotischer Fitnessparcours sein – eher ein Lehrpfad, der gute 10 Std. Natur- und Heimatkunde in einer landschaftlich grossartigen Umgebung bietet. Da scheint es ratsam, genügend Zeit, Erholungspausen und Gesprächsrunden einzuplanen.

Dazu empfehlen sich die vier nahe gelegenen Naturfreundehäuser: *St. Jakob* **73** ob Isenthal, *Rietlighaus* **69** im Schächental, *Kempfenhütte* **38** bei Morschach über das *Stooshaus* **85**. Die Marschzeiten der einzelnen Tagesetappen betragen 4½ bis 5 Std. Für die Abstecher in die Naturfreundehäuser können wir ausser den eigenen Füssen auch Postautos und Luftseilbahnen benutzen.

Die gewaltigen Kräfte der Natur sind am See der vier Waldstätten ständig in einem grossartigen Schauspiel zu sehen. Gesteinsschichten als Ablagerungen längst verschwundener Meere sind deutlich im Faltenwurf sich auftürmender Gebirge zu erkennen, zerfurcht durch die Gletscher der Eiszeiten. So wie der Vierwaldstättersee sind viele am Alpenrand entstanden, keiner aber ist so verschlungen, zerrissen und vielgestaltig wie er. Mit rund 125 km Uferlänge sind seine um Becken, Buchten und «Nasen» her-

umführenden Gestade die längsten der Schweiz, länger sogar als jene des flächenmässig bedeutend grösseren Genfersees.

1. Tagesetappe:
Vom Rütli zum Haus St. Jakob
im Urner Grosstal

Mit einer nächtlichen Verschwörung soll vor 700 Jahren die Geschichte der Schweiz dort begonnen haben, darum beginnt auch der Weg der Schweiz auf der Rütliwie-

Weg der Schweiz bei Seelisberg (Bild: Ammon)

se. Fürwahr, das ist ein idealer Treffpunkt für Revoluzzer, Wandersleute, Jodelchörli und Fahnenschwinger. Zur Zeit des Zweiten Weltkrieges rief der General das Kader der Vaterlandsverteidiger zum Rapport hieher. Auch die Schweizer Naturfreunde trafen sich anno 1945 auf dem Rütli, um neuen Mut zu fassen. Der erste Schweizer «Arbeiterbundesrat», Ernst Nobs, sprach damals die markigen Worte, jedes Naturfreundehaus erspare dem Staat die Kosten eines Spitals. Das hörten die Naturfreunde gerne und machten sich der Gesundheit zuliebe ans Werk.

Wir landen möglichst mit dem ersten Schiff beim Rütli. Da beginnt der bestens signalisierte Weg der Schweiz, der aus 26 Teilen besteht: für jeden Kanton in der zeitlichen Reihenfolge des Beitritts zur Eidgenossenschaft eine Wegstrecke, die bemessen ist nach der Zahl der Einwohner: pro Kopf 5 mm Weg.

«Schwurhände»-Expo-'64-Plastik von Werner Witschi beim Hafen von Flüelen (Bild: Ammon)

Die den Glarnern, Zugern und Bernern zugedachten Wegstrecken zwischen Bauen und Isleten verlaufen meist auf der Strasse und durch einige Tunnels. Schöner ist es, auf der historischen Route – dem ehemaligen Saumpfad – über die Bärchi nach Isenthal hinauf zu wandern. Die Abzweigung unweit des Schiffssteges ist leicht zu finden, und der sehr romantische Weg über Wiesen und durch Wald überrascht mit einigen einmalig schönen Ausblicken. In 2 bis 2½ Std. erreichen wir von Bauen aus das Haus St. Jakob der Naturfreunde Cham.

Bequemer geht's mit dem Postauto ab Isleten nach Isenthal und St. Jakob, wo wir bei der Station Stettli aussteigen und in kurzer Zeit das Haus erreichen können.

2. Tagesetappe:
Von St. Jakob zum Rietlighaus im Schächental

Um vom Naturfreundehaus St. Jakob talauswärts nach Isleten am See zu gelangen, empfiehlt sich eine attraktive, zweistündige Wanderroute. Da wo wir am Vortag von Bauen über die Anhöhen von Bärchi nach Isenthal gekommen sind, zweigt von der Talstrasse unterhalb des Dorfes ein Weg über eine alte, steinerne Brücke zur rechten Talseite ab. Dieser Weg über Birchi nach Isleten ist ein idealer Morgenspaziergang. Über grüne Matten geht's

Der Anfang ist klar: Uri, Schwyz und Unterwalden. Dann folgt Luzern, und auf der Höhe unter dem alten Grandhotel «Seelisberg» beginnt bereits der Kanton Zürich und beansprucht eine lange Strecke, weil es da so viele Leute hat. Wenn da einer seine ihm zustehenden 5 mm finden will, sucht er allerdings vergebens.

So kann es auch nicht gemeint sein. Vielmehr ist die Gestaltung der einzelnen Wegstrecken den Kantonen überlassen, wobei ganz einfach der Spielraum für gute Einfälle nach der Zahl der beteiligten Köpfe bemessen wurde. Das ist demokratisch. Das bunte Nebeneinander von vier Kulturen, die Vielfalt der Schweiz soll in einer an sich schon sehr abwechslungsreichen Landschaft zur Geltung kommen.

Gemächlich wandernd erreichen wir nach zirka 3 Std. das kleine Dorf Bauen am See. Ein Verweilen an diesem Ort mit der auffallend üppigen Vegetation ist sehr angenehm. Sogar ein Bad im See könnten wir uns leisten.

Kantonssteine aus weissem Cristallina-Marmor markieren die Übergänge der Kantonsabschnitte (Bild: Ammon)

Zusammenbau des grössten neuerrichteten Bauwerks am Weg der Schweiz: der Fussgängersteg über die Reuss (Bild: Ammon)

hinunter in den Bergwald und zum Rand der wuchtigen Wandfluh über dem See, dann im munteren Zickzack hinab zur Sprengstoffabrik und zum Restaurant «Zur kleinen Kneipe», das renoviert jetzt den Namen «Seegarten» trägt. (Die Postautohaltestelle am gleichen Ort heisst immer noch «Zur kleinen Kneipe».)

Nun wandern wir wieder auf dem Weg der Schweiz, der hier meist unterhalb der Strasse am Seeufer als neuer Wanderweg angelegt worden ist, 1 Std. bis nach Seedorf. Hier gibt es viel zu bestaunen. Unter anderem das blendend herausgeputzte Schloss A Pro mit dem Mineralienmuseum der Urner Strahler. Das sollten wir uns nicht entgehen lassen!

Der Abstecher nach Seedorf lohnt sich, aber nachher müssen wir wieder unter der Autobahn durch zurück ans Seeufer und auf den Weg der Schweiz. Die nachfolgende Strecke bis Flüelen (1 Std. Wanderzeit) ist wunderbar und führt durch das junge Schwemmland der Reuss im grossen Flussdelta, das mit seiner reichen Pflanzen- und Tierwelt unter Naturschutz steht. Die zwischen hohen Dämmen gebändigte Reuss überschreiten wir auf einer neuen Brücke, die speziell für uns Wan-

dersleute errichtet wurde. Die elegante Holzkonstruktion schwingt sich als hoher Bogen über den Fluss. Die Kantonsabschnitte von Basel-Stadt und -Land treffen hier zusammen.

In Flüelen verlassen wir im Abschnitt Schaffhausen den CH-'91-Weg, fahren mit dem Bus nach Altdorf und kaufen noch Proviant, bevor wir uns auf den Weg zum Rietlighaus der Naturfreunde Altdorf und Baden begeben. Das Postauto bis Spiringen und die Luftseilbahn bis Ratzi erleichtern uns den Aufstieg. Noch 20 Min. zu Fuss, dann sind wir im Rietlighaus auf 1700 m Höhe und geniessen den unvergleichlichen Ausblick über das Schächental und die Berge des Urnerlandes.

3. Tagesetappe:
Vom Rietlighaus zur Kempfenhütte

Schade, wenn uns die Zeit fehlt, die touristischen Attraktionen des Schächentals ein wenig auszukosten. Wir müssten uns Zeit nehmen, zum Beispiel für die etwa sechsstündige Wanderung, die von der Klausenpasshöhe auf der linken Talseite über die Alp Wannelen hinab nach Unterschächen verläuft. Dank eines von der Post neu herausgegebenen Führers ist diese Tour

Blick vom Urmiberg bei Brunnen auf den Urnersee (Bild: Ammon)

zum wohl anspruchsvollsten «naturkundlichen Höhenweg im Schächental» geworden.

Oder etwas für Geniesser wäre die zirka vierstündige Höhenwanderung zum Fleschseeli und nach Eggbergen. Grosse Steigungen gibt es da nicht zu überwinden, höchstens einige sumpfige Stellen. Die letzten 1000 m Höhendifferenz hinunter ins Tal lassen sich dank der Luftseilbahn schwebend geniessen.

Vielleicht fehlt uns aber tatsächlich die Zeit. Zudem haben wir uns ja vorgenommen, den ganzen Weg der Schweiz in vier bis fünf Tagen zurückzulegen.

Vom Rietlighaus aus bringt uns ein einstündiger Morgenspaziergang auf einem angenehmen Weg über die Untere Gisleralp nach Biel. Von hier geht's mit Vergnügen per Luftseilbahn nach Brügg bei Bürglen hinunter. Wir können nun dem Tellmuseum in Bürglen einen Besuch abstatten oder gleich mit dem nächsten Bus über Altdorf nach Flüelen fahren.

Auf der Seepromenade wandern wir weiter auf dem Weg der Schweiz. Neu angelegt steigt die Route empor zur Axengalerie in den lotrecht abfallenden Felswänden und dann wieder hinunter an den See zur Tellskapelle. Durch die den Kantonen Appenzell, St. Gallen, Graubünden und Aargau zugeteilten Streckenabschnitte gelangen wir schliesslich ins Tessin, respektive nach Sisikon, der letzten Gemeinde auf Urner Boden.

Bestens markiert steigt nun der Weg von der Unterführung der Axenstrasse steil aufwärts zur Höhe von Ried und dann hoch am Hang über Tannen und Schilti Richtung Morschach.

Schon bevor der Weg gemächlich sinkend wieder in flacherers Gelände übergeht, sehen wir unter uns die Kempfenhütte, das behagliche Haus der Naturfreunde Dietikon. Bei der Franziskuskapelle gehen wir nach links abwärts und sind in wenigen Minuten am Ziel des heutigen Tages. Die Wanderung von Flüelen bis zum Naturfreundehaus auf der grünen Wiese, dem Rütli genau gegenüber, dauerte 3½ Std.

4. Tagesetappe:
Abstecher auf den Stoss
und auf den Fronalpstock

Auf der vierten Etappe legen wir keinen Meter auf dem Weg der Schweiz zurück. Dafür verschaffen wir uns mit einem Abstecher auf den Fronalpstock einen grandiosen Überblick über den Vierwaldstättersee und den Weg der Schweiz. Die Kempfenhütte liegt am Fuss des 1922 m hohen Fronalpstockes. Mit der Luftseilbahn ab Morschach gelangen wir schnell auf den Stoos. Wer zu Fuss in 2½ Std. auf den Stoos wandern will, geht über Dägenbalm und den alten fahrbaren Stoosweg. Vom Stoos aus bietet sich eine grandiose, fünfstündige Gratwanderung an: vom Fronalpstock zu Furggeli–Huserstock–Chlingenstock (1935 m ü. M.) und zurück zum Stoos. Diese Wanderung lohnt sich nicht nur wegen der Panoramasicht auf den Weg der Schweiz. Sie ist auch all jenen zu empfehlen, welche die berühmten Skiberge des Stoos nur vom Winter her kennen. Wem 5 Std. Wanderzeit zu lang sind, kann die Tour auf zwei Arten abkürzen: Entweder fährt er mit der Sesselbahn auf den Fronalpstock und erspart sich so 1½ Std. Aufstieg, oder er verzichtet auf den steilen und mit Eisentreppen und Drahtseilen gesicherten Bergpfad zum Huserstock–Chlingenstock und steigt bereits beim Furggeli wieder

auf den Stoos ab. Dieser Weg führt durch das blumenreiche Frontäli direkt zum Stooshaus der Naturfreunde Zürich, wo wir nach einem feinen Nachtessen übernachten.

(Wer auf den Stoos- und auf den Fronalpstockabstecher verzichten will, wandert an diesem Tag von der Kempfenhütte auf dem Weg der Schweiz weiter bis Brunnen. Da diese Wanderung nur noch 1 Std. dauert, liegt noch eine Dampfschiffsfahrt auf dem Vierwaldstättersee nach Luzern oder eine andere gemütliche Heimreisevariante drin.)

5. Tagesetappe:
Vom Stooshaus hinunter nach Brunnen

Vom Naturfreundehaus Stoss pilgern wir 1½ Std. auf dem alten Weg nach Morschach hinunter und nehmen das letzte, kurze Teilstück (1 Std.) des Weges der Schweiz in Angriff. Es führt auf den Abschnitten der jüngsten Kantone Neuenburg, Genf und Jura durch den Ingenboler Wald nach Brunnen hinab, wo der «Weg der Schweiz» am See beim «Platz der Auslandschweizer» endet.   *Kurt Mersiovsky*

Der Weg der Schweiz – der offizielle Wanderführer (Bild: Werd Verlag)

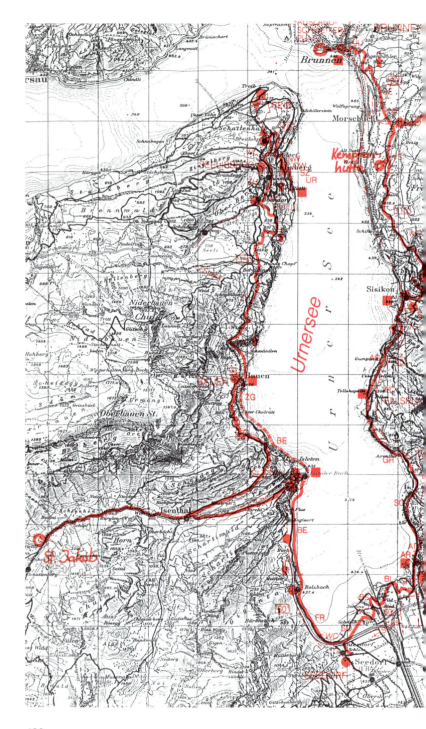

180

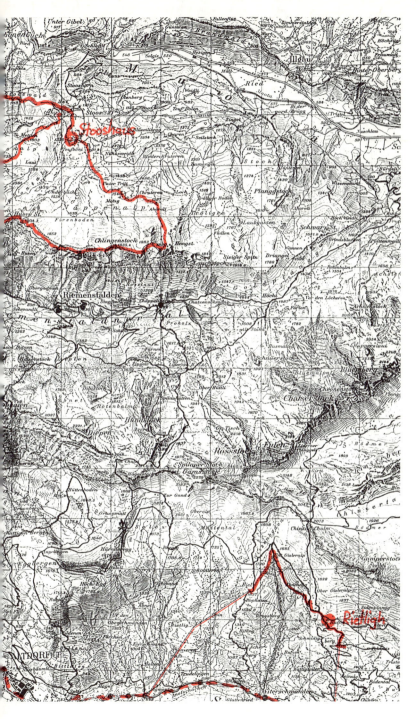

Solothurner Jurahöhenwanderung I

LK 1:25 000, Blätter 1088 «Hauenstein» und 1087 «Passwang»

VOM HAUS RUMPELWEIDE ZUM HAUS PASSWANG

Zu einem schönen Teil entlang der bekannten Jurahöhen-Fernroute Zürich–Genf dauert diese rund fünfstündige Wanderung vom Naturfreundehaus *Rumpelweide* **71** zum Haus *Passwang* **60**. Da das Ökozentrum Langenbruck ungefähr auf halber Wegstrecke liegt, empfiehlt sich diese Wanderung vor allem auch Umweltfreunden und Alternativenergie-Interessierten.

Vor Beginn der Wanderung ist es ratsam, sich mit den Schiessplänen der Armee zu befassen. Diese sind auf Rumpelhöchi, 10 Min. vom Naturfreundehaus entfernt, angeschlagen: Hier erfahren wir, wo und wann geschossen wird. Offensichtlich eignet sich die Hornflue, die ich so gerne überquert hätte, um bei Challhöchi zum Jurahöhenweg zu gelangen, besonders gut, um abgeschirmt vom Mittelland gegen die Felsen zu ballern. So bleibe ich gezwungenermassen auf der Höhe von Rumpelhöchi und wandere am Südhang des Hombergs Richtung Schlössli.

Von Schlössli bis Fasiswald begleiten uns ab und zu noch ein paar Kiestransporter, doch dann wird es ruhig – und hoch oben winkt mit dem nackten Felsen bereits die Belchenflue, 1100 m hoch, mit ihrer Rundsicht, die alle Aufstiegsstrapazen belohnt. Bei klarer Sicht können wir einen Panoramaschwenk über die Vogesen, die oberrheinische Tiefebene und den Schwarzwald machen und den Blick bis hinüber zum Säntis und den Alpenspitzen gleiten lassen.

Ökozentrum Langenbruck

Hier auf der Belchenflue sind wir jetzt auf der bekannten Jurahöhenroute angelangt. Der Durst weist uns jetzt die Richtung: Wir folgen den Wegweisern in Richtung Langenbruck und stechen so hinunter zum Gasthof «Dürstel», der hinter dem Dürstelberg ideal gelegen ist. In wenigen Minuten erreichen wir das ungewohnt ruhige und idyllische Dorf Langenbruck.

Gesamtschweizerisch bekanntgeworden ist Langenbruck vor allem durch sein wegweisendes Ökozentrum. Das Zentrum, in dem nicht nur Ökologieforschung betrieben, sondern auch gleich in der Praxis getestet wird, zieht Besucher aus der ganzen Welt an. So erfreulich dieser Besucherstrom auch ist – um trotzdem intensiv und ungestört arbeiten zu können, sahen sich die Ökozentrumbewohner gezwungen, Besichtigungen mit Voranmeldung (Telefon 062 60 14 60) einzuführen.

Nach Langenbruck machen wir es eine Weile den alten Römern gleich: Wir gehen bis zur Passhöhe Ober Hauenstein, von wo aus wir etwa 15 Min. hinter der Passhöhe alte Karrenspuren der Römer besichtigen könnten. Aber schon 300 m nach der Passhöhe müssen wir links über Treppen und Zickzackwege ohne fremde Hilfe den Helfenberg erklimmen, meist auf schattigen Waldwegen. Anschliessend erreichen wir nach dem Weiler Hinter Hauberg den Weiler Sol und schliesslich den höchsten Punkt des Kantons Basel-Land, den Hügel Hinteri Egg (1 169 m ü. M.) mit Feuerstellen und Ruhebänken.

Bis zum Naturfreundehaus Passwang ist es jetzt nicht mehr weit. Nach dem Wasserfallenpass, wo 1535 der Pestheilige Rochus zusammengebrochen auf Hilfe warten musste, ist noch eine 1 km lange, steile Gratwanderung zurückzule-

Das schmucke Dorf Langenbruck (Bild: Gugolz)

gen, bis wir im Passwanghaus eintreffen und freundlich bewirtet werden. *Aldo Gugolz*

**Fortsetzung der Tour zum Haus Schauenburg:
siehe nächste Seite**

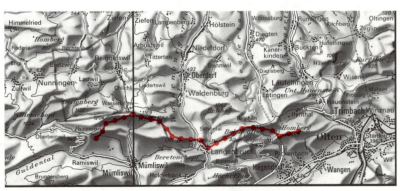

Die Route auf der LK 1:25 000, Blatt 1 087 «Passwang» und Blatt 1 088 «Hauenstein»

Solothurner Jurahöhenwanderung II

LK 1:25000, Blätter 1087 «Passwang», 1107 «Balsthal», 1106 «Moutier», oder LK 1:50000, Blatt 223 «Delémont»

VOM HAUS PASSWANG
ZUM HAUS SCHAUENBURG

Die attraktive Wanderung vom *Passwanghaus* **60** bis zum Naturfreundehaus *Schauenburg* **76** ist steigungsreich und zieht sich 8 bis 9 Std. über die hügelige Juralandschaft hin. Hier wird jedoch vorerst eine «gemässigtere» Variante beschrieben – mit etwa 4½ Std. Fussmarsch und einer Postautoetappe. Zwei Kurzbeschreibungen präsentieren sodann Varianten mit längeren Marschzeiten.

Die Wanderung beginnt im Garten des Passwanghauses: Hier nehmen wir den kleinen Waldweg, welcher in 20 Min. zur oberen Passwang hinaufführt. In 40 Min. erreichen wir die Wiesen von Beibelberg, wo sich der Blick nochmals öffnet und wo uns das Guldental mit seinen langen Hügelzügen zu Füssen liegt. Nur etwa alle 10 Min. fährt hier ein Auto über den Scheltenpass in Richtung Delémont; eine ruhige Wanderung also. Schattenberge liegen Sonnenbergen gegenüber, ein paar Gehöfte mit weissen Jurahäusern liegen im Guldental weit auseinander, und ab und zu wendet ein Bauer das Heu.

Auf dem der Nordseite des Sonnenberges entlangführenden Pfad geht es jetzt zunächst leicht aufwärts und dann abwärts zum Punkt 903 Chratteneggli (siehe auch Variante 1). Hier stechen wir dem steilen Waldweg entlang ins Guldental hinunter, überqueren die Scheltenpassstrasse und steigen im Wald den Schattenberg hoch bis auf den Brunnersberg. Dann folgen wir ein kurzes Stück der asphaltierten Strasse und zweigen nach rechts ab. So kommen wir zum Hof Ober Wängi hinunter, nach welchem wir in einer spitzen Rechtskurve den kleineren Waldweg nehmen, der uns über den Grat nach Matzendorf hinabführt. In Matzendorf nehmen wir das Postauto nach Gänsbrunnen. Die Kurse verkehren (erstaunlich) häufig.

In Gänsbrunnen zeigt uns ein Wegweiser den Weg nach Schauenburg gleich hinter einer Scheune nach links an. Bis zum Naturfreundehaus müssen wir noch 500 m an Höhe überwinden. Wir steigen den Cholgraben hinauf bis an den Fuss der sagenumwobenen Hasenmatt. Ab hier geht's abwärts, und in wenigen Minuten sind wir an unserem Ziel, dem Naturfreundehaus Schauenburg, angelangt.

Variante 1:
alles auf Schusters Rappen

Wer die ganze Strecke zu Fuss zurücklegen will, dem kann die folgende Route empfohlen werden: Nach Chratteneggli über die Wirtschaft «Erzberg» zum Scheltenpass und hinauf zum Stierenberg (siehe auch Variante 2). Dann hinunter nach Mieschegg, in den Harzergraben und über den Malsenberg hinunter nach Gänsbrunnen. Ab hier wie oben beschrieben.

Variante 2: kürzere Postautoetappe

Eine mittellange Variante von etwa 6 Std. Wegzeit bietet sich an, wenn wir vor dem Stierenberg hinüber nach Güggel und Zentner wechseln und zur Bergwirtschaft «Tannegg» hinunterstechen. Hier folgen wir den Wegweisern Wolfsschlucht in ein tiefes, felsiges Tobel hinunter, an dessen Ausgang sich die Haltestelle Wolfsschlucht des Postautokurses nach Gänsbrunnen befindet.

Aldo Gugolz

Blick zum Passwang (Bild: Gugolz)

Vom Haus Schauenburg aus lässt sich die Jurahöhenwanderung Richtung Genf beliebig fortsetzen. Das nächstgelegene Naturfreundehaus ist Haus Bellevue. Von ihm kann z. B. über die Häuser La Flore und Mont Soleil zum Haus Les Saneys gewandert werden. (Diese Tour ist in umgekehrter Richtung ab Seite 222 beschrieben.)

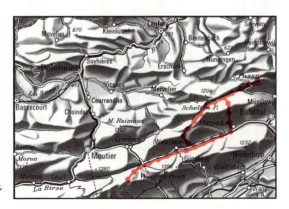

Die Route auf der LK 1:50 000,
Blatt 223 «Delémont»

Vom Brünig ins Rosenlauital

LK 1:25 000, Blätter 1 209 «Brienz», 1 210 «Innertkirchen»

VOM HAUS BRÜNIG ZUM HAUS REUTSPERRE

Vom Naturfreundehaus *Brünig* **9** lässt sich in einer nicht ganz fünfstündigen Wanderung das Haus *Reutsperre* **68** im Rosenlauital erreichen. Ein Zwischenhalt im «Bergführerdorf» Meiringen lohnt sich dabei. Und auch die berühmten Reichenbachfälle können auf dieser Tour bestaunt werden.

Vom Naturfreundehaus Brünig wandern wir in Richtung Passhöhe. Nach dem Überqueren der Bahnlinie zweigt der Weg links über eine kleine Brücke ab und steigt im schönen Buchenwald – parallel zum bekannten Panoramaweg – zur Haslibergstrasse, die wir bei Gallenblatten erreichen.

Ein herrlicher Anblick tut sich hier den Wanderern auf. Auf den gegenüberliegenden Felsterrassen

Der imposante Reichenbachfall (Bild: SVZ)

– überragt von Tschingel-, Wandelhorn, Garzen, Wildgerst und Oltschiburg – liegen die Siedlungen Zaun, Prasti und Falchern. Im Osten schimmern die Berge des Grimselgebietes. Während der Wanderung wechselt die Szenerie. Vor uns liegen das alles überragende Dreigestirn der Wetterhörner, der schmale Grat des Eigers, die weisse Kuppe des Mönchs sowie der bläulich schimmernde Rosenlauigletscher.

Beim Weiterwandern auf dem Panoramaweg treffen wir noch auf grosse Findlinge, die der Aaregletscher in der letzten Eiszeit auf dem Weg über den Brünigpass dort liegengelassen hat.

Touristenattraktion Meiringen

Unsere Wanderung geht auf der andern Strassenseite weiter. Nach dem Abstieg durch einen Buchenwald erreichen wir die Hostatt, wo der Weg um die Anhöhe Burg (1 098 m ü. M.) Richtung Schwand führt. Hier erreichen wir eine Naturstrasse, die wir nach etwa 200 m wieder verlassen, um über ein kleines Strässchen bis zur Dorfmitte von Meiringen zu gelangen.

Die Dorfkirche von Meiringen – ein kunsthistorisches Bauwerk – ist ein Besuch wert. Vor der Kirche biegt die Strasse nach rechts ab, vorbei am Amtshaus, dessen Giebelfelder mit Malereien von Arnold Brügger geschmückt sind. Ein Aufenthalt in Meiringen lohnt sich in mancher Hinsicht.

Wir wandern nun weiter taleinwärts und verlassen das Bergführerdorf bei der Alpbachbrücke. Vor der Brücke biegt die Strasse rechts ab, überquert die Aare und führt ins Dörfchen Willigen. Beim ersten Haus nach dem Touristenhotel führt unser Weg rechts hangaufwärts und mündet dann in eine

Das Dorfkirchlein von Meiringen (Bild: SVZ)

Strasse, von der kurz darauf ein Strässchen nach Falchern abzweigt. Wir folgen der Strasse nach links (100 m) und gelangen dann auf Abkürzungen nach Schwendi. Für kurze Zeit folgen wir wieder der Strasse, um dann rechts auf den alten Saumweg abzubiegen, der ins Zwirgi führt.

Sherlock Holmes und die Reichenbachfälle

Es gibt noch eine zweite, attraktive Möglichkeit, um vom Dörfchen Willigen nach Zwirgi zu gelangen. Kurz vor Willigen zweigt eine Strasse nach rechts ab, welche zur Talsta-tion der Reichenbach-Standseilbahn führt. Es wird empfohlen, diese Strasse zu benützen, da die Bergstation direkt unterhalb des berühmten Reichenbach-Wasserfalles seitlich in einem grossen Felsenkessel liegt.

Der eindrückliche Felszirkus des Reichenbachfalles ist übrigens nur mit der vorgängig erwähnten Bahn erreichbar. Der Reichenbach-Wasserfall erlangte seine Berühmtheit auch durch die Geschichte des Meisterdetektivs Sherlock Holmes, der hier bei einem Zweikampf mit seinem Gegenspieler Moriarty den Tod gefunden hat.

Rosenlaui, auf dem Weg von Meiringen zur Grossen Scheidegg (Bild: SVZ)

Unser Weg führt dann in einem Bogen auf eine Plattform über dem Wasserfall, von wo wir anschliessend den Bach überqueren und in wenigen Minuten ebenfalls das Zwirgi erreichen. Von hier führt unser Pfad – der zeitweise wieder in die Strasse mündet – über Syten zur Kaltenbrunnensäge. Zwischen Syten und der Kaltenbrunnensäge zweigen links markierte Wege ab, die zum Naturfreundehaus Reutsperre führen. Das schmucke und stattliche Haus kann man nicht verfehlen.

10 000 Stunden Fronarbeit für den Bau des Brünighauses

Wie die meisten Schweizer Naturfreundehäuser wurde das Brünig-haus zu einem grossen Teil in Fronarbeit errichtet: Nicht weniger als 10 000 Fronarbeitsstunden steckten die Mitglieder der Naturfreundesektion Emmenbrücke in ihr Haus! In der Festschrift, die 1989 zum Doppeljubiläum 70 Jahre Naturfreunde Emmenbrücke und 40 Jahre Naturfreundehaus Brünig erschien, wird diese harte, idealistische Fronarbeit eindrücklich geschildert. Einige Passagen seien dazu zitiert. Bevor mit dem Hausbau überhaupt begonnen werden konnte, musste die Wasserversorgung gesichert werden: «Es gelang uns, im benachbarten ‹Unghüüri› eine Quelle mit rund 70 l/min zu erwerben. An selber Stelle wurde ein Reservoir von 1 500 l errichtet: Zement, Schotter und Armierungseisen mussten in mühevoller Arbeit über die steilen Abhänge hinaufgetragen werden... Dann erfolgte die Erstellung einer 450 m langen Wasserleitung durch steiles, unwegsames und geröllübersätes Waldgebiet. Es wurden Gräben ausgehoben, Terrain eingeebnet und Stützmauern erstellt. Nach fast einem Jahr Arbeit konnte unsere improvisierte Feldküche mit Freude und Stolz vermelden: Leitung 1 Wasser!»

Die Plackerei ging weiter bei der Herrichtung des Bauplatzes:

«Dabei mussten Gebüsch, Stauden und auch einige Bäume entfernt werden. Besondere Schwierigkeiten bereitete uns der mitten auf der Parzelle liegende Felskopf, dem wir mit einem entliehenen, 1 000 kg (!) schweren Kompressor und mit Hilfe von Sprengkapseln zu Leibe rückten. Manch einem zittern noch heute die Knie, wenn er an den beschwerlichen Transport und die anstrengenden Arbeiten mit diesem Ungetüm denkt... Höhepunkte waren naturgemäss die nachfolgenden Sprengungen.»

Als «Höhepunkt» wird die jeweilige Anlieferung der Baumaterialien mit der Brünigbahn geschildert:

«Wer wollte da schon fehlen, wenn es hiess: Samstag nacht kommt der Extrazug mit sechs vol-

Schwingplatz auf dem Brünigpass (Bild: SVZ)

len Güterwagen zum Entladen. Im Scheine von vielen Karbidlampen erwartete man das Anrollen der schweren Brünigloks. Laute Kommandos, kreischende Bremsen..., und schon ging's los. Mit über 40 Mithelfern wurde jeweils die bis zu 70 t schwere Ladung in weniger als einer Stunde gelöscht, damit die Bahnlinie wieder rechtzeitig freigegeben werden konnte.»

Urs Meier

Fortsetzung der Tour zum Haus Grindelwald: siehe nächste Seite

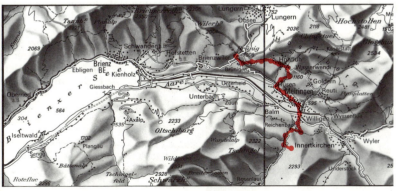

Die Route auf der LK 1:25 000, Blatt 1 209 «Brienz» und Blatt 1 210 «Innertkirchen»

Über die Grosse Scheidegg

LK 1:25 000, Blatt 1229 «Grindelwald», oder LK 1:50 000, Sammelblatt 5004 «Berner Oberland»

VOM HAUS REUTSPERRE
ZUM HAUS GRINDELWALD

Eine prächtige Wanderung führt vom Naturfreundehaus *Reutsperre* **68** hinauf auf die Grosse Scheidegg und hinunter zum Naturfreundehaus *Grindelwald* **27**. Die gut sechsstündige Wanderung lässt sich auf 4 Std. Marschzeit verkürzen, wenn für den ersten Streckenabschnitt bis Schwarzwaldalp das Postauto ab Meiringen benutzt wird. Und anstelle des rund zweieinhalbstündigen Abstieges von der Grossen Scheidegg nach Grindelwald kann auch folgende Variante gewählt werden: Von der Grossen Scheidegg 1½ Std. über Grindel–Oberläger nach First, von wo eine Sesselbahn nach Grindelwald hinunterfährt.

Vom Naturfreundehaus Reutsperre aus wandern wir hinunter zur Fahrstrasse, die nach Rosenlaui führt. Auf der Strasse geht es, einmal links und einmal rechts vom Reichenbach, bis nach Gschwantenmad. Hier öffnet sich das Tal zu einem breiten Boden. Auf der linken Seite erheben sich die bekannten Kletterberge, die Engelhörner.

Blick von der Grossen Scheidegg ins Rosenlaui-gebiet (Bild: SVZ)

Rechts zweigt ein Weg ab, der über Rufen direkt auf die Schwarzwaldalp führt. Wir aber bleiben immer noch auf der Strasse und erreichen nach 15 Min. das Hotel «Rosenlaui». Hinter dem Hotel ist ein schöner Wasserfall, auf der anderen Seite führt der Weg durch die Schlucht zum Rosenlauigletscher. Wir aber steigen auf der Strasse durch Wiesen und Wälder bis zur Schwarzwaldalp.

**Abseits der Massenroute
auf die Grosse Scheidegg**

Wir wandern noch ein kurzes Stück auf dem Strässchen bis zum nächsten Wegweiser, der uns den Weg nach Bidem und der Alp Oberläger zeigt. Dieser Weg ist nicht so oft begangen wie der gewöhnliche Aufstieg zur Grossen Scheidegg. Links ragen das Wellhorn und das Wetterhorn gegen den Himmel.

Von der Alp Oberläger wandern wir über Gratschären auf die Grosse Scheidegg. Hier geniessen wir eine wunderbare Aussicht zurück auf unsere Wanderroute ins Rosenlauital. Vor uns liegt Grindelwald, umgeben von Bergen und Gletschern.

Wir folgen nun dem gut markierten Wanderweg, der uns über Ober- und Unterlauchbühl in vielen Windungen zum Teil dem Brüggbach entlang zum Hotel «Wetterhorn» führt. Vom Hotel bis zum Mühlebach benützen wir wieder die Strasse bis zur Abzweigung Terrassenweg. Auf diesem wandern wir zum Naturfreundehaus Grindelwald.

Charlotte, Barbara und Cesar Meyer

Fortsetzung der Tour zum Haus Alpenhof, Stechelberg: siehe nächste Seite

Das Wetterhorn hoch über Grindelwald (Bild: SVZ)

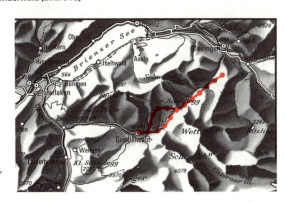

Die Route auf der LK 1:50 000, Blatt 5 004 «Berner Oberland»

Über die Kleine Scheidegg

LK 1:25 000, Blätter 1 229 «Grindelwald», 1228 «Lauterbrunnen», oder LK 1:50 000, Sammelblatt 5 004 «Berner Oberland»

VOM HAUS GRINDELWALD ZUM HAUS ALPENHOF

Über die Kleine Scheidegg mit ihrer prächtigen Rundsicht auf Jungfrau, Mönch und Eiger führt die Tour vom Naturfreundehaus *Grindelwald* **27** zum Naturfreundehaus *Alpenhof*, Stechelberg **3**. Wer die ganze Strecke zu Fuss zurücklegt, muss mit rund 6½ Std. Marschzeit rechnen. Wer eine kürzere Wanderzeit wünscht, kann die erste Etappe (3½ Std.) von Grindelwald Grund hinauf auf die Kleine Scheidegg ganz oder teilweise mit der Wengernalpbahn zurücklegen. Oder gegen Schluss der Tour kann für den steilen Abstieg von Lauterbrunnen nach Wengen ebenfalls die Bahn benützt werden.

Vom Naturfreundehaus aus steigen wir bergab durch das Dorf bis nach Grindelwald Grund. Hier haben wir die Wahl zwischen zwei Möglichkeiten: Entweder fahren wir mit der Bahn und kommen so ausgeruht auf der Kleinen Scheidegg an, oder wir nehmen den langen Aufstieg unter die Füsse. Über Brandegg–Alpiglen und Arvengarten erreichen wir auf gut ausgebautem Wanderweg den wohl meistbesuchten Alpenpass, die Kleine Scheidegg.

Nebst Souvenirläden und Restaurants finden wir etwas abseits auch schöne Plätze, um in aller Ruhe die grossartige Aussicht zu bewundern. Rundum präsentiert sich die herrliche Bergwelt. Uns zu Füssen liegt Grindelwald, überragt von Wetterhorn, Grosser Scheidegg und Faulhorn.

Unübersehbar erheben sich vor uns die berühmten drei Berge des Berner Oberlandes: Jungfrau, Mönch und die berüchtigte und wuchtige Wand des Eigers. Am stärksten aber leuchtet die schneeweisse Pyramide des Silberhorns.

Legendäre Jungfraubahn

Von der Kleinen Scheidegg fährt die Bahn hinauf bis zum Jungfraujoch. Die Bahn wurde von 1897 bis 1912 gebaut, sie hat eine Streckenlänge von 12,2 km und überwindet eine Höhendifferenz von 2 102 m. Wer sich in kurzweiliger Form über den Bau der Bahn informieren will, dem sei das Buch «Svizzero» (Jugendroman von 1912) von Niklaus Bolt empfohlen.

Auf dem gut ausgebauten Weg wandern wir weiter bis zur Wengernalp. Von dort führt ein Bergweg über Mettlenalp nach Trümmelbach im Lauterbrunnental. Der Weg ist gut unterhalten, zum Teil ist er mit Drahtseilen versehen, vor allem auf dem Teilstück, das am Rande der Felsen angelegt wurde. Der Weg ist nur für geübte, schwindelfreie Wanderer und nur bei gutem Wetter zu empfehlen. Der bequemere Weg führt über herrliche Alpweiden ins Dorf Wengen. Unterwegs können wir immer wieder die schöne Aussicht geniessen: Zuhinterst im Tal sehen wir das Breithorn und das Tschingelhorn, rechts davon das Gspaltenhorn und die Sefinenfurke. Der Berg mit der Seilbahnstation ist das Schilthorn (Piz Gloria). Der Abstieg von Wengen nach Lauterbrunnen ist recht steil. Nimmermüde nehmen nun das letzte Stück Weg unter die Füsse. Entlang der Weissen Lütschine wandern wir nach Stechelberg zum Naturfreundehaus Alpenhof.

Charlotte, Barbara und Cesar Meyer

Fortsetzung der Tour zum Haus Gorneren: siehe nächste Seite

Die Kleine Scheidegg mit dem imposanten Jungfraumassiv (Bild: SVZ)

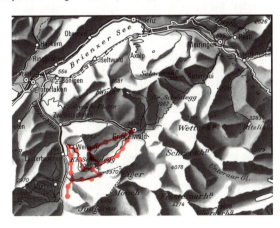

Die Route auf der LK 1:50 000, Blatt 5 004 «Berner Oberland»

Nahrhafte Tour über die Sefinenfurke

LK 1:25 000, Blatt 1248 «Mürren», oder LK 1:50 000, Sammelblatt 5 004 «Berner Oberland»

VOM HAUS ALPENHOF ZUM HAUS GORNEREN

Die Route vom Haus *Alpenhof*, Stechelberg **3**, zum Naturfreundehaus *Gorneren* **26** ist die anstrengendste dieser Fünftageswanderung im Berner Oberland. Fast 8½ Std. dauert die Wanderung, und mit der Sefinenfurke wird auch der höchste Punkt (2 612 m ü. M.) überquert. Leider gibt es kaum Möglichkeiten, die Tour zu kürzen oder öffentliche Verkehrsmittel zu benutzen. Hingegen kann die Tour auch in zwei Tagesetappen zurückgelegt werden. Übernachtungsmöglichkeiten gibt es in Boganggen und Oberdürrenberg.

Wer die Tour in einem Tag zurücklegt, muss früh aufstehen: Spätestens um sieben Uhr sollte er sich vom Hüttenwart verabschieden. Kurz nach dem Naturfreundehaus Alpenhof zweigt der Fussweg nach rechts ab und führt im steilen Zickzack der Sefinen-Lütschine entlang zum Punkt 1 159. Dort wird der Weg etwas angenehmer. Wir wandern vorbei an der Säge und durch den Bannwald nach Tal, wo der Weg von Mürren–Gimmelwald einmündet. Bis nach Fürten marschieren wir, immer der Sefinen-Lütschine entlang, durchs Sefinental. Links erkennen wir die Berner Alpenkette mit Mittaghorn, Grosshorn, Lauterbrunnen-Breithorn. Ganz hinten sehen wir das Tschingelhorn mit den davor liegenden Gletschern. Der Weg führt nun nordwärts und überwindet auf einem recht kurzen Abschnitt 660 m Höhe.

Lunge entlastet, Knie strapaziert ...

Boganggen, ein Alpgebiet in einer Mulde, wird dominiert vom Schilthorn. Hier stehen die obersten Alphütten und das Berghaus des Skiklubs Stechelberg. Etwas mehr als die Hälfte der Wanderung haben wir hinter uns. Deshalb legen wir hier die Mittagsrast ein, stillen Hunger und Durst und erholen uns für den letzten steilen Aufstieg zur Passhöhe.

Es fehlen noch immer 600 Höhenmeter. Die Vegetation wird karg, doch hat es überall Polster- und Gemswurzpflanzen. Der Bergpfad am Fuss des Hundshorns entlang führt teilweise durch lockeren Schiefer. Unten in der Talsohle erkennen wir verschiedene kleine Seen, die von den winterlichen Schneeresten gespiesen werden. Ein Einschnitt zwischen Hundshorn und Büttlassen bildet die Passhöhe. Von hier aus ist auch schon die Griesalp zu erkennen. Von nun an geht's bergab, die Lunge wird wieder entlastet, dafür strapazieren wir jetzt die Knie. Wir steigen auf dem markierten Weg durch den Kessel von Dürrenbühl. Bald erreichen wir Dürrenberg, die oberste Alp. Nach einer weiteren Talstufe mit entsprechend steilem Weg gelangen wir zum Bundsteg. Von hier aus wird der Pfad zum Fahrweg, und wir wandern über Steinenberg nach Gorneren.

Gornerenhaus, das älteste Schweizer Naturfreundehaus, mit Traumpanorama

Beim Restaurant «Golderli» steigen wir rechts hinauf zum Naturfreundehaus Gorneren und bewundern das prachtvolle Panorama der Blümlisalp. Angesichts dieses Traumpanoramas ist es eigentlich kein Wunder, dass hier kurz nach der Jahrhundertwende das erste Schweizer Naturfreundehaus eröffnet wurde. In harter Fronarbeit (und ohne Helikopterhilfe ...) wurde dann 1913 das heutige Gorne-

Der höchste Punkt unserer Wanderung, die Sefinenfurke (Bild: Meyer)

ren-Haus erbaut und in den damaligen Zeitungen als «moderne», sehr komfortable Berghütte gefeiert. Bis heute hat das Haus nichts von seinem ursprünglichen Reiz verloren –

auch Strom hat es immer noch nicht.
Charlotte, Barbara und Cesar Meyer
Fortsetzung der Tour zum Haus Widi: siehe nächste Seite

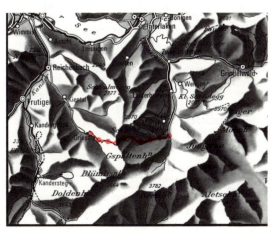

Die Route auf der LK 1:50 000, Blatt 5 004 «Berner Oberland»

Vom Kiental ins Kandertal

LK 1:25 000, Blätter 1248 «Mürren», 1228 «Lauterbrunnen», 1227 «Niesen», oder LK 1:50 000, Sammelblatt 5004 «Berner Oberland»

VOM HAUS GORNEREN ZUM HAUS WIDI

Vom Naturfreundehaus *Gorneren* **26** führt eine knapp fünfstündige Auf-und-ab-Wanderung zum Naturfreundehaus *Widi*, Frutigen **94**. Willkommene Abkühlung bei heissem Wetter bietet am Schluss der Tour das Hallen- und Freibad Frutigen.

Von der Gorneren wandern wir zur Pension «Golderli» und weiter zum Hotel «Griesalp». Gleich neben dem Hotel beginnt unser Wanderweg. Nach der ersten Kurve zweigt auf der rechten Seite die rot-weiss markierte Bergweg ab. Der Weg ist kuzweilig angelegt, er führt bergauf und bergab auf der linken Talseite Richtung Kiental.

Auf Brücken und über Steine überqueren wir den Gwindibach und den Sagibach sowie den Zällergraben. Nach etwa 20 Min. Wanderzeit öffnet sich der Wald – und vor uns steht der Niesen. Rechts unten sehen wir einen Teil des Tschingelsees, der 1972 bei einem Unwetter entstand und nun langsam wieder verlandet. Links von uns die Felsen der Bachfluh.

Der Weg ist gut ausgebaut, doch manchmal etwas schmal. Für Kinder sollte zur Sicherheit eine Leine mitgenommen werden. Verschiedene Blumen säumen den Weg, je nach Jahreszeit sind es sogar Knabenkraut und Frauenschuh. Verliert man auf einer Alp den Weg, muss man einfach die nächste Alphütte anpeilen, von dort findet sich jeweils auch der Weg wieder.

Leider viele Wegstrecken mit Teerbelag...

Bei Gürmschi lohnt sich ein Blick zurück auf das Gspaltenhorn und auf die Blümlisalp. Leider ist hier auch der schöne Bergweg fertig. Es folgt ein Stück asphaltiertes Strässchen. Bei den ersten Häusern von Längschwendi wählen wir den Weg links, der uns bergauf durch Wald und Weiden nach Ramslauenen führt. Unterhalb der Bergstation der Sesselbahn kommen wir auf einen Weg mit Teerbelag. Diesem folgen wir bis zur nächsten Rechtskurve. Hier nehmen wir den Weg geradeaus, und bei der nächsten Verzweigung wandern wir auf dem linken Weg weiter. Er führt uns vorbei an zwei Sennhütten. Weiter geht es nun auf einer guten Waldstrasse leicht bergab bis Rafli, einer grossen Lichtung mit Hütte, Brunnen und Wegweiser. Kurz nach der Hütte, auf schmalem Pfad, zuerst leicht und dann steil abwärts durch den Rafliwald wandern wir bis zum Weg, der von Kiental nach Aris führt. Wir folgen ihm – dort, wo er in den Asphaltweg mündet, gehen wir auf diesem weiter. Von Aris nach Frutigen ist der Weg gut markiert. Zwischendurch führt er ein kurzes Stück über eine Wiese, sonst strapaziert leider viel Schwarzbelag unsere Füsse. Hoch über uns ist das Gehrihorn, vor uns liegen Frutigen, das Elsighorn und die Verzweigung von Kander- und Engstligental, rechts thront immer noch der Niesen.

Wir erreichen Frutigen über die Kanderbrücke. Rechts befindet sich eine grosse Zimmerei – und geradeaus grüsst uns das Naturfreundehaus Widi.

Wer die Fünftageswanderung im Berner Oberland auf originelle Art und Weise abschliessen will, kann beim Bahnhof Frutigen Velos mieten und auf der «BLS-Nidsi-Tour» gemächlich nach Spiez oder Wimmis pedalen.

Charlotte, Barbara und Cesar Meyer

Der Tschingelsee zuhinterst im Tal ist auch mit dem Postauto erreichbar – ideal mit kleinen Kindern (Bild: SVZ)

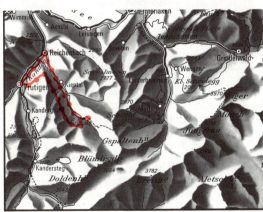

Die Route auf der LK 1:50 000, Blatt 5 004 «Berner Oberland»

Durch das Tal der Kalten Sense

LK 1:25 000, Blatt 1 206 «Guggisberg»

Zu den schönsten Wandergebieten in der Schweiz zählt die Zone am Alpennordhang. Hier gibt es in Höhenlagen zwischen etwa 800 und 1800 m ausgedehnte Wald- und Weidelandschaften. Durch eine solche «grüne Lunge» führt die fünfstündige Tour durchs Tal der Kalten Sense vom Gurnigel nach Zollhaus. Sie verbindet die beiden Naturfreundehäuser *Selibühl* **82** und *Grön* **28** im Bernerland mit dem freiburgischen Haus *Aurore* **5** am Schwarzsee.

Der bewaldete Gurnigel – der Gantrischkette vorgelagert – ist augenfällig ein Naherholungsgebiet der Agglomeration Bern. Davon zeugen die (je nach Saison leeren oder überfüllten) Parkplätze, aber auch die zahlreichen Einrichtungen touristischer Infrastruktur, vom gutmarkierten Wanderweg bis zur Langlaufloipe, von der Orientierungstafel zum Abfallkorb. Weitere Einrichtungen dokumentieren militärische Präsenz: Vor allem die Panzertruppen des nahen Waffenplatzes Thun benützen das Gurnigelgebiet gerne als Schiess- und Übungsgelände.

Etwas abseits des Trubels liegen die beiden Naturfreundehäuser Selibühl auf 1 700 und Grön auf 1 500 m ü. M. Sie sind Ausgangspunkte einer gemütlichen Wanderung auf der Sonnenseite des Tales über der Kalten Sense hinunter nach Zollhaus. Von dort geht's dann mit dem Autobus zum Haus Aurore am Schwarzsee. Für die Route mit etlichem Gefälle und einigen wenigen Gegensteigungen ist mit gemütlichen 5 Std. zu rechnen. Wer von Bern her direkt ins Wandergebiet reist, fahre mit dem Postauto nach

Schwefelberg Bad und steche von dort aus nordwärts zum Bett der jungen Sense hinunter. Im Sommer und Herbst gibt es übrigens auch ab Schwarzenburg eine Postauto- sowie im Sommer ab Freiburg eine Autobusverbindung nach Schwefelberg Bad.

Flysch lässt Hänge rutschen

Die Landschaft besteht aus nur wenigen Elementen: Wald, Weide, Wasser. Die zahlreichen Bachläufe

Wald und Weide – vorherrschende Elemente am nördlichen Alpenhang (Bild: Auf der Maur)

durchziehen ein Mosaik aus dunklem Nadelwald und hellerem Grasland, in welches Alphütten und Bauernbetriebe ihre Akzente setzen. Auf die Dauer wirkt die Gegend monoton, doch keineswegs langweilig. Im Gegenteil: Beim gemächlichen Gang bergab und bergauf, über Waldpfade und Flursträsschen findet die sonst von Alltagsreizen überflutete Seele endlich etwas Ruhe. Und wer Dramatik sucht, richte den Blick zur markanten Voral-

penkette im Süden, wo im Gegenlicht die rund 2200 m hohen Kalkgipfel von Gantrisch, Bürglen und Ochsen in den Himmel ragen.

Der Gesteinsuntergrund zu unseren Füssen besteht nicht aus dem hellen Kalk der Gantrischkette, sondern aus bräunlichen Tonschiefern und Sandsteinen der Flyschformation. Mit Flysch bezeichnen die einheimischen Bauern ein Gestein, das zum Rutschen neigt; im Ausdruck ist ja das Wort «fliessen» erkennbar.

Das Kirchlein von Sangernboden, dem einzigen Dorf im Tal der Kalten Sense
(Bild: Auf der Maur)

Die Geologen haben den Flysch in ihre Wissenschaft übernommen und in alle Welt getragen: Heute kennt man Flysch von den Pyrenäen und den Abruzzen, aus den Anden und dem Himalaja. Und überall das gleiche Bild: vernässte Hänge, sumpfige Wiesen, rutschende Terrassen...

Wer wie wir im Flyschgebiet unterwegs ist, möge solide, wasserdichte Wanderschuhe anziehen. Leichte «Finken», so bequem sie auch scheinen mögen, sind sehr bald nass und lassen das Gehen dann zur Qual werden. Auch aus einem anderen Grund sei auf dieser Route stabiles Schuhwerk empfohlen: Die weidenden Kühe machen, wenn es mal geregnet hat, mit ihren Hufen manchen aufgeweichten Weg zum Hindernisparcours.

An Kühen herrscht in der Tat kein Mangel. Die Höhenlage ist ideal für Weidewirtschaft; ausser Milch (und natürlich Holz, wovon etliche Sägereien zeugen) lässt sich hier oben ohnehin nicht viel Vernünftiges aus dem kargen Boden holen. Gewiss, wenn man genügend Land habe, finde man sein Auskommen, erzählt die Bäuerin vom Hof Untere Dürrentannen auf 1350 m ü. M. Sorgen macht ihr die internationale Entwicklung, und sie fragt sich bang, ob Schweizer Bergbauern in einem vereinigten Europa wirtschaftlich noch bestehen können.

Freud und Leid in Sangernboden

«Hinter der Egg» heisst das Kerngebiet am Sonnenhang über der Kalten Sense. Mitten hindurch führt unser Weg, vorbei an den Gehöften Untere Dürrentannen, Unterfischbächen, Althuser, Äbischeren, Farnachervorsess, Burgli und Mittlere Burg. Manche Gebäude sind das ganze Jahr über bewohnt, andere dienen als Alphütten. Die Kinder der Bauernfamilien gehen in Sangernboden zur Schule, wohin nun auch wir unsere Schritte lenken. In dem Dörfchen – dem einzigen im Tal der Kalten Sense – hat es neben der Schule auch eine hübsche kleine Kirche, einen idyllisch gelegenen Friedhof (bemerkenswert übrigens, wie alt die Leute hier in waldreicher Abgeschiedenheit werden), einen Lebensmittelladen, eine Post, die Haltestelle des Autobusses nach Plaffeien–Fribourg und, für uns Wandersleute zweifellos am wichtigsten, den Gasthof «Hirschen» mit anerkannt guter Küche und freundlicher Bedienung.

Nach verdienter Stärkung folgt die (hoffentlich einzige) Enttäuschung des Tages. Hinter Sangernboden folgt der Wanderweg gut 1 km lang der Hauptstrasse. Ausweichmöglichkeiten gibt es nicht, und wer die Route etwa an einem sonnigen Sonntag nachmittag beschreitet, erlebt hier hautnah und mit allen Sinnen den ganzen Aberwitz motorisierter Freizeitmobilität.

Gerne flüchten wir, an Leib und Seele, Nase und Ohren geschädigt, beim Moosvorsess wieder in die Stil-

Entdeckung unterwegs: Silberdisteln
(Bild: Auf der Maur)

Das historische Hotel Schwefelberg Bad – zu neuer Blüte erwacht (Bild: Auf der Maur)

le der Natur und nehmen dafür gerne eine schweisstreibende Steigung in Kauf. Bald wandern wir weiter in westlicher Richtung dem Sonnenhang über der Kalten Sense entlang. Binggeli, Stampferli, Mittlisti Siten und Understi Siten heissen nun die Liegenschaften. Sie zählen zu den letzten im Kanton Bern: Vor dem Tagesziel Zollhaus, wo sich die Kalte Sense mit der vom Schwarzsee herabströmenden Warmen Sense vereinigt, überschreiten wir die Kantonsgrenze und sind nun im Freiburgischen.

Von Zollhaus führt ein Wanderweg in 2 Std. südwärts zum Schwarzsee und zum Naturfreundehaus Aurore. Allerdings verläuft diese Route meist in unmittelbarer Nähe der Strasse – keine sehr erfreulichen Aussichten, vor allem nicht am Ende einer bereits fünfstündigen Tour. Gerne gönnen wir uns daher den Ritt im Autobus hinauf zum Schwarzsee. In der Gastwirtschaft «Zollhaus» lässt sich die Wartezeit gemütlich überbrücken. Das Naturfreundehaus liegt direkt am Schwarzsee, 10 Min. zu Fuss von der Busstation Gypsera entfernt.

Franz Auf der Maur

Fortsetzung der Tour zum Haus Zimmerboden: siehe nächste Seite

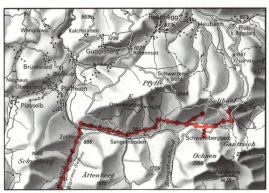

Die Route auf der LK 1:25 000, Blatt 1206 «Guggisberg»

Vom Schwarzsee zum Schwarzensee

LK 1:25 000, Blätter 1226 «Boltigen» und 1246 «Zweisimmen»

ZWEITAGESWANDERUNG
VOM HAUS AURORE
ZUM HAUS ZIMMERBODEN

Je ein See steht am Anfang und am Ende unserer Wanderung von den Freiburger in die Berner Alpen: der Schwarzsee am Fuss der Kaiseregg und der – wesentlich kleinere – Schwarzensee ob Zweisimmen. Ausgangspunkt ist das Naturfreundehaus *Aurore* **5** am Schwarzsee, Ziel das Haus *Zimmerboden* **96** im Simmental.

Wer die Wanderung vom Schwarzsee zum Schwarzensee in einem Tag absolvieren will, muss früh aufstehen und gut zu Fuss sein. Leichter geht's in zwei Tagesetappen mit Übernachten im Dorf Jaun etwa auf halbem Weg. Gerade Familien mit Kindern sollten lieber diese zweite Variante wählen, denn erfahrungsgemäss beeinträchtigen überlange Touren beim Jungvolk die Freude am Wandersport.

Vom Haus Aurore wandern wir 10 Min. bis zum Nordufer des Schwarzsees, wo sich das Gasthaus «Gypsera» befindet, das von Freiburg her mit dem grünen GFM-Autobus zu erreichen ist. Der See selber präsentiert sich als dunkles, ruhiges Gewässer auf 1046 m ü. M. Vor Jahrtausenden hat ein Bergsturz von der Kaiseregg her einen Riegel aus Gesteinstrümmern geschaffen, hinter dem sich nun das Wasser sammelt: Der Schwarzsee ist also ein natürlicher Stausee. Seine dunkle Farbe verdankt er einerseits der Spiegelung der Tannenwälder, zum andern dem Moorwasser. Vor allem im Westen und im Süden ist das 2½ km lange, 1 km breite und bloss 10 m tiefe Becken von Sumpfland umgeben.

Wie ein Blick auf die Landeskarte zeigt (1:25 000, Blatt 1226 «Bolti-

gen»), liegt der Schwarzsee hart an der Sprachgrenze, am vielzitierten «Röstigraben» also. Auf Französisch heisst er denn auch Lac Noir.

Über den Euschelspass

Unser Wanderweg Richtung Jaun führt freilich zur Gänze über deutschsprachiges Territorium. Es gilt, als erstes Zwischenziel den 1567 m hohen Euschelspass anzusteuern, der genau im Süden des Schwarzsees liegt. Wer sich ein gutes Stück Steigung ersparen möchte, setze sich bei der Gypsera auf den Sessellift zur Riggisalp (Bergsta-

Ein Bijou: Der Schwarzensee oberhalb Zweisimmen (Bild: Auf der Maur)

tion auf 1 493 m ü. M.). Von hier aus geniesst man erstens den schönsten Blick auf die markanten Kalkabstürze der Kaiseregg (2 185 m ü. M.) und kann zum zweiten ganz bequem auf gleicher Höhe über einen angenehmen Weg zum Euschelspass hinübertraversieren. Die Hauptroute durchs Tal hingegen ist Schotterstrasse und wird, obwohl Privatweg, an schönen Tagen nicht selten von Autos befahren.

Kurz vor der Passhöhe lädt ein Freiluftrestaurant zum Trunk ein. Herrlich ist's hier oben, wenn nicht gerade ein Helikopter herumknat-

tert oder das Militär – etwa im westlich benachbarten Breccaschlund – Schiessübungen abhält. Das reiche Tierleben dürfte vor allem die Kinder begeistern: Es gibt wehrhafte Gänse, niedliche Ponys und sanftmütige Kühe ohne Hörner in den heimischen Freiburger Farben Schwarz und Weiss.

Abländschen am Ende der Welt

Ordentlich steil ist dann der Abstieg vom Euschelspass hinunter nach Jaun, dem obersten Freiburger Dorf an der Jaunpassstrasse vom Greyerzerland ins Simmental. Jaun liegt

Sicher nicht die einzige Simmentaler Kuh, der wir auf dieser Wanderung begegnen...
(Bild: Auf der Maur)

auf gut 1000 m ü. M.; wir müssen also nahezu 600 Höhenmeter «vernichten». Zum Glück führt der Wanderweg nur auf kurzen Teilstrecken der geteerten Strasse entlang, die für Alpbetrieb, Forstwirtschaft und nicht zuletzt militärische Belange erstellt wurde.

Jaun ist ein schmuckes Dorf am Sonnenhang über dem Tal des Jaunbachs. Von hier aus führt eine Sackgassstrasse nach Abländschen auf Berner Boden. Wer die Tour zweitägig anlegt, übernachtet nach rund dreistündiger Wanderung am besten in Jaun, wo es preisgünstige Unterkunftsmöglichkeiten gibt, und fährt dann mit dem Morgenpostauto nach Abländschen hinauf. Bei der Wahl der anspruchsvollen Eintagesvariante empfiehlt es sich ebenfalls, das Strassenstück von Jaun nach Abländschen mit Motorkraft zurückzulegen. Allenfalls bestelle man beim Postbüro Abländschen eine Extrafahrt. Der Transport erfolgt mit einem putzigen Kleintransporter. Bis vor kurzem, so erzählt der Chauffeur, sei das Dorf am Ende der Welt noch von einem «Postauto» in Form eines Landrovers angesteuert worden.

In der Tat liegt Abländschen, das keinen eigentlichen Dorfkern besitzt (wohl aber neben der Post ein Gasthaus, eine Kirche und eine Schule), abseits jeder Durchgangs-

strasse und darf als Inbegriff ländlichen Friedens gelten.

Im Banne der Gastlosen

Ab Abländschen also beginnt die zweite Etappe der Tour vom Schwarzsee zum Schwarzensee. Sie nimmt bis zum Haus Zimmerboden ungefähr 4 Std. in Anspruch und verlangt – denn nun gibt's keine praktische Sesselbahn – beim anfänglichen Aufstieg etliche Schweisstropfen. Zwischen Jaun und Abländschen haben wir, wie gesagt, die Grenze zwischen den Kantonen Freiburg und Bern überquert. Ferner befinden wir uns fortan auf dem Landeskartenblatt 1246 «Zweisimmen» (1:25000).

Anzupeilen ist der Birehubel etwa 4 km südlich von Abländschen beziehungsweise der Passübergang Punkt 1840 etwa nördlich des Birehubels. Die Höhendifferenz bis zu diesem Zwischenziel beträgt gute 500 m. Der zuerst breite, dann schmale Weg führt über Hindere Schwand, Schwylaub, Gruebe und Bire. Das Schwylaub ist ein stellenweise fast urwaldartiger Bergwald mit Nordexposition und beachtlichen Bartflechten an den Bäumen, bei Gruebe und Bire handelt es sich um stattliche Alphütten. Während des Aufstiegs öffnet sich immer wieder der Blick hinüber nach Nordwesten zur Gebirgsgruppe der Gast-

losen mit ihren ausgeprägten Kalk-
formationen, einem ausgesproche-
nen Kletterparadies.

Wir hingegen müssen unterwegs
zur Fortbewegung die Hände kaum
gebrauchen, selbst wenn die letzten Meter vor dem Passübergang
Punkt 1 840 etwas kitzlig sind (Kinder zur Disziplin anhalten). Dann ist
die Kulmination der Tour erreicht.
Nun zeigen sich im Osten die Berner
Alpen. Den Gastlosen winken wir
ein Lebewohl zu und machen uns
Richtung Osten auf zum Schwarzensee. Das letzte Teilstück führt
leider über ein Strässchen; wie zum
Trost steht über dem Seelein ein
Gasthaus. Der Schwarzensee, wie
sein grösserer Bruder Schwarzsee

*Typischer Blumenschmuck im Simmental
(Bild: Auf der Maur)*

teils von Steilufern und teils von
Sumpfland umgeben, liegt in einer
Senke und besitzt keinen oberirdi-
schen Abfluss. Sein Wasser versik-
kert unweit des Südufers zwischen
hellen Kalkblöcken.

Noch 1 Std. etwa dauert's vom
Schwarzensee zum Naturfreundehaus Zimmerboden.

Franz Auf der Maur

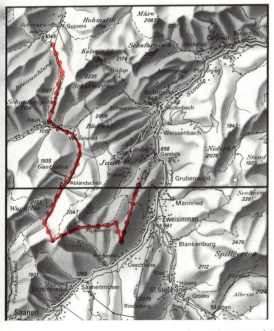

*Die Route auf der LK 1:25 000,
Blatt 1 226 «Boltigen» und
Blatt 1 246 «Zweisimmen»*

Über dem Nordufer des Thunersees

LK 1:25 000, Blatt 1208 «Beatenberg»

VOM HAUS STAMPF
ZUM HAUS BEATENBERG

Gewissermassen eine «umgekehrte Bergwanderung» ist die Tagestour über dem Nordufer des Thunersees im Berner Oberland. Sie führt vom Naturfreundehaus *Stampf* **84** ob Schwanden bei Sigriswil (1280 m ü. M.) hinunter nach Merligen (568 m ü. M.) und wieder steil aufwärts auf die Sonnenterrasse des Beatenbergs mit dem Naturfreundehaus *Beatenberg* **6**, 1200 m ü. M.

Am Westfuss des Sigriswiler Rothorns (2050 m ü. M.) und zugleich am Südhang des bewaldeten Aussichtsbergs Blueme (1391 m ü. M.) liegt das Dorf Schwanden bei Sigriswil. Der Siedlungskern des Bauerndorfes auf gut 1000 m Meereshöhe wendet sich der Sonne zu; darumherum gruppieren sich Weiler und Einzelhöfe. Das Naturfreundehaus Stampf steht jenseits der Säge am Rothornhang. Bei der Säge befindet sich auch die Endstation der beiden Buslinien von Merligen (über Sigriswil) und Oberhofen (über Aeschlen–Tschingel) nach Schwanden. Hier beginnt die Bergab-Bergauf-Wanderung zum Beatenberg. Sie ist gut signalisiert und zur Gänze auf Blatt 1208 «Beatenberg» der Landeskarte 1:25 000 enthalten.

Wo einst Pilger zogen

Die Route ist anfänglich ebenso problemlos wie aussichtsreich. Bis zum ersten Zwischenziel Sigriswil auf rund 800 m ü. M. ändert sich das Landschaftsbild kaum: Grasland mit Landwirtschaftsgebäuden, linkerhand die gezackte Kalkkette des Sigriswiler Rothorns, jenseits des Thunersees als Blickfang die Pyramide des Niesens.

In Sigriswil, das deutlich stärker vom Fremdenverkehr geprägt ist als das ländlich gebliebene Schwanden, wendet sich der Weg nach Südosten und senkt sich mässig steil zum Uferdorf Merligen hinunter. Kurz hinter Sigriswil, in der Schlucht des Stampachs, überschreiten wir eine wichtige geographische Grenze: den Alpenrand. Im Westen, noch zum Mittelland gehörend, bildet Nagelfluh mit zum Teil kopfgrossen Geröllen den Gesteinsuntergrund. Östlich der Trennlinie

Über dem Thunersee grüsst die «perfekte» Niesenpyramide (Bild: Auf der Maur)

sind alpine Formationen zu finden – zuerst eine schmale Zone von schiefrigem Flysch, anschliessend die markanten Kalkmauern der Rothornkette, die sich hier gegen den See heruntersenkt.

In Merligen an der starkbefahrenen Strasse längs des Thunersee-Nordufers mündet von Nordosten her das Justistal mit dem Grönbach. Dieser Einschnitt trennt die Rothornkette von der Kette Nieder-horn–Gemmenalphorn; durchs langgezogene Justistal führt ein Wanderweg über den Passübergang Sichle (1679 m ü. M.) hinüber ins Eriz. Wie eine Legende erzählt, soll im frühen Mittelalter im Justistal der fromme Einsiedler Justus gewohnt haben, ein Gefährte des besser bekannten Beatus. Beatus war als Missionar in das damals noch dünnbesiedelte Thunerseegebiet gezogen, um den christlichen Glau-

Bergbäuerinnenleben: schön, aber auch hart (Bild: Auf der Maur)

ben zu verkünden. Seine Güte und Gelehrsamkeit machten Eindruck, und nach seinem Tod wurde er als Heiliger verehrt.

Von Merligen führt der Pilgerpfad in einiger Höhe über dem Seeufer zuerst nach Beatenbucht (von wo aus für bereits ermattete Wanderer eine Drahtseilbahn den Beatenberg erklimmt) und dann zu den Beatushöhlen bei Sundlauenen, wo der Heilige einst hauste. Auf Pilgerspuren streben wir nun den Höhlen zu, einer der bemerkenswertesten Natursehenswürdigkeiten im Berner Oberland.

Abstecher ins Bergesinnere

Unter dem Beatenberg befindet sich ein ganzes Labyrinth von Klüften und Gängen. Sie vereinigen sich zu einem Hauptstrang und münden einige dutzend Meter über dem Seeufer ins Freie. Hier entströmt auch der Höhlenbach der Unterwelt. Er führt Wasser, das weiter oben im Boden versickert ist. Der Beweis: Fällt einmal die Beatenberger Kläranlage aus, beginnt es in der Höhle bald zu stinken...

Auf eine Länge von 1000 m ist der vorderste Teil der Beatushöhlen dem Publikum zugänglich gemacht worden. Gesicherte Wege und elektrische Beleuchtung erschliessen eine Tropfstein-Wunderwelt, wie sie sonst nur wohlausgerüsteten Höhlenforschern zugänglich ist.

Neben den naturkundlichen Sehenswürdigkeiten wie den Tropfsteinen – die Stalaktiten streben von der Decke herunter, Stalagmiten wachsen ihnen vom Höhlenboden entgegen – gibt es auch Kulturgeschichtliches. Lebensnah sind

Alpennordland-Gesteinsuntergrund: Nagelfluh mit mächtigen Geröllen (Bild: Auf der Maur)

beim Höhleneingang Steinzeitmenchen als Höhlenbewohner dargestellt. Unweit davon sitzt Sankt Beatus in voller Grösse an einem Holztisch.

Der langhaarige Heilige blättert in der Bibel und überlegt sich offenbar, wie er die noch heidnische Bevölkerung für das Christentum gewinnen könnte.

Bis zur Reformation von 1528 waren die Beatushöhlen ein beliebter Pilgerort. Auch nach dem Glaubenswechsel wurden noch längere Zeit verbotene Wallfahrten durchgeführt. Heute ist die Stätte Ziel moderner Pilgerfahrten: eine Touristenattraktion von einiger – auch volkswirtschaftlicher – Bedeutung. Apropos Volkswirtschaft: Wenig westlich der Höhlen führt der Pilgerweg über dem gewaltigen Steinbruch von Balmholz dahin, wo harter Kieselkalk für Bahnschotter und Strassenbeläge gewonnen wird. Ledischiffe transportieren diesen Rohstoff über den Thunersee. Übrigens ist am jenseitigen Ufer der Abbau eines weiteren Bodenschatzes zu beobachten – die ausgedehnten Gipsgruben von Leissigen.

Die Wanderzeit ab Schwanden via Sigriswil und Merligen bis zu den Beatushöhlen ist mit 3 bis (gemütlich gerechnet) 4 Std. zu veranschlagen. Eine weitere Stunde nimmt die Höhlenbesichtigung in Anspruch (im Winter geschlossen). Dann folgt als «Dessert» der doch

Gemeindearchiv Sigriswil, wo die alten Freiheitsbriefe aufbewahrt werden (Bild: Auf der Maur)

recht nahrhafte Aufstieg zum Beatenberg. Auf schmalem Pfad geht's durch meist lichten Laubwald mit auffallend vielen Stechpalmen – Beweis für mildes Klima – gute 500 Höhenmeter steil aufwärts. Bis zum Tagesziel, dem Naturfreundehaus Beatenberg im Dorfteil Schmocken, ist mit nochmals 1½ Std. zu rechnen.   *Franz Auf der Maur*

Fortsetzung der Tour zum Haus Schwendihütte: siehe nächste Seite

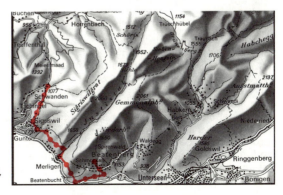

Die Route auf der LK 1:25 000, Blatt 1208 «Beatenberg»

Blick auf Eiger, Mönch und Jungfrau

LK 1:25 000, Blatt 1208 «Beatenberg»

VOM HAUS BEATENBERG
ZUM HAUS SCHWENDIHÜTTE

Die Wanderung vom Naturfreundehaus *Beatenberg* **6** (1200 m ü. M.)
zum Haus *Schwendihütte* **29** bei
Habkern (1175 m ü. M.) ist gewiss
keine Bergtour und zählt zu den
leichtesten wie auch kürzesten
Etappen in diesem Buch. Über die
Route, die nur wenige Steigungen
und wenig Gefälle aufweist, gibt es
nicht viel zu berichten. Wenden wir
unsere Aufmerksamkeit daher der
Umgebung zu – der eindrücklichen
Hochgebirgswelt des Berner Oberlandes.

In etwa 3 Std. dürfte die Wanderung zu absolvieren sein. Wie gut
tut es, einmal ausschlafen zu können – etwa nach dem doch etwas
anstrengenden Marsch des Vorta-
ges von Schwanden bei Sigriswil
her. Die Fortsetzung vom Beatenberg nach Habkern ist eine richtige
Bummeltour. Beschreiben lässt sie
sich in einem Satz: Aufstieg zum
Forststrässchen durch den Spirenwald, Queren des Sundgrabens vor
der Waldegg, Traverse am Westhang des Lombachtals nach Habkern, dann ein letzter Anstieg zur
Schwendihütte unter dem Harder-
grat (Landeskarte 1:25 000, Blatt
1208 «Beatenberg»).

Geheimnisse unter dem Boden

Die Gegend am Nordufer des Thunersees ist ein bekanntes Höhlenre-
vier. Bei Sundlauenen liegen ja die
im vorderen Teil dem Publikum zu-
gänglichen Beatushöhlen. Weiter
oben am Beatenberg befinden sich
verschiedene Einstiege – so der Bä-
renschacht und das sogenannte Ak-
kordloch –, die vermutlich die Verbindung zum ausgedehnten Gang-
system Sieben Hengste–Hohgant
herstellen. Jedenfalls sind die Mitglieder des Vereins für Höhlenforschung im Berner Oberland (VHBO)
emsig daran, die unterirdischen
Wege, seien sie trocken oder
feucht, zu erkunden. Gut möglich,
dass wir auf unserem Weg Richtung
Habkern einer Gruppe Gestalten in
gelben Schutzanzügen und mit
Stirnlampen an den Helmen begegnen: Der Beatenberg ist ein Brenn-
punkt der Höhlenforschung.

Dabei geht es nicht allein um Ner-
venkitzel und Abenteuer, sondern

Einen ganzen Wandertag lang begleiten uns Eiger, Mönch und Jungfrau (Bild: VV Beatenberg)

stets auch um das Gewinnen wissenschaftlicher Erkenntnisse. Einige Spezialisten beispielsweise befassen sich mit der Analyse von Pollen (Blütenstaub), die vor Jahrtausenden in die Höhlenschächte geschwemmt wurden und sich seither im Lehm bestens erhalten haben. Da jede Pflanzenart besondere Pollen liefert, lässt sich die Zusammensetzung der einstigen Vegetation leicht ermitteln. Und die Vegetation ihrerseits liefert Rückschlüsse auf das Klima der Vorzeit. Auf diese Weise gewinnen die Höhlenforscher Informationen über Landschaft und Klima seit dem Ende der letzten Eiszeit.

Höchster Berg zuerst erstiegen

Im Verlauf von einigen Zehntausenden von Jahren sind etliche Eiszeiten ins Land gezogen und haben die ganze Region geprägt. So dürfte das Thunerseebecken (dessen Grund vor der Beatenbucht auf 344

Ferienort Beatenberg ob dem Thunersee (Bild: SVZ)

m ü. M. liegt) im wesentlichen ein Werk der mehrmals aus den Alpen vorstossenden Eisströme sein. Noch vor erdgeschichtlich verhältnismässig kurzer Zeit hingen übrigens Thuner- und Brienzersee zusammen. Sie bildeten eine einzige Wasserfläche mit dem Namen Wendelsee, bis dann die Lütschine von Süden her das «Bödeli» von Unterseen/Interlaken aufschüttete. Das Westende dieses «Bödelis» ist vom Beatenberg her gut zu erkennen. Dort, wo die Aare und der Schiffahrtskanal in den Thunersee münden, befindet sich das Naturschutzgebiet Weissenau mit der gleichnamigen Burgruine.

Spektakulärer als der Tiefblick zum See ist der Anblick des «Dreigestirns» Eiger, Mönch und Jungfrau im Hintergrund. Die drei firnbedeckten Gipfel zogen früh schon die Blicke nicht nur der Naturfreunde, sondern auch jene der Alpinisten auf sich. Interessanterweise wurde der höchste Berg zuerst bestiegen: 1811 die Jungfrau mit ihren 4 158 m ü. M., Mönch (1857,

4 099 m ü. M.) und Eiger (1858, 3 970 m ü. M.) mussten hingegen noch einige Jahre warten. Ihre Erstbesteigung fiel in jene Jahre, als in der Schweiz der Alpinismus einen bedeutenden Aufschwung nahm. Zwischen Mitte und Ende des letzten Jahrhunderts wurden fast alle nennenswerten Gipfel bestiegen. Um auch den weniger bergtüchtigen Leuten einen Zugang in die Welt der Hochalpen zu eröffnen, begann 1896 der Bau der Bahn auf das Jungfraujoch, 3 457 m hoch, zwischen Mönch und Jungfrau gelegen. Nach 16 Jahren harter Arbeit – es war ein Tunnel von 7 123 m Länge in den Fels zu sprengen – konnte die höchste Eisenbahnstation Europas den Betrieb aufnehmen.

Das «Rütli des Naturschutzes»

Der Spirenwald liegt hinter uns, der – hier oben noch manierlich ausschauende – Sundgraben ist überschritten. Jetzt lenken wir unsere Schritte um die Krete der Waldegg, bevor wir den schmalen Wanderweg nach Habkern unter die Füsse nehmen. In nur 3 km Luftlinie Entfernung und 600 m unter uns liegt der Weltkurort Interlaken (wörtlich: zwischen den Seen), dessen Verkehrslärm zuweilen bis hierher dringt. Bald jedoch schiebt sich die bewaldete Kulisse des Harders (übersetzt: bewaldeter Berg) ins Blickfeld und schirmt die Geräusche ab.

Höhlenforscher auf dem Beatenberg (Bild: Auf der Maur)

Das Tal von Habkern ist ein kleines Paradies, von fleissigen Bauern bewohnt und noch kaum verschandelt. Bemerkenswert sind die vielen schönen Hausfassaden aus Holz mit ihrem Blumenschmuck. Auf dem Weg vom Dorfkern (Postautoverbindung mit Interlaken) zum Naturfreundenhaus Schwendihütte, unserem Wanderziel, fällt der Blick auf eine Geländeterrasse am jenseitigen Ufer des Lombachs. Dort am Harder-Nordwesthang steht der Luegibodenblock, ein monumentaler Findling aus Habkerngranit. Als einer der ersten in der Schweiz wurde er unter Naturschutz gestellt – daher gilt die Stätte als «Rütli des Naturschutzes». Wäre er nicht 1869 vom Naturhistorischen Museum Bern um die damals beträchtliche Summe von 980 Franken erworben worden, hätte ihn das Baugewerbe zu Bruchsteinen verarbeitet. Bereits war eine Sendung des dekorativen Habkerngranits mit seinen fleischroten Feldspäten und den gelblich schimmernden Quarzkörnern nach

Washington zur Errichtung eines Denkmals verschifft worden. Zum Glück ist der Luegibodenblock mit seinen 5000 m³ Rauminhalt noch gross genug geblieben.

Von Habkern aus lassen sich zahlreiche interessante Wanderungen unternehmen, beispielsweise über den Grünenbergpass (1555 m ü. M.) ins Eriz oder über den Bolberg (1800 m ü. M.) ins Quellgebiet der Emme. Empfehlenswert auch die Besteigung des Harders von hinten her; nach Interlaken hinunter führt dann eine Drahtseilbahn. Für die Kulturgeschichte ist der Harder von einiger Bedeutung: Hier suchten die Komponisten Richard Wagner und Carl Maria von Weber nach Inspirationen, während ihr Kollege Felix Mendelssohn – bei noch besserer Luftqualität als heute – das Eichendorff-Gedicht «Wer hat dich, du schöner Wald, aufgebaut so hoch da droben?» vertonte.

Franz Auf der Maur

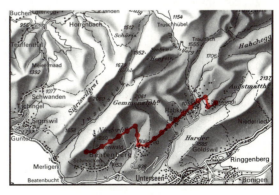

Die Route auf der LK 1:25 000, Blatt 1208 «Beatenberg»

Goldwaschen im Napfgebiet

LK 1:25 000, Blatt 1148 «Sumiswald»

VOM HAUS ÄMMITAL ZUM HAUS RIEDBAD

Wo früher Goldwäscher und Köhler ihren kargen Lebensunterhalt verdienten, wo Sennen oberhalb der Nagelfluhfelsen heute noch ihre Rinder sömmern, da ist das Napfgebiet. Wir wandern hoch über den Gräben und Flühen des Napfmassivs. Gleich zwei Naturfreundehäuser liegen dort nahe beieinander: das *Ämmitalhaus* **1** *und das Riedbadhaus* **16**. Bei unserer Napfwanderung übernachten wir im ersten Haus und statten dem zweiten einen Besuch ab. Wer sein Glück herausfordern will, kann die Wanderung auch mit Goldwaschen in den Napfbächen verbinden – eine wahrscheinlich ergebnislose, aber spannende Freizeitbeschäftigung speziell für Kinder.

Das Ämmitalhaus befindet sich hoch oben über den Gräben auf der Krete, die das Berner- und das Luzernerland trennt. Das Riedbadhaus liegt weit unten im schattigen, engen Einschnitt des Hornbachs.

Zum Ämmitalhaus

Man kann es vom Lutherngraben (Kanton Luzern) oder vom bernischen Hornbach (Wasen i. E.) erreichen, das Ämmitalhaus. Es liegt auf einer stolzen Anhöhe gleich an der Kantonsgrenze zwischen Bern und Luzern.

Wir fahren über Summiswald/Wasen in den Hornbach und nehmen von dort den Weg zum Ämmitalhaus unter die Füsse. In knapp 1 Std. gelangen wir zum Hausplatz des stolzen Naturfreundehauses. Eine Feuerstelle, Kinderturngeräte und eine Materialseilbahn sind ums Haus herum angeordnet. Die Aussicht auf die steilen Waldhügel, die tiefeingeschnittenen Gräben und die Fernsicht ins Mittelland und zum Jura sind anziehend.

Der Pfarrer wetterte über die «Roten»

Das Ämmitalhaus wurde 1937 fertiggestellt. Unzählige Fronarbeitsstunden wurden von den Oberaargauer und Huttwiler Naturfreunden investiert. Am Samstagnachmittag kurz nach Arbeitsschluss stiegen sie aufs Velo und fuhren in den Hornbachgraben, wo sie beim Bauern Strahm unten im Hornbach das Vehikel abstellten und auf der Heubühne übernachteten.

Im Nachbartal, im luzernischen Lutherngraben, waren damals die Naturfreunde weniger gern gesehen: Der katholische Pfarrer schimpfte, weil die «Roten» mit entblösstem Oberkörper am Bau arbeiteten und deshalb seine Vorstellung von Züchtigkeit eindeutig verletzten... Das war anno 1935 bis 1937.

Übernachten/Frühstück für drei Personen: Fr. 14.40

Wir übernachten im Ämmitalhaus zu dritt in einem Viererzimmer. Das Nachtessen kochen wir selber, zum Frühstück erhalten wir Teebeutel und Kaffee. Bei der Abreise bekommen wir die Rechnung des Hauswarts: 3 Personen mit Übernachten, 7 Teebeutel, Kaffee und Rahm, alles zusammen Fr. 14.40! Preisgünstiger geht's nicht mehr. Ich frage mich, ob dieser tiefe Übernachtungspreis nicht schon an Selbstausbeutung grenzt. Auch den doppelten Preis hätten wir nicht als überrissen empfunden.

Wandern über die Höhen- und die Gratwege

Vom Ämmitalhaus kann man auf den Napf wandern: über die obere

Napf – ein ideales, vielseitiges Wandergebiet (Bild: Strahm)

Scheidegg, Höchänzi, Napffluh in etwa 3 Std. Man kann in Höchänzi auch nach Westen zur obern Lushütte und zum Farnli-Esel abzweigen.

Man kann aber auch vom Höchänzi wieder in den Hornbachgraben hinuntersteigen, dorthin, wo im letzten und vorletzten Jahrhundert die Goldwäscher ihr Auskommen

Wald und Wiesen – das typische Bild des Napfgebiets (Bild: Strahm)

und ihr Glück versuchten. Auch in den 30er Jahren haben Arbeitslose den Sand im Bachbett durch selbsthergestellte Goldwaschschleusen durchgewässert, in der Hoffnung, einige Goldkörner zu finden.

Goldwaschen als Kinderhobby

Überall an allen Bächen des Napfgebietes finden sich Goldflitter und Goldsand. Napfgold gehört mit über 99 Prozent Reinheitsgrad zu den edelsten Sorten von Naturgold, die auf der Erde gefunden werden und eine Raffination erübrigen. Bijoutiers und Goldschmiede zahlen bis zum dreifachen Preis des raffinierten Handelsgoldes. Aber dennoch kommt der Goldwäscher, wenn er gut und geschickt arbeitet, in der Regel nicht über acht Franken Taglohn...

Heute eignet sich das Metier des Goldwaschens etwa noch als Tageshobby eines Ausflugs mit Kindern, einer Pfadfindergruppe oder einer Schulklasse.

Zum Riedbadhaus

Weit hinten im Hornbach liegt das Naturfreundehaus Riedbad. Ganz früher war es ein altes Heilbad, später wurde es von einem Goldwäscher bewohnt. Heute gehört es der

Burgergemeinde. Diese verpachtete das Haus an die Naturfreundesektion Burgdorf, die es mit viel Liebe und Fronarbeit ausbaute und 30 Schlafplätze – gerade recht für eine Schulklasse – einrichtete.

Auch vom Naturfreundehaus Riedbad aus lässt sich zu Wanderungen starten: nach Hinterarni, in den Kurzeneigraben, zur Lushütte oder auch zum Napf und von dort in irgendeine Himmelsrichtung zur nächsten Postautostation.

Napfgebiet – Wandergebiet

Das ganze Napfgebiet ist ein phantastisches Wandergebiet zwischen Mittelland und Voralpen. Aber es hat auch seine Eigenheiten: Man muss etwas mehr als anderswo die Karten konsultieren. Man hüte sich davor, den Höhenzug oder den Grat des Wanderwegs zu verlassen. Allzu schnell kann man in einen tiefeingefressenen Graben oder einen Seitengraben gelangen. Und dann gibt's keine andere Wahl, als die zwei-, dreihundert Höhenmeter wieder zu gewinnen.

Reiche Routenauswahl

Wer im Napfgebiet wandern will, lässt vorzugsweise sein Auto zu Hause oder am Rand des fast kreisförmigen Massivs. Denn es ist lustvoller, an einem Rand zu beginnen und am andern Rand des Napfmassivs aufzuhören: von Langnau über

Goldwaschen – bei Kindern speziell beliebt (Bild: Strahm)

den Napf oder über Höchänzi und Lüdernalp nach Wasen i. E. oder von Trub nach Luthern und Huttwil. Wer jedoch sein Auto benutzt, ist gezwungen, zum gleichen Ausgangspunkt zurückzukehren.

Rund um das Napfgebiet fahren Züge, und in die grössern Gräben hinein führen Postautokurse, so dass sich das Napfmassiv fast als ein sternförmiges Wandergebiet anbietet. *Ruedi Strahm*

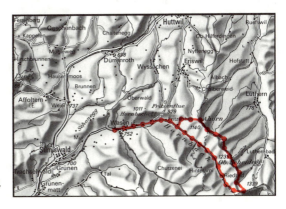

Die Route auf der LK 1:25 000, Blatt 1148 «Sumiswald»

Mont Soleil – der Sonnenenergieberg

LK 1:25000, Blätter 1143 «Le Locle», 1144 «Val de Ruz», 1124 «Les Bois»

VOM HAUS LES SANEYS
ZUM HAUS MONT SOLEIL

Die Tagestour zu Fuss und per Bahn führt vom Haus *Les Saneys* **52** zum Haus *Mont Soleil* **58**. Erstes Etappenziel ist La Chaux-de-Fonds mit seinem reichhaltigen, kulturellen Angebot. Von hier fahren wir mit der Eisenbahn entweder nach St-Imier, wo uns eine Standseilbahn auf den Mont Soleil hinaufführt. Oder wir nehmen die Bahn ab La Chaux-de-Fonds Richtung Saignelégier bis La Ferrière. Von hier erreichen wir den Mont Soleil in einer zweieinhalbstündigen Wanderung über Juraweiden. In unmittelbarer Nähe des Naturfreundehauses befindet sich auf dem Mont Soleil das grösste Solarkraftwerk Europas.

Ausgangspunkt der Wanderung ist das Haus Les Saneys. Doch bereits beim einstündigen Anmarschweg zum Haus bietet sich der Besuch eines eindrücklichen Museums an. Wenn wir vom Bahnhof Le Locle her den gelben «Tourisme pédestre»-Schildern folgen, gelangen wir durch die Unterführung auf den Nordhang von Le Locle und so in die Nähe des «Musée d'horlogerie». Es befindet sich in einem alten Herrenhaus, dem 1790 erbauten Château des Monts. Das Museum enthüllt die Geheimnisse und die Erfindergabe der Uhrmacher, Graveure und Schmelzarbeiter, welche die Uhrwerke so weit verkleinerten, dass diese in Schmuckstücken Platz fanden. Der grosse Saal zeigt eine gut gegliederte Ausstellung über die Zeitmessung im Laufe der Zeit. Die Kleinheit und die Präzision der goldverzierten Uhrengehäuse kontrastieren auffällig mit der Weite der Juraweiden und dem Wildwuchs der nie genau definierbaren Waldränder.

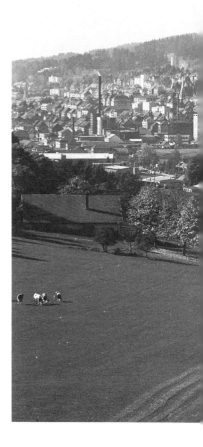

Über den Chemin des Vieilles Mortes gelangen wir zur Pâturage des Endroits und finden das Naturfreundehaus hinter einem kleinen Hügel in der Nähe des Weilers Les Foux.

Knarrendes Ächzen im Untergrund

Ein lohnenswertes Ausflugsziel vom Haus Les Saneys aus sind die unterirdischen Mühlen beim Col-des-Roches westlich von Le Locle in Rich-

Blick auf die Uhrenmetropole La Chaux-de-Fonds (Bild: SVZ)

tung La Brévine. Die Wasser des Tals von Le Locle haben sich hier einen unterirdischen Durchgang von 2 km Länge gebahnt. Die Müller von Le Locle errichteten im Jahr 1651 in der Grotte ausgeklügelte Konstruktionen, um die Wasserkraft zu nutzen. Mühlen, Dreschen, Brotöfen, eine Sägerei und eine mechanische Werkstätte wurden gebaut und waren bis 1898 in Betrieb. Das Wasser setzte mehrstöckige, imposante Wasserräder in Gang. Bis 1973 blieb die unterirdische Mühle verschüttet. Dann wurde sie von freiwilligen Helfern ausgegraben und für die Öffentlichkeit zugänglich gemacht.

Das Ziel unserer Wanderung ist der Mont Soleil oberhalb von St-Imier. Bis La Chaux-de-Fonds wandern wir über Juraweiden, den Rest können wir entweder ganz per Zug zurücklegen oder teilweise mit der Bahn und zu Fuss.

Die Doubs-Schlucht (Bild: Gugolz)

Wenn wir die Wanderschuhe bereits in La Chaux-de-Fonds ausziehen wollen, lösen wir ein direktes Billett bis Mont-Soleil. Von der Bergstation der Standseilbahn sind es dann nur noch 10 Min. zu Fuss bis zum Haus.

Wer die Wanderschuhe weiter benützen will, fährt mit der Bahn von La Chaux-de-Fonds in Richtung Saignelégier bis La Ferrière. Von hier ist der Mont Soleil auf einem schönen Jurawald-Wanderweg zu erreichen, durch die Gebiete La Chaux d'Abel und Montagne du Droit in etwa 2½ Std.

Blick auf Doubs-Schlucht und Frankreich

Wenn wir vom Haus Les Saneys loswandern, lohnen sich auf dem Weg nach La Chaux-de-Fonds kurze Abstecher zu zwei Aussichtspunkten, die den Blick über die Schlucht des Doubs nach Frankreich freigeben: La Belvédère etwa 20 Min. nördlich des Hauses sowie etwas weiter östlich – über den Chemin du Cernil Pergeant zu erreichen – den Punkt 1198 mit dem Namen Escarpineau.

Nach dem Blick auf Frankreich können wir uns in der Ferme Modèle verpflegen, bevor wir ein Stück der Asphaltstrasse entlang in Richtung La Chaux-de-Fonds wandern. Nach einem halben Kilometer folgen wir dem Wegweiser nach Le Maillard, denn so streifen wir das Naturschutzgebiet Les Saignoles, wo noch Fasane leben. Die Kühe bedanken sich auf Tafeln dafür, dass wir in «file indienne» (im Gänsemarsch) über die Weiden gehen, um möglichst wenig Gras zu zertrampen. An einem weissen, unübersehbaren Haus vorbei gelangen wir zur Buvette le Maillard. Hier kostet der Kaffee noch Fr. 1.60, und das typische «booschur» kommt aus aller Munde.

Über weite Weiden, auf denen sich jetzt Kühe mit Pferden durchmischen, geht's weiter über den Grillenweg, wie ihn die Einheimischen nennen, nach La Chaux-de-Fonds hinunter. Unterhalb der Talstation des Skilifts Chapteau-Rable finden wir den Bus Nummer 6, der uns zum Bahnhof ins Stadtzentrum bringt.

«Schachbrett»-Stadt La Chaux-de-Fonds

1794 wurde La Chaux-de-Fonds von einer Feuersbrunst fast vollständig zerstört. Beim Wiederaufbau legte der Ingenieur Charles-Henri Junod einen Strassenplan an, der, von einem rechteckigen Hauptplatz ausgehend, konsequent rechtwinklige Strassen vorsah. Dies gibt der Jurametropole ihre typische, schachbrettartige Prägung. Dem Wanderer bieten sich in La Chaux-de-Fonds fünf interessante Museen an: Musée International d'horlogerie; Musée d'Histoire et Médaillier; Musée des Beaux-Arts; Musée d'Histoire naturelle und das Musée Paysan et artisanal.

Interessantes Detail: Die Stadt bezieht ihr Trinkwasser aus dem Einzugsgebiet des Rheins, nämlich von der 20 km entfernten Areuse, und gibt das Wasser in den Doubs ab, der in die Rhone mündet.

Mont Soleil, der solare Berg

Gleich hinter dem Naturfreundehaus Mont Soleil wird seit Frühjahr

1991 laut- und geruchlos Energie produziert: Hier ist das zurzeit grösste Sonnenkraftwerk Europas in Betrieb. Es liefert pro Jahr 725 000 kWh Strom, was ausreicht, um rund 200 Haushalte zu versorgen. Die Anlage hat 8,2 Millionen Franken gekostet und speist den fotovoltaisch erzeugten Strom ins Netz der Bernischen Kraftwerke BKW ein. Der Strom aus der Versuchsanlage ist freilich noch nicht billig. Der Wirkungsgrad der Solarzellen ist zurzeit mit 13 Prozent noch etwas dürftig, doch rechnet die Forschung damit, in 20 Jahren einen Wirkungsgrad von 40 Prozent bei Solarzellen zu erreichen. So könnte der heutige Preis von etwa 80 Rappen pro Kilowattstunde auf 25 bis 30 Rappen sinken. Das Solarkraftwerk Mont Soleil dient als Pilot- und Demonstrationsanlage für den Einstieg in eine moderne Energietechnologie, die für eine bessere Luftqualität dringend notwendig ist. Viele Berghütten, so auch das Naturfreundehaus Pragelblick, benützen Solarzellen zur Energieversorgung für den Hausgebrauch. Und in den Alpen trifft man immer häufiger Bauern, die Viehhüterdrähte oder Nottelefone mit Solarenergie betreiben. Die von der Sonne auf die Erde eingestrahlte Energie ist 100 000mal grösser als der Gesamtverbrauch der Menschheit. Gerade in so sonnigen Gegenden wie auf dem Mont Soleil ist die Nutzung der Sonnenenergie eine geeignete Alternative.

Aldo Gugolz

Fortsetzung der Tour zum Haus La Flore und weiter zum Haus Bellevue: siehe nächste Seite

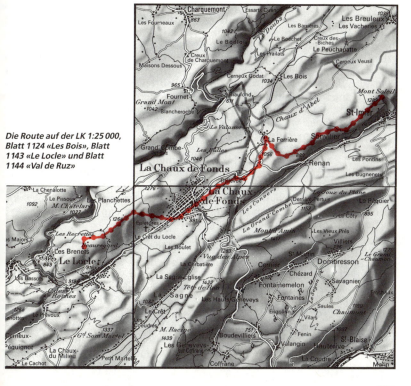

Die Route auf der LK 1:25 000, Blatt 1124 «Les Bois», Blatt 1143 «Le Locle» und Blatt 1144 «Val de Ruz»

Vom Mont Soleil auf den Montoz

LK 1:25 000, Blätter 1124 «Les Bois», 1125 «Le Chasseral», oder LK 1:50 000 Blatt 232 «Vallon de St-Imier»

VOM HAUS MONT SOLEIL ZUM HAUS LA FLORE UND ZUM HAUS BELLEVUE

Eine gut fünfstündige Tour führt vom Haus *Mont Soleil* **58** mit einem Zwischenhalt beim Haus *La Flore* **42** bis zum Haus *Bellevue* **7**. Eine Wanderung über prächtige Juraweiden und durch Jurawälder. Das letzte Teilstück der Tagesetappe – die nahrhafte Steigung auf den Montoz hinauf – lässt sich mit einer anderen Routenwahl bequemer und kürzer machen.

Wir starten beim Haus Mont Soleil, indem wir den Garten durch das Seitengatter verlassen und nach wenigen Metern auf den Wanderweg kommen, der zum Mont Crosin führt. Über einen schönen Wiesenweg gelangen wir an eine typische Juramauer mit einem verblichenen grünen Wegweiser, der uns eine Abkürzung nach Le Sergent verrät. Ab Le Sergent folgen wir wieder den Wegweisern nach Mont Crosin und gelangen, an einem Hof mit Pferdezucht vorbei, auf die Passstrasse. Ihr folgen wir über die Passhöhe, um gleich nach der Höhe wieder rechts abzuzweigen.

«Blumenhaus» La Flore

Die Signalisation, die wir jetzt suchen, heisst «Chalet Neuf» – wo sie nicht zu finden ist, halten wir uns rechts und folgen den Buchfinken, die im Gegenwind in der Luft stehenbleiben und Konzerte von sich geben. Wir sind jetzt auf dem Montagne du Droit, dessen Name nichts mit dem Recht zu tun hat, sondern eher daher kommt, dass der ganze Hügelzug «droit» verläuft, ganz gerade also. 1 km nach «Château Neuf», einem kleinen Gasthaus, finden wir das Haus La Flore eingebettet in den wiesigen Jurawald auf der linken Anhöhe. Hier gab es einmal noch viel mehr Blumen als heute, was dem Haus den Namen gab, den es mit den freundlichen Gartenfesten der Sektion Tramelan auch verdient.

Sprachengemisch Deutsch-Französisch

Nächstes Ziel unserer Jurawanderung ist das auf einer Höhe von 1248 m ü. M. gelegene Chalet Bellevue auf dem Montoz. Es ist eines der stilvollsten Naturfreundehäuser. Der Pierre Pertuis, ein tiefer Einschnitt mit einer Höhe von 800 m ü. M. liegt vor unserem Ziel, so dass wir für die Wanderung gute 4 Std. benötigen. Vor allem die Schlusssteigung auf den Montoz ist sehr nahrhaft: 700 Höhenmeter auf eine Distanz von 2 km. Der Weg führt von La Flore über die «kühlen Winde» Bise de Cortébert und Bise de Corgémont und weiter über La Haute nach Le Jean Gui. Von hier wandern wir einem Strässchen entlang über La Schnegg nach Pierre Pertuis, wo schon die Römer auf ihren Strässchen den Jurawall passierten.

Bereits künden eigenartige Ortsnamen die nahe Sprachgrenze an. Flurnamen sind oft schon berndeutsch und mit dem französischen Artikel versehen: Le Grabe, La Sommer, La Schnegg, Le Grimm.

Kürzere Variante per Bahn oder Taxi...

Wem diese 4 bis 5 Std. lange Wanderung zu anstrengend ist, oder wem die Zeit zu knapp wird, weil er im La Flore ausgiebig mit Rumschnitten verwöhnt wurde, dem eröffnet sich eine kürzere Variante: Nach der Bise de Cortébert hinunter nach Tramelan, mit der Bahn weiter nach Tavannes und von dort zu Fuss

Was wäre eine Jurawanderung ohne weidende Pferde ... (Bild: SVZ)

auf den Montoz. Noch leichter macht man es sich, wenn man bis Reconvilier fährt, dort ein Taxi für 22 Franken unter der Nummer 91 11 16 bestellt und zum Werdtberg fährt, von wo aus das Haus Bellevue in nur 15 Min. zu erreichen ist. *Aldo Gugolz*

Fortsetzung der Tour zum Haus Schauenburg: siehe nächste Seite

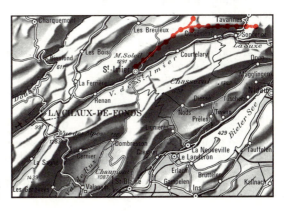

Die Route auf der LK 1:50 000, Blatt 232 «Vallon de St-Imier»

Vom Montoz über den Grenchenberg

LK 1:25000, Blätter 1125 «Le Chasseral», 1126 «Büren an der Aare», 1106 «Moutier», oder LK 1:50000, Blatt 223 «Delémont»

VOM HAUS BELLEVUE ZUM HAUS SCHAUENBURG

Die Wanderung vom Haus *Bellevue* **7** zum Haus *Schauenburg* **76** dauert zwar gute 6 Std., aber auf dieser angenehmen Höhenwanderung vom Montoz über den Grenchenberg sind keine grösseren Steigungen zu bewältigen. Auf der zweiten Hälfte der Wanderung können wir – wie sich das für eine Jurahöhenwanderung gehört – die prächtige Aussicht auf Mittelland und Alpen geniessen.

Vielleicht würden wir auf dem Montoz es lieber den Gleitschirmfliegern gleichtun, die mit ihren bunten Fallschirmen in die Tiefe springen, wenn wir nicht ein anderes Ziel hätten: den Oberen Grenchenberg. Über die schrägen Rippen des Montoz kommen wir zur Métairie de Werdt. Ein kupferbrauner Falter – offensichtlich ein Admiral – begleitet uns auf dem Weg über La Brotheiteri.

Achtung: Viehdrähte und Stiere...

Auf dem Rücken des Montoz folgen sich die interessantesten Versionen, wie man einen elektrischen Viehhüterdraht übersteigt: Mit aufwendigen Leitern, einfachen Metallbügeln oder konventionellen Plastikgriffen wird der Wanderer mit der bedrohlichen Spannung fertig. «Attention aux taureaux!», warnt eine Tafel und gibt eine Umgehungsmöglichkeit an. Da wir aber weit und breit keinen Stier sehen, wagen wir es, die Weide zu queren und kommen bald zu La Rochette, von wo aus wir weit unter uns den Bielersee erblicken. Noch immer ist der Admiral in unserer Begleitung, will bei unserer Rast in einer Wiese auch etwas vom Käse haben. Weiter geht die Wanderung Richtung Pré

Richard, wo wir beim gemütlichen Gehöft «La Bluai» eine weitere kleine Pause einlegen. Auf der Asphaltstrasse erreichen wir den Oberen Grenchenberg, wo sich unsere bisher vom Kettenjura beschränkte Sicht öffnet.

Sicht aufs tiefe Mittelland

Auf der Wandfluе wandern wir dem Grat entlang. Und wir staunen über die Ebene des Mittellandes, die 1000 m tiefer unten liegt. Ohne es gemerkt zu haben, haben wir die Sprachgrenze überwunden und sind jetzt auf der Schwelli, einem Gratteil, auf welchem die Auswirkungen des Waldsterbens besonders augenfällig sind. Hier treffen wir einen Berggänger. Dieser erzählt uns, warum der Jurahang laut einer Sage immer wieder von «Runsen» und Kerben gefurcht sei. Es sollen sich nämlich einmal im Tal unten in Altreu, bei der heutigen Storchensiedlung, einheimische Männer zum Kegeln getroffen haben. Da seien drei «Auswärtige» dazugekommen. Die Altreuer gaben gross an und wetteten viel auf ihren Erfolg. Doch nachdem die ersten Kugeln gerollt waren, wurden die «Auswärtigen» immer grösser, und ihre Kegel nahmen ein riesiges Volumen an. Mit voller Kraft hätten sie diese an den Jurahang hinaufgeschleudert und so die Klusen in den Hang gedellt. Als die Altreuer Kegler die Wetten verloren hatten, schrumpften die «Auswärtigen» wieder auf Normalgrösse zusammen und gingen nach Hause.

Die älteste Eibe Europas

Wir verlassen den Jurahöhenweg, der Schaffhausen mit Genf verbindet, und wir steigen den steilen Bergweg hinunter zur Alp Brüggli. Von hier kommen wir ohne weitere

Eine Wanderung über weite Juraweiden (Bild: Gugolz)

Steigung zum Naturfreundehaus Schauenburg, welches am Fusse der sagenumwobenen Hasenmatt liegt. 15 Min. von hier ist eine etwa 2 000 Jahre alte Eibe zu bestaunen. Sie soll die älteste in ganz Europa sein. Vielleicht hat sie miterlebt, wie der Verwalter auf der Schauenburg, der zu viele Steuern und Zölle einsack-te, einst vom Landvogt von Büren und seinen Leuten ermordet wur-de?

Aldo Gugolz

Die Fortsetzung der Tour zum Passwanghaus und zum Haus Rumpelweide ist ab Seite 182 in umgekehrter Marschrichtung beschrieben

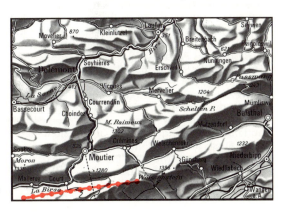

Die Route auf der LK 1:50 000, Blatt 223 «Delémont»

Vom Genfersee zum Moléson

LK 1:25 000, Blatt 1244 «Châtel-St-Denis»

VOM HAUS FRATECO
ZUM HAUS MOLÉSON

Vom Waadtland ins Freiburgische führt eine vierstündige Wanderung dem Alpenrand entlang. Ausgangspunkt ist das Haus *Frateco* [20] in Villard-sur-Chamby hoch über dem Genfersee, Ziel das Haus *Moléson* [57] am Fuss des bekannten Westschweizer Aussichtsberges.

Des milden Klimas wegen ist das Genferseeufer zwischen Vevey und Montreux oft mit der Riviera verglichen worden. Südexposition sorgt für Sonne, die Berge der Alpenrandkette halten kühle Winde fern. Das geschäftige Treiben an der Küste unten wollen wir hinter uns lassen, um in Ruhe jenes gebirgige Hinterland zu erkunden. Nordwärts auf meist markierter Route gönnen wir uns die leichte Tagestour vom Haus Frateco zum Haus Moléson, vom weiten, lichtdurchfluteten Genferseegebiet zur eher düster wirkenden Waldregion im Einzugsgebiet der beiden Flüsse Veveyse-de-Fegire und Veveyse-de-Châtel.

Auf unserer Karte (für die ganze Wanderung genügt Blatt 1244 «Châtel-St-Denis» der Landeskarte 1:25 000) ist das Haus Frateco nicht unter diesem Namen verzeichnet, sondern als L'Alliaz; zu erreichen in kurzem Fussmarsch ab Station Ondallaz-L'Alliaz der Zahnradbahn Vevey–Blonay–Les Pléiades.

Diese Pléiades – ein 1 360 m hoher und natürlich mit einem Berggasthaus versehener Aussichtsgipfel am Alpenrand – erheben sich linkerhand, während wir nun unsere Wanderung Richtung Moléson unter die Füsse nehmen. Ein anderes Mal werden wir gerne eine Ersteigung der Pléiades aufs Programm nehmen, denn die Rundsicht ist in der Tat bemerkenswert. Von den Savoyer Alpen jenseits des Genfersees schweift der Blick nordwestwärts übers Mittelland bis zum Jura und gegen Südosten zu einem anderen bekannten Touristenberg, dem Rochers-de-Naye über Montreux. Woher wohl der Name Pléiades, der ja eigentlich der Astronomie entstammt? Nun, die Pleiaden, auch Siebengestirn genannt, sind eine Konfiguration im Sternbild des Stiers mit etwa 120 Sternen – und von den Pleiades im Waadtland aus sieht man sicher an die 120 Berggipfel.

Trittempfindliches Hochmoor

Doch lassen wir, da es doch heiterheller Tag ist, die Astronomie bei-

Der idyllische Lac de Joncs ob Les Paccots (Bild: Auf der Maur)

seite und wenden uns erdverbunde-
neren Dingen zu ... beispielsweise
dem Hochmoor von Les Tenasses,
das wir nach einer halben Stunde
erreichen. Eine Verschnaufpause
mag ganz willkommen sein, haben
wir doch die grösste Steigung des
Tages, an die 200 Höhenmeter, bereits hinter uns. Das Hochmoor
durchqueren wir auf einem Rost aus
Holzknüppeln. Links und rechts der
Route dehnt sich Sumpfland aus.
Tafeln warnen vor dem Betreten
des Feuchtgebietes – nicht in erster
Linie, weil es gefährlich wäre, sondern weil die Moorvegetation so
trittempfindlich ist. «Tausende von
Jahren braucht es zur Bildung eines
Hochmoors», erläutert eine Tafel,

«und in einer Viertelstunde lässt es
sich aus Unachtsamkeit zerstören.»

Les Tenasses zählt zu den natur-
kundlich interessantesten Moor-
landschaften am Alpennordhang,
finden sich hier doch neben dem
eigentlichen Hochmoor auch Flach-
moorgebiete und Feuchtwiesen.
Gut zu beobachten ist, wie der
Wald nach und nach gewisse Berei-
che in Besitz nimmt. Solche Verän-
derungen der Pflanzendecke erfasst
ein mehrjähriges Forschungsprojekt
der Universität Lausanne.

Teerwege und Waldpfade

Einen guten Kilometer lang ist die
Traverse durchs Hochmoor, dann
haben wir wieder festen Boden un-

ter den Füssen – und leider bald auch ein Teersträsschen. Wir erreichen es beim Gehöft Prantin auf 1211 m ü. M., wo wir die bisherige Süd–Nord-Richtung verlassen und in rechtem Winkel gegen Osten abbiegen. Eine halbe Stunde geht's nun auf harter Unterlage über Weiden und durch Wald bis zur Alphütte Fontanna David. An dieser Stelle wendet sich die Route wieder nordwärts, und nach wenigen Schritten weicht der Teerweg einem schmalen Waldpfad. Vor uns in schluchtartigem Canyon rauscht die Veveyse-de-Fégire, welche die Kantonsgrenze zwischen Waadt und Freiburg markiert. Im Winter sei es nicht ratsam, diese Passage zu wählen, warnt ein Schild. Doch da wir wohl ohnehin zwischen Frühling und Spätherbst unterwegs sind, dürfen wir den zuerst gemächlichen, dann ordentlich steilen Abstieg getrost unter die (wegen der Rutschgefahr hoffentlich gut besohlten) Wanderschuhe nehmen.

Schön, aber giftig, ein stattlicher Fliegenpilz (Bild: Auf der Maur)

Der Übergang auf 1023 m ü. M. ist der tiefste Punkt der heutigen Tour. Von rechts her strömt die Veveyse-de-Fégire aus der Fussregion des Vanil-des-Artses (1993 m ü. M.) heran und wird nach unzählbar vielen Schleifen schliesslich mitten in Vevey den Genfersee erreichen. Wie bei den meisten Gewässern, die nicht von Gletschern gespiesen werden, hängt die Wasserführung stark von den Niederschlägen ab. Nach Trockenperioden ist die Veveyse-de-Fégire ein zahmes Bächlein zwischen grossen Steinblöcken, nach Regenzeiten hingegen ein reissender Fluss, der auch schon – wie an einem verwaisten Fundament zu erkennen ist – die Vorgängerin unserer Brücke weggetragen hat.

Eine Skiliftlandschaft

Ebenso steil wie der Abstieg und auf gleichermassen schmalem Waldpfad erfolgt die Gegensteigung am Nordufer. Wie wir aus dem Wald treten, erkennen wir links am Weg eine Ruine. Auf der sonst so zuverlässigen Landeskarte ist sie nicht eingezeichnet, und auch die Burgenkarte der Schweiz (Blatt 3 im Massstab 1:200 000) schweigt sich über das geheimnisvolle Gemäuer aus. Wir dürfen also unsere Phantasie walten lassen und uns beim weiteren Anstieg zum idyllischen Lac des Joncs auf 1230 m ü. M. allerhand Rittergeschichten ausdenken.

Der Lac de Joncs ist ein kleiner Bergsee von ovaler Gestalt und steht unter Naturschutz. Im Restaurant am Ufer gibt's Joncs-Forellen zu schmausen, denn offenbar erstreckt sich der Schutz des Sees nicht auch auf dessen Bewohner. Das Gasthaus ist übrigens das erste am Weg seit Beginn der Wanderung. Gerne gönnen wir uns eine Erfrischung, ist es doch nun nicht mehr weit bis zum Tagesziel, dem Naturfreundehaus Moléson über dem Fremdenverkehrsort Les Paccots.

Geheimnisvolle Ruine am Wegrand über der Veveyse-de-Fégire (Bild: Auf der Maur)

Les Paccots sieht seine beste Zeit im Winter: Die ganze Landschaft ist mit – jetzt recht kläglich zur Untätigkeit verurteilten – Skiliften gespickt. Zwischen den Liftmasten lässt sich im Nordosten der Moléson erspähen, dessen Ruf als Aussichtsberg ihm den Zunamen «Rigi der Westschweiz» eingetragen hat. Zum Haus Moléson stechen wir besser nicht ins Ortszentrum von Les Paccots hinunter (von dort aus Autobusverbindung zur Bahnstation Châtel-St-Denis), sondern wählen den Weg über Les Rosalys. Ein Strässchen führt in einer halben Stunde über die Veveyse-de-Châtel (die Schwester der Veveyse-de-Fégire) zum Ziel der vierstündigen Wanderung.   *Franz Auf der Maur*

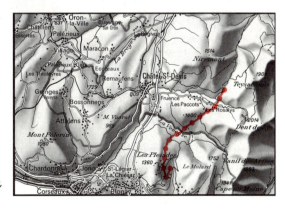

Die Route auf der LK 1:25 000, Blatt 1244 «Châtel-St-Denis»

Im Wunderland der Viertausender

LK 1:25000, Blätter 1347 «Matterhorn», 1348 «Zermatt», oder Wanderkarte 1:25000 des Verkehrsvereins Zermatt

VIER WANDERUNGEN VOM NATUR-
FREUNDEHOTEL ZERMATT AUS

Zermatt und seine Berge sind welt-
bekannt. Viele Besucher gibt's im
Sommer und noch mehr im Winter,
wenn das Gleitmittel Schnee die
Sportlerherzen erfreut. Weniger
Gäste, kein Gedränge und erst noch
günstigere Preise gibt's zur Zeit der
langen Tage, der urgewaltig rauschenden Bäche und der blühenden
Matten: im Bergfrühling. Nirgendwo lässt er sich intensiver erleben,
nirgendwo ist die Alpenflora viel-
fältiger. Darum unser Vorschlag:
Wanderferien im Naturfreundehotel *Zermatt* **95**, dem Haus mit dem
eigenen Bahnhof. Von den schier
unbegrenzten Wandermöglichkeiten stellen wir hier vier besonders
attraktive Routen vor.

Anno 1865 geriet das Matterhorn
in die Schlagzeilen der Weltpresse.
Sogar auf der Titelseite der noblen
«Times» wurde die Frage gestellt:
«Was haben die ehrgeizigen Söhne
Englands dort oben zu suchen, wer
gibt ihnen das Recht, ihr Leben aufs
Spiel zu setzen, um mit Lerchen,
Affen, Katzen und Eichhörnchen in
Wettbewerb zu treten?»

Heute, 125 Jahre später, wirkt die
Faszination «Matterhorn» unver-
mindert weiter. Den sieben tollküh-
nen «Bezwingern» des Horns, deren
vier beim Abstieg in den Tod stürz-
ten, sind unzählige gefolgt. Jahr für
Jahr wird dieser Berg von Tausen-
den «gemacht», zur Bestätigung
der eigenen Grösse. Den meisten
gelingt die Mutprobe, einige aber
kehren nicht ins Tal zurück.

Die Naturfreunde
erobern (zweimal) Zermatt

Im Jahre 1941, mitten im Zweiten
Weltkrieg, sorgten «Naturfreunde»
für Furore in Zermatt. Aufs Matterhorn wollten sie nicht. Es gibt da
noch andere Berge, sogar höhere
und ideale Skiberge.

Der Verfasser war damals dabei:
Wir, die 460 Teilnehmer des Oster-
lagers der Zürcher Naturfreunde,
benötigten keine Bedienung. Das
Personal in den leerstehenden Hotels war sowieso abwesend. Wir
brachten alles im Rucksack mit, das
Bettzeug, die Verpflegung und die

Der idyllische Schwarzsee mit der Kapelle «Maria zum Schnee» (Bild: Mersiovsky)

Seehundsfelle für den Aufstieg auf die Drei- und Viertausender.

Diese erste Übung in Selbsthilfe, Selbstbedienung und «Sozialtourismus», die nach Zürcherart nicht unbescheiden als «Eroberung von Zermatt» registriert wurde, fand 15 Jahre später eine bedächtige Fortsetzung nach Bernerart. Der Landesverband konnte in schönster Lage über dem Dorfe Zermatt und an der Linie der Gornergratbahn ein Stück Bauland erwerben.

Das war ein Glücksfall. Doch wer soviel Glück hat, bekommt auch Neider, wie die Naturfreunde lange spüren mussten. Doch heute, nach einer gründlichen Renovation des 1962 in Betrieb genommenen Hauses und dank bester Führung durch die Gerantenfamilie Kölliker, sind alle sehr zufrieden. Die Bergführer

Im Banne des Matterhorns am Riffelsee (Bild: Mersiovsky)

treffen sich hier bei ihrem bewährten Himalajagefährten Markus Kölliker und seiner charmanten Frau und Wirtin Susanne. Sogar die Pfarrherren des Tales haben das Haus auf dem Felsen entdeckt und belieben, hier in Klausur zu tagen.

Bergfrühling Zermatt

Unser Vorschlag: Bergfrühling Zermatt. Wir buchen eine Woche im Hotel «Naturfreundehaus Zermatt» in der Vorsaison, die in der Regel Mitte Juni beginnt. Zum Bergfrühling gehören vor allem die blühenden Wiesen: Blumen über Blumen. Goldgelb die Ankenballen, tiefblau die Akelei, sehr apart der Türkenbund mit rostroten Tupfen. Warum diese reiche Vielfalt rundum? Ganz einfach: der Grund ist der Grund. Es gibt hier aussergewöhnlich viele Gesteinsarten, und der Boden ist reich an Mineralien. Zudem ist es der Landwirtschaft behördlich untersagt, Kunstdünger zu verwen-

232

Wanderung abseits der Touristenmassen (Bild: Mersiovsky)

den; denn Magerwiesen blühen schöner und sind eine Touristenattraktion!

Wir teilen den Anreisetag so ein, dass wir in Zermatt vor 18 Uhr auf die Gornergratbahn umsteigen können; denn täglich punkt 18 Uhr fährt ein Zug direkt zu unserem Hotel. Sitzen wir in der Zahnradbahn, rollt alles nach Fahrplan: aussteigen beim eigenen Bahnhof des Hauses,

Blumenpracht im Bergfrühling (Bild: Mersiovsky)

Begrüssung, Zimmerbezug und Nachtessen punkt 19 Uhr.

Und die Spezialität des Hauses, die teilweise Selbstbedienung, funktioniert problemlos. Getränke holt sich jeder Gast nach Belieben am Buffet. Die reichlich vollen Schüsseln und Platten werden von dienstbaren Geistern aufgetragen, und das Abräumen der festlichen Tafel ist eine Art munteres Gesellschaftsspiel: keine(r) will hier «Herr» oder «Dame», jede(r) aber mal galante(r) Kellner(in) sein.

Für unsere Wanderferien unter dem Motto «Bergfrühling» stehen uns 29 Bergriesen und 388 km Wanderwege zur Verfügung. Da gilt es, eine Wahl zu treffen: Wir empfehlen die folgenden vier attraktiven Wanderungen.

1. Wanderung: Gornergrat, 3135 m ü. M.

Das grossartigste Panorama der Alpen zu sehen ist quasi ein «Muss». Sportliche Leute steigen vom Haus aus in 5 Std. über Findeln–Grünsee –Ritz und Kelle hinauf, die andern

Nur für Schwindelfreie ... (Bild: Mersiovsky)

besteigen die Bahn. Um den Bergfrühling zu erleben, wandern wir vom Gornergrat zum Riffelsee und zur Riffelalp hinunter und bewundern dabei die feine Gesellschaft, welche von Botanikern als typische «Schneetälchenflora» bezeichnet wird. Soldanellen, kurzstielige Enziane, Mehlprimel, Steinbrech- und Hahnenfussarten erfreuen uns. Und mit etwas Glück und Spürsinn bekommen wir auch stattliche Vertreter der hiesigen Fauna zu sehen. Am frühen Morgen oder am späteren Nachmittag kann am Riffelhorn und an den angrenzenden Alpen Steinwild beobachtet werden.

2. Wanderung:
Schwarzsee–Stafelalp–Zmutt–Hubel–Herbriggen–Zermatt

Bestimmt blühen nirgends auf der Welt die Alpenveilchen schöner als am Ufer des idyllischen Bergsees mit der Kapelle «Maria zum Schnee». Die Wanderung vom Schwarzsee zur Stafelalp hinunter lässt uns eine mit Wasserläufen, Bergblumen und mehreren Vegetationsstufen durch-

setzte Gebirgslandschaft erleben. Bei den ersten Arven oder auf der Terrasse des Gasthauses lohnt es sich, den gewaltigen Eisabbruch und die Wasserfälle am Fuss der Matterhorn-Nordwand zu beobachten. Von der Stafelalp aus ist die rund dreistündige Wanderung über Zmutt–Hubel–Herbriggen nach Zermatt sehr zu empfehlen.

3. Wanderung:
Findelen–Fluealp–Stellisee–Tufteren

Die «Schokoladenseite» Zermatts liegt im Nordosten, dort wo auch Halbschuhtouristen mit der «Alpenmetro» unterirdisch auf den Berg sausen, um das Matterhorn so zu sehen, wie es als Bild millionenfach missbraucht wird, um Schokoladen- und Käsesorten ein wenig von seinem markanten Profil abzugeben. Die Wirklichkeit allerdings ist tausendmal eindrucksvoller. Schon beim Frühstück im Naturfreundehotel sehen wir das Horn von seiner schönsten Seite.

Unsere Wanderung beginnt an der Bahnlinie hinter dem Haus, wo am Hang die Türkenbundlilien spriessen. Nach einer Stunde erreichen wir ob dem Lärchen- und Arvenwald die kleine Siedlung Findelen. Die schwarzbraunen Hütten und Ställe zeugen vom einst mühsamen Leben in Armut, werden heute aber sehr geschätzt und dienen als Dekor für Gäste, die sich nostalgisch schwelgend verwöhnen lassen wollen.

Immer gleichmässig in derselben Richtung ansteigend, gelangen wir in die Zone der bärtigen Männli. Hier, auf sonniger Halde, haben vor kurzer Zeit die Anemonen geblüht und auf dürren Stielen lustige Haarbüschel zurückgelassen. Weiter oben werden wir sie noch in voller Blüte bewundern können, die gelben Sterne der Schwefelanemonen. Andere tragen einen Pelz, man nennt sie darum Pelzanemonen.

Über der Waldgrenze mit den letzten Lärchen am Grindjisee begegnen wir am Wegrand der rotgoldenen Arnika. Sie lockt mit herber Duftnote die herumflatternden Sommervögel und andere Insekten. Und noch weiter oben treffen wir auch das Edelweiss an. Natur- und Blumenfreunde sollten das idyllische grüne Tälchen Tällinen nicht verpassen.

Nach dreistündigem Aufstieg erreichen wir das Gasthaus «Fluealp». Es ist bis Anfang Juli geschlossen. Darum ist es gut, eine Schokolade bei sich zu haben, womöglich mit dem Bild des Matterhorns. Denn auch das Horn, das sich auf Postkarten so schön im Stellisee spiegelt, hüllt sich gerne um die Mittagszeit in Wolken.

4. Wanderung:
Höhenwanderung über Alterhaupt –Trift–Höhbalmen–Arben–Kalbermatten–Zmutt

Die Wanderung dauert 7 Std., und Kenner behaupten, es sei die schönste Rundtour von Zermatt. Die Route führt durch das wildromantische Tal, das dem Naturfreundehaus ge-

nau gegenüber liegt. Nach 2 Std. erreichen wir das Berghotel «Trift». Wir wenden uns südwärts dem Bergrücken zu, der die rechte Talseite begrenzt. Und während wir höher und höher steigen, weitet sich der Ausblick mehr und mehr, bis auch er, der schönste aller Berge, die grossartige Szenerie vollendet.

Die Wanderung verläuft stundenlang auf einer Höhe von 2 600 bis 2 700 m ü. M., und nur der Weg, dieser Trampelpfad, erinnert an das Wirken des Menschen. Bahnen und Beizen gibt es hier nicht, sie sind nur in der Ferne als kleines Spielzeug zu sehen.

Wir Bergwanderer wollen keine Berge «besiegen». Die eingangs zitierte Frage, was der Mensch hier zu suchen habe, berührt uns nicht – hingegen sehr, was wir hier finden und empfinden. Und wenn wir auf dem langen Weg mit dem rauschenden Wasser zurück nach Zermatt wandern und dabei etwas von der zähen Art der Bergler annehmen und still, bescheiden und ehrfürchtig werden, dann ist dies das Beste, was uns widerfahren kann.

·Kurt Mersiovsky

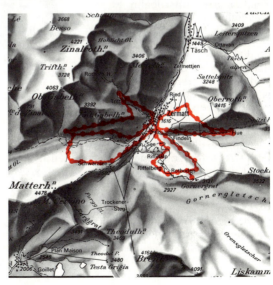

Die Route auf der LK 1:50 000, Blatt 2515 «Zermatt–Gornergrat»

Tourismuskritische Riederalptour

LK 1:25 000, Blatt 1269 «Aletschgletscher»

RUNDWANDERUNG
VOM HAUS LÜEG INS LAND AUS

Vielfältige und eindrückliche Wandermöglichkeiten bieten sich vom Haus *Lüeg ins Land* **53** auf der Riederalp an. Wir beschreiben hier eine dreistündige, tourismuskritische Wanderung. Sie führt nicht nur durch eine einmalige Landschaft und ins Naturschutzzentrum Aletsch des Schweizerischen Bundes für Naturschutz (SBN). Auf dem (noch …) intakten Alpplateau Oberried konfrontiert sie uns vor allem auch mit einer fragwürdigen, gigantischen Tourismuserschliessung, welche die Naturfreunde Schweiz zu verhindern versuchen.

Die Narben, welche die Tourismusindustrie im Riederalpgebiet bereits hinterlassen hat, sind auf dieser Wanderung nicht zu übersehen. Und Schritt auf Tritt spüren wir, dass diese einzigartige Gegend weitere touristische Belastungen kaum mehr erträgt. Bereits am Schalter der Luftseilbahn Mörel–Riederalp, die uns zum Naturfreundehaus Lüeg ins Land hinaufführt, weist ein unmissverständliches Merkblatt darauf hin: Der Verkehrsverein Riederalp und Umgebung, der Schweizerische Bund für Naturschutz und die Direktion der Luftseilbahnen bitten die «verehrten Feriengäste und Wanderer»: «Helft uns, den einzigartigen Aletschwald mit seinen vielhundertjährigen, ja tausendjährigen Arven und Lärchen vor seinem gefährlichsten Feind zu schützen – dem Feuer. Schon 1944 wurde dieses Reservat von einem Brand schwer bedroht, als die benachbarten Aletschwälder mit einer Fläche von über 60 ha dem verheerenden Element zum Opfer fielen. Tausende von wertvollen Bäumen wurden damals zer-

stört. Denken wir daran, dass für die Wiederherstellung solcher Gebirgswälder Jahrhunderte notwendig sind. – Und nun wünschen wir Euch einen genussreichen Aufenthalt.»

Imposante Walliser Viertausender

Der Ausgangspunkt unserer Wanderung, die Riederalp, stösst mit ihrer Tourismusinfrastruktur bereits jetzt an die Grenzen der Belastbarkeit. Eine weitere Ausdehnung des Angebots wird sich negativ auswir-

Ried-Mörel: wo Kirche und Gemeinschaftsstall von weitem grüssen (Bild: Mutter)

ken. Geniessen wir deshalb die Rundsicht auf die imposanten Walliser Viertausender erst recht: sie sind stumme, beharrliche Zeugen, denen saisonale Auswirkungen und blindes Drauflosplanen nichts anhaben können.

Vom Naturfreundehaus Lüeg ins Land führt ein kurzes Wegstück hinüber zur Station der Sesselbahn Riederalp–Blausee–Moosfluh. Wir schonen unsere Wädli für kommende Abstiege und gönnen uns eine Fahrt mit der Sesselbahn, die (mit Hilfe halsbrecherischer Kopf- und Rumpfwendungen) nochmals den einmaligen Blick auf imposante Bergketten und auf die Tourismusindustriestation Riederalp freigibt. Zu unseren Füssen zieht die «Skiliftnarbe» vorbei und gibt die Schrunden winterlicher Vergnügungen frei.

Das Liebesspiel der Bergheuschrecken

An der Zwischenstation Blausee wenden wir uns nach links, wo der

SBN-Zentrum Villa Cassel (Bild: Mutter)

Blausee ganz Unentwegten ein kühles Bad zum Einstieg der Tour offeriert. Wir wandern gemütlich über den Kamm des Breiten Bodens südwestlich der Moosfluh. Wir machen uns einen Spass daraus, tänzelnd und balancierend den Eindruck zu erwecken, als würden wir genau die BLN-Grenze beschreiten, die ungefähr auf unserer Route verläuft. (BLN bedeutet: Bundesinventar der schützenswerten Landschaften und Naturdenkmäler der Schweiz.) Verblüffen Sie doch Ihre Wanderkollegen/-innen an dieser Stelle mit besonderem Wissen über den Aletschwald: er ist der einzige Wald, der über einem Gletscher stockt.

Auch wir schalten die obligaten Zwischenhalte ein, sei es, um einige Laute des Staunens und Entzückens über den Aletschgletscher auszurufen oder uns am Liebesspiel der Bergheuschrecken zu erfreuen. Wir füllen ein Ohr mit dem intensiven Gezirpe der Grillen, die im Tal selten bis nie mehr zu hören sind.

Bei der Sesselbahn-Bergstation Hohfluh leisten wir der allgemeinen «Pssst-Forderung» Folge und halten im Sucher des Fotoapparates gleich sieben der schwarz-weissen Gemsköpfe fest, die wieder eine Hochjagd überlebt haben und sich am Rande des Gletschers keinen Deut um die bewundernden Blicke von Zweibeinern/-innen scheren.

**SBN-Aletschzentrum:
mehr als ein Zwischenhalt wert**

Ein kurzer Abstieg zur Riederfurka der ehemaligen Villa Cassel, die nun dem Schweizerischen Bund für Naturschutz als Kurs- und Informationszentrum dient und der Apéro in einem der beiden benachbarten Tourismuspunten ist uns gewiss.

Das Naturschutzzentrum Aletsch wurde 1976 vom Schweizerischen Bund für Naturschutz eingerichtet: Das lohnenswerte Kursangebot und die permanenten Ausstellungen über Gletscher, Geologie, Flora und Fauna der Region erforderten eigentlich mehr als einen kurzen Zwischenhalt.

Auf einem recht steil abfallenden Stück Betonpiste erreichen wir rasch wieder die Riederalp und folgen vor der Chaletfront dem Wiesenweg nach rechts Richtung Waldgrenze. Eine angenehme Wegstrecke liegt vor uns, denn nun geht's auf grosszügig angelegtem Forstweg in lichtem Wald gemächlich bergab in der Gewissheit, dass wir uns auf einem eher selten begangenen Teilstück befinden. Tatsächlich pirschen wir leise genug voran, um zwei Eichhörnchen beim panikartigen Verschlingen eines Tannzapfens zu überraschen. Ein riesiger Waldameisenhaufen am Wegrand erinnert mit Befriedigung an die Ameisenschutzkampagnen des SBN und WWF.

Bedrohtes Alpplateau Oberried

Schnell erreichen wir den Einschnitt des Löuwizugs. Anschliessend fällt der Weg etwas steiler ab und mündet beim Nieschbord in die stille Ebene von Oberried: Noch präsentiert sie sich uns als sattgrüne Bergwiese mit vereinzelten Gebäuden und vermittelt das Bild einer fast zu intakten Idylle. Allerdings – ein trügerischer Eindruck!

Die bis heute fehlende Wasserversorgung bewahrte Oberried vor dem Schicksal, welches die Bettmer- und die Riederalp schon vor Jahren unwiderruflich ereilte: eine touristische Erschliessung nach Noten, die vom Chaletdorf und zahlreichen Hotels über den Golfplatz bis zum Fitnesszentrum und überbordendem Freizeitangebot schlichtweg alles anbietet.

Das Wasserversorgungsprojekt «Märjelen» öffnet aber neue Perspektiven: Um die Kosten für die beteiligten Gemeinden im Rahmen zu halten, wurde Oberried kurzerhand als Bauland eingezont. Mit projektierten 150 bis 200 Chalets (rund 1000 Betten!) wird auch das letzte unverbaute Hochplateau der Aletschregion dem Bautourismus preisgeben.

Geld oder Natur?

Der finanzpolitische Aspekt ist für die Gemeinden Bitsch und Ried-Mörel zentral – nur einige Ortsansässige woll(t)en mit Hilfe der Naturfreunde/-innen Schweiz dem Landverschleiss einen Riegel vorschieben. Sie zogen ihre vom kantonalen Verwaltungsgericht abgelehnte Beschwerde ans Bundesgericht weiter, das sie aus formellen Gründen allerdings nicht materiell behandelte. Zurzeit ist sie als Aufsichtsbeschwerde beim Bundesrat hängig, allerdings ohne aufschiebende Wirkung. Zum Stand des Projektes «Überbauung Oberried» Anfang 1991 meint die junge Bäuerin und Naturfreundin Ruth Berchtold-Schmid:

«Das einzig Gute und Positive, das unsere Einsprache bewirkte, war die Zeit, um welche wir das Ganze hinauszögern konnten. Jetzt ist das Gebiet rechtskräftig eingezont, und wenn morgen ein Baugesuch aufliegt, steht weiteren Bauten nichts mehr im Wege...»

Ruth und Reinhold Berchtold-Schmid wehr(t)en sich zusammen mit den Naturfreunden/-innen Schweiz vehement gegen das abgesegnete Projekt. Und sie versuchen auch weiterhin mit allen Kräften, die Überbauung dieser einmaligen Landschaft zu verhindern.

Der kurze Abstieg von der Fläche Oberried über Wyde, Gugul und Matte führt uns ins Herz von Ried-Mörel, laut Wanderkarte ein «Bergdorf am Fusse der Riederalp, das immer mehr Freunde aus dem Unterland gewinnt». Von Ried-Mörel aus lassen wir uns in gemütlicher Fahrt von der Luftseilbahn nach Mörel oder zurück auf die Riederalp gondeln. Ganz Verwegenen bietet sich ein guter Fussweg an – wir haben diese Variante schon früher ausgekostet und entscheiden uns aus gutem Grund gegen Schusters Rappen.

Bettina Mutter

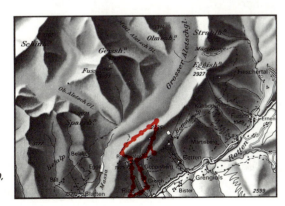

Die Route auf der LK 1:25 000, Blatt 1269 «Aletschgletscher»

Schmugglerpfade zum jüngsten See

LK 1:25000, Blätter 1313 «Bellinzona», 1314 «Passo San Jorio»

ZWEITAGESWANDERUNG
MIT ÜBERNACHTUNG
IM HAUS GENZIANELLA

Die Burgenstadt Bellinzona, seit über 1000 Jahren Schlüssel zum üppigen Garten des Südens – ein Grotto im Schlosshof – ein Saumpfad durch den Kastanienwald – eine einfache Unterkunft mit Fernsicht statt Fernsehen – ein sich bewegender Berg – und der jüngste See der Schweiz: lauter Tessiner Spezialitäten, die in zwei Tagen zu erwandern sind. Übernachtet wird auf der Rundwanderung ab Bellinzona im Naturfreundehaus *Genzianella* 24; 4½ und 6 Std. dauern die beiden Tageswanderungen.

«Im Norden Nieselregen, im Süden schön», lautet der Wetterbericht. Ein triftiger Grund für einen Ausflug aus der Deutschschweiz ins Tessin. Jede Stunde fährt ein Zug nach Bellinzona. Um 10 Uhr können wir dort sein, und das Aha-Erlebnis nach dem langen Tunnel, wenn wie erwartet der blaue Himmel lacht, ist den Fahrpreis schon wert. In Bellinzona weht ein kühler Wind. Der Luftzug heisst hier «Favonio del nord», Nordföhn, wie sein wärmerer Bruder, der umgekehrt bläst. Doch Föhn bleibt Föhn und sorgt für klare Sicht.

Zuerst spazieren wir auf der schnurgeraden viale Stazione, der Bahnhofstrasse, der alten Stadt entgegen. Schon von weitem sehen und hören wir, da ist Leben, da geht's laut und lustig zu. Vor allem am Samstag, dem Markttag in Bellinzona, kommt die «Italianità», die fröhliche Lebensart des Südens, in der Hauptstadt des Tessins eindrucksvoll zur Geltung.

Burgen Uri, Schwyz und Unterwalden

Beim Largo Elvezia schwenken wir nach rechts und staunen über den wuchtigen Felsen, der 50 m hoch alle Häuser und Bäume rundum überragt und so gross ist, dass ein imposantes Schloss mit Türmen und zackigen Mauern, das Castel Grande (Burg Uri), auf seinem Rücken Platz findet. Da wollen wir hinauf! Der Zugang zur vorbildlich restaurierten Burganlage führt durch die via Godeborgo und die Salita San Michele und lohnt sich allein schon wegen des Ausblicks auf die Stadt und die sie umgebende Landschaft. Und wir sehen auch, wo wir heute noch hin wollen. Dort drüben, über den Dächern und engen Gassen, liegt die zweite grosse Burganlage Castello di Montebello (Burg Schwyz) und noch höher die dritte, Castello di Sasso Corbaro (Burg Unterwalden), die Burg auf dem Rabenstein. Alles sehr romantische

Schmugglerpfad im Kastanienwald
(Bild: Mersiovsky)

Der jüngste Schweizer See: Laghetto d'Orbello (Bild: Mersiovsky)

und verlockende Ziele. Unser Tagesziel Piano dolce mit dem Naturfreundehaus Genzianella liegt in derselben Richtung ganz oben am Berg – und dort hinauf ist noch ein weiter, vierstündiger Weg. Wir müssen unsere Zeit und unsere Kräfte gut einteilen, denn alle Burgen und Berge erobern können wir leider nicht.

Auf dem Rückweg benützen wir ein anderes Gässchen weiter rechts und gelangen auf die Piazza nosetto: ein pittoresker Winkel mit Loggien, Marktständen, einem schlanken Uhrturm und dem einladenden Innenhof des Rathauses mit Wandbildern der Stadt nach alten Stichen.

Festlich tafeln im Schlosshof

Unübersehbar ist die barocke Fassade und die breit angelegte Freitreppe der Kirche SS. Petro e Stefano, la Collegiata am Marktplatz im Zentrum der Altstadt. Hier beginnt durch ein schmales Gässchen und

über eine Treppe unser Aufstieg auf den Berg. Wir wandern vorbei am Castello di Montebello, einem der schönsten Schlösser der Schweiz. Ein Besuch würde sich zwar unbedingt lohnen, dauert aber mindestens 2 Std.

Wir steigen weiter zur obersten der drei Burgen auf dem Rabenfelsen. Das Castello Sasso Corbaro soll 1478 in sechs Monaten pausenloser Fronarbeit gebaut worden sein, um die kriegerischen Horden aus dem Norden abzuwehren. Soviel Hektik und so dicke Mauern – die Angst der Feudalherren in Mailand muss gross gewesen sein.

Wenn wir unsere Zeit gut eingeteilt haben, kommen wir nach zirka ¾ Std. Aufstieg gerade recht zu einem feinen Mittagessen am Schlosshof. Dies aber nur, wenn wir uns einen Tag zuvor telefonisch (092 25 55 32) angemeldet haben. So richtig nach südlicher Manier geniessen wir den Schmaus unter der Pergola, besuchen das volkskundli-

Vorbei an der «Alpe d'Arbino» (Bild: Mersiovsky)

che Museum daneben und machen uns dann wieder auf die Socken.

Wandern im Schatten von Kastanienbäumen

Zuerst folgen wir ein Stück weit dem Strässchen Richtung Laghetto, finden aber bald den alten Saumpfad. Er kreuzt das Strässchen mehrmals, weil er steiler hinauf führt. Der mit Steinen gepflasterte Weg, eine typische «mulattiera», Vorläuferin aller Strassen im Tessin, ist weiss-rot-weiss bezeichnet. Im Schatten von Kastanienbäumen geht's über 1 Std. weit aufwärts bis zu den obersten Häusern von Monti di Artore. Von da wandern wir quer durchs Dragonatotal zur Lichtung Monti di Ravecchia mit Häusern, einer kleinen Kirche und einem einladenden Grotto. Bis hieher fährt auch das Postauto ab Bellinzona, das wir benützen, falls wir für die Wanderung zum Naturfreundehaus nur 1½ statt 4½ Std. Zeit aufwenden können. Die Zufahrtsstrasse verläuft zirka 700 m horizontal. Wir benützen sie, um das wilde Tal la Guasta zu überqueren, um anschliessend, dem Wegweiser folgend, über den Bergrücken zum Piano dolce aufzusteigen. Gute 3 Std. nach der Mittagsrast in der Burg Unterwalden erreichen wir die kleine, rustikale Capanna Genzianella der Naturfreunde Bellinzona. Ein Fünfsternhotel ist sie nicht, doch die Aussicht, die sich hier bietet, ist dafür grossartig: die höchsten Gipfel der Schweiz mit dem Monte Rosa liegen genau über dem glitzernden Spiegel des Lago Maggiore. Und in der Nacht funkeln die Lichter von Locarno, Ascona und all der Dörfer der Magadino-Ebene um die Wette mit dem unendlichen Sternenhimmel.

Der jüngste See der Schweiz

Am nächsten Tag folgt die knapp sechsstündige Wanderung zurück nach Bellinzona. Zuerst steigen wir noch 1 Std. bergauf und überschreiten den Motto d'Arbino (1701 m ü. M.). Auf der Ostseite des Berges ist bei einem kleinen See der Blick ins wilde Valle Morobbia besonders eindrücklich. Wir wenden uns aber nordwärts und steigen über die Alpe della Costa auf einem Strässlein durch den Buchenwald abwärts zu den Alphütten von Monti di Cò im Valle Traversagna.

Der Hausberg Bellinzonas, der Motto d'Arbino, ist kein gewöhnlicher Berg, der immer nur ruhig daliegt und Mensch und Vieh auf sich herumtrampeln lässt. Am 2. Oktober 1928, um die Mittagszeit, setzte er sich selbst in Bewegung. Eine Gesteinsmasse von 35 Mio. m³ – soviel wie beim Bergsturz von Goldau – polterte furchterregend ins Tal, und eine Staubwolke verdunkelte den Himmel. Auf diese dramatische Art und Weise entstand der jüngste See der Schweiz, der Laghetto d'Orbello, ein Kleinod der Natur, an dem wir uns verweilen wollen. Die Frana, das Bergsturzgebiet, ist heute bereits von Lärchen überwachsen, und die verschüttete Strasse wird gegenwärtig auf der gegenüberliegenden Talseite neu erbaut.

Unser Fussweg führt oberhalb des Sees über eine steile Felsenrippe zur neuen Strasse hinauf. Um ans Seeufer zu gelangen, müssen wir bei der Brücke im Talgrund dem Bach entlang selber einen Weg durch die Wildnis bahnen – hin und zurück!

Felspartie mit Weg über dem See (Bild: Mersiovsky)

Und wieder auf Schmugglerpfaden

Auf dem weiteren Abstieg durch den Kastanienwald nach Arbedo benützen wir wieder eine «mulattiera», einen alten Schmugglerpfad für Saumtiere, der heute als Bergweg weiss-rot-weiss markiert ist. Wenn wir bei den ersten Häusern von Arbedo der via alla Romantica

dem Waldrand entlang folgen, werfen wir noch einen kurzen Blick auf die Chiesa Rossa – eine blutrote, uralte Kirche, die an die Schlacht von Arbedo im Jahre 1422 erinnert. Sie ist, langsam zerfallend, zwischen Bahngleisen, Lagerhäusern und Benzintanks eingeklemmt und bietet gerade dadurch ein zum Nachdenken anregendes Bild der Geschichte des Kantons Tessin.

Von da sind es nur noch wenige Schritte zur Kantonsstrasse und zur Haltestelle Ramona des Postautos, das uns nach Bellinzona zurückbringt. *Kurt Mersiovsky*

Die Route auf der LK 1:25 000, Blatt 1313 «Bellinzona» und Blatt 1314 «Passo S. Jorio»

Vom Sopra- ins Sottoceneri

LK 1:25 000, Blätter 1313 «Bellinzona», 1333 «Tesserete», 1353 «Lugano»

Von Bellinzona nach Lugano, auf Seitenwegen und durch Seitentäler, führt diese Wanderung, die in zwei, drei oder mehr Tagen zurückgelegt werden kann. Die Tour eignet sich auch als Fortsetzung der vorgängig beschriebenen Wanderung «Schmugglerpfade zum jüngsten See». Vom Sopraceneri, dem «Tessin des Granits», gelangen wir ins Sottoceneri, dem «Tessin des Barocks». Übernachtet wird in einer romantischen Berghütte und im Naturfreundehaus *La Ginestra* **43**.

Ausgangspunkt der Tour ist Bellinzona, die sehenswerte Tessiner Hauptstadt mit den imposanten Burgen Uri, Schwyz und Unterwalden. Mit dem Bus fahren wir von Bellinzona nach Giubiasco und steigen auf der Piazza aus. Wer die Wanderung «Schmugglerpfade zum jüngsten See» zurückgelegt hat und in Arbedo in den Bus gestiegen ist, bleibt sitzen bis Giubiasco. Am besten ist es, entweder kurz nach 12 Uhr oder 17 Uhr in Giubiasco anzukommen: Um 13 Uhr bzw. 18 Uhr fährt nämlich von Camorino aus (15 Min. zu Fuss ab Giubiasco) die kleine Gondelbahn, die wir für unsere erste Tagesetappe benutzen.

**Ein Kanton
mit zwei ungleichen Hälften**

Wahrlich eine Augenweide ist die grosszügige Grünanlage mit prächtigen Bäumen im Herzen des Industrieortes Giubiasco. Einkehr und Einkauf sind hier ratsam, denn auf dem nachfolgenden Seitensprung über den Berg sind Grotti, Ristoranti und Negozi bald einmal rar. Am oberen Ende des Platzes wird es eng, schmal ist auch die steinalte Brücke über den Fluss aus dem Valle Morobbia. «Ponte vecchio» heisst das Grotto-Ristorante am anderen Ufer, das bereits zur Gemeinde Camorino gehört. Und Camorino liegt am Fusse des Berges Camoghè, mit 2227 m ü. M. der höchste im Sottoceneri und zugleich der wuchtigste Eckpfeiler jener Bergkette, die mit den Monti Ceneri, Tamaro und Lema den Südkanton in seine ungleichen Hälften trennt: Sopraceneri – il Ticino del granito, das grantigkantige Tessin im Norden; und im Süden der Sottoceneri – il Ticino barocco mit reizvoll rundlichen Formen.

Und nun stehen wir vor dem Berg. Wir haben uns vorgenommen, das Hindernis auf einsamen Höhenwegen zu überwinden und uns nicht mit der grossen Masse im Verkehrsstrom durch die Röhren des Ceneri spülen zu lassen.

Im Tessin des Granits

Also, wir sind am Berg im «Ticino del granito», es ist Abend, und wir sehnen uns nach einer kleinen gemütlichen Herberge. Die guten Leute von Camorino verstehen uns, besonders wenn wir uns bemühen, italienisch zu sprechen! Auch sie fliehen gerne vor der Hitze und Hektik im Tal «ai monti» – auf die Berge, wo sie die «rustici», die einstigen Ziegen- und Heuställe, in komfortable Sommerresidenzen mit Weinkeller, Aussichtsterrasse und Gartengrill ausgebaut haben. Und um ihren Fluchtweg ins Freizeitparadies schneller und bequemer zu bewältigen, haben sie mit vereinten Kräften als «Consorzio» eine Gondelbahn von Camorino nach Monti di Croveggia sowie einen «Sentiero panoramica», einen fabelhaften Panoramaweg, erstellt.

Die grimmigen «Denti della Vecchia» über dem Val Colla (Bild: ETT)

Und dort in luftiger Höhe, nur 45 Min. von der Bergstation der Gondelbahn entfernt, stellt das «Patriziato di Camorino» eine Wanderherberge mit zehn Schlafplätzen, Holzherd und Solarbeleuchtung zur Verfügung. Das ist unsere Chance, auf eine sehr romantische Art und Weise über den Berg in den Süden zu gelangen. Allerdings kann die «Capanna Camorino» nur auf telefonische Voranmeldung hin (092 27 27 88 oder 092 27 26 85) benutzt werden.

(Wer die Tour in zwei Tagen zurücklegen und auf die Übernachtung in der gemütlichen Herberge verzichten will, kann das Naturfreundehaus La Ginestra von Camorino aus in knapp 6 Std. erreichen.)

Die wunderschön gelegene Berghütte auf Cremorasco, 1095 m ü. M., ist zu Fuss über San Martino (Abzweigung im Rank unterhalb der Kirche), Gramosetto, Piano della Monica in zirka 2¼ Stunden erreichbar. Bequemer geht's mit der Gondelbahn nach Crovéggia, dann noch 15 Min. bergauf bis Pian Grande und 30 Min. horizontal zum Haus. Die kleine Gondelbahn fährt mittags um 13 Uhr und abends um 18 Uhr bei Nachfrage und Bestellung über Telefon 092 27 61 48 oder 27 17 65.

An Sonntagen gibt's keinen Krieg in Isone ...

Am andern Morgen gelangen wir nach kurzer Zeit auf die Höhe der «Monti del Tiglio», wo ein riesiger Funkturm steht, nebst halbzerfallenen Alphütten und militärischen Bauten. Wir befinden uns hier am nördlichen Rand der ausgedehnten Zone, die der Grenadierkaserne Isone als Übungsfeld dient. An Sonn- und Feiertagen gibt's keinen Krieg, dazwischen aber sind Schiessereien möglich, sofern überhaupt Rekruten im Tal sind. Wir Wanderer wollen keinesfalls das abhanden gekommene Feindbild der Armee ersetzen und halten uns vorsichtig auf Distanz. Wir folgen dem Militärsträsschen über den breiten Bergrücken, wählen bei der Verzweigung der Fahrbahn den alten Saumpfad und gelangen abwärts durch den Wald (und immer schön am Rand der militärischen Sperrzone) nach Isone.

Mitten im Dorf bei der Kirche führt ein angenehmer Weg zum Fluss Vedéggio hinab. Wir wandern über die Brücke und immer gleichmässig ansteigend durch Wald und Wiesen und an den Häusern von Muricce vorbei. Dann kommen wir auf ebenem Weg in ein markantes Bachtobel und wieder ansteigend über die Alpe di Zalto zur Gola di Lago, 927 m ü. M.

Auf unserer Wanderung über den Berg und quer über das Vedéggiotal sind wir bisher nur wenigen Touristen begegnet. Hier aber, auf dem Übergang ins Val Capriasca, das sich in südlicher Richtung gegen Lugano hin erstreckt, hier treffen wir sie in Scharen. Die Zufahrt, Ristoranti, und «la bella vista» locken sie an den Ort mit dem seltsamen Namen: Gola, die Gurgel, und Lago, der See. Übriggeblieben vom Gola die Lago ist allerdings nur ein Moor. Während jene auf Rädern nachmittags wieder ins Tal hinunterrollen, wandern wir noch 1 Std. immer auf der Höhe zwischen 900 und 1000 m am Westhang des Caval Drossa entlang über Zalto Vecchio–Davra–Picchetta–Pian Passamonte–Sorè–Caslascio und Monti dei Nobili (!), bis wir unser Tagesziel, das Naturfreundehaus La Ginestra, erreichen.

Das Tessin des Barocks

Nun liegt uns das sagenhafte Barockland zu Füssen. Von der andern Talseite grüssen das Dorf und der Monte Bigorio. Dort am Südhang im Laubwald steht auch ein uraltes Kloster. Es soll seine Lage den Schwalben, die dort eine Säule gebaut und einem Raben, der den für

Grotto-Gemütlichkeit (Bild: ETT)

Blick auf Lugano vom Val Colla her (Bild: Mersiovsky)

das Tal vorgesehenen Bauplan stibitzte und zur selben Stelle hinaufflog, zu verdanken haben. Wunderbar ist vieles in dieser Gegend. Auffallend hohe, schlanke Kirchtürme weisen uns den Weg zu interessanten Kunstschätzen. In Ponte Capriasca zum Beispiel hat ein Schüler Leonarda da Vincis eine Darstellung des Abendmahls geschaffen, welche besser erhalten ist als das Werk des Meisters in Mailand. Wer wandern und staunen will, dem sei geraten, all die Wunder aufzusuchen. So etwa den Origliosee, der zwischen grünen Hügeln freundlich glitzert, und von dem erzählt wird, er sei einer lokalen «Sündflut» zuzuschreiben. Oder der im Blickfeld nach Süden liegende «Berg der Einsiedler» – ein grossartiges Waldgebiet mit der empfehlenswerten Wanderung über San Clemente nach San Bernardo, wo wir über den Kastanienwald hinaus einen Blick ins Luganese und die nahe Stadt am See werfen können. Bei

schönem Wetter und grossem Tatendrang lockt uns vielleicht auch der Monte Boglia, 1516 m ü. M., der tatsächlich ein würdiger Höhepunkt unserer Wanderung wäre.

Doch warten wir's ab: Wir müssen uns erst am Endpunkt unserer Wanderung, in Dino, entscheiden, wie und wo unser Weg nach Süden weitergehen soll.

Zu Fuss schneller als mit dem Auto...

Vorerst bleiben wir auf der Höhe, wandern vom Haus La Ginestra nach Monti di Roveredo und steigen dann auf dem südlichen Ausläufer des Berges durch Birken- und Kastanienwälder nach Lopagna hinunter. Eine schmale, kurvenreiche Strasse verbindet das alte, sehr schön gelegene Dorf am Hang mit vielen anderen an der sonnigen Talflanke des Val Colla. Leider besteht bei einigen Automobilisten noch immer der Wahn, eine Fahrt durchs Val Colla sei eine sportliche Lei

Ponte della Spada vor Dino (Bild: Mersiovsky)

stung. Wir könnten nun mit einem der in stinkender Kolonne taleinwärts kriechenden «Autotouristen» eine Wette abschliessen, wer zuerst in Dino auf der anderen Talseite

Kirchturm von Bidogno (Bild: Mersiovsky)

eintreffen werde. Eine Eigentümlichkeit des Tales ist es nämlich, dass die alten Saumwege viel kürzer sind als die neu erstellten Strassen. Und viel vergnüglicher sind sie auch. Das trifft besonders für den sehr romantischen Weg zu, der von Lopagno über Sarone quer über die Schlucht durch Kastanienhaine und Rebgelände nach Dino führt. Wir werden bestimmt ohne Blechschaden ankommen, wahrscheinlich als Sieger...

Luganos Reize und Laster

Gute 2 Std. hat sie gedauert, die Wanderung vom Naturfreundehaus La Ginestra bis Dino. Von Dino aus geht es weiter mit dem Postauto nach Lugano. Wen es aber noch nicht in die Stadt zieht, dem seien zwei Wandervarianten empfohlen, die je 4½ Std. dauern: entweder von Dino über Tesserete–Vaglio–Origlio nach Lamone (Postauto), oder von Dino über Tesserte–San Clemente–San Bernardo nach Comano (Postauto).

Lugano: Von weitem sahen wir sie schon, die reiche Stadt am See. Wir wollen zu ihr, und sie schwillt uns entgegen mit ihrer Fülle, mit ständig mehr Lärm, Leuten und Luxus. Wir spüren ihren Sog und zugleich ihren Smog, ihr lasterhaftes Wesen und ihre unwiderstehlichen Reize.

Doch bevor wir uns von ihr verführen lassen, schauen wir noch einmal zurück auf die «Alte». Am Morgen, als die Sonne aufging über dem Val Colla, haben wir sie gesehen, die wuchtigen Felstürme auf dem Grat, die «Denti della Vecchia» (Zähne der Alten) genannt werden. Beim ersten Anblick fanden wir sie grimmig, herausfordernd wie ein höhnisches Grinsen. Doch jetzt wissen wir, da steckt ein anderer Sinn dahinter. Ein Lächeln ist es und ein Augenzwinkern. Der Berg sagt uns auf seine Art auf Wiedersehen – Arrivederci!   *Kurt Mersiovsky*

*Die Burgen von Bellinzona
(Bild: Mersiovsky)*

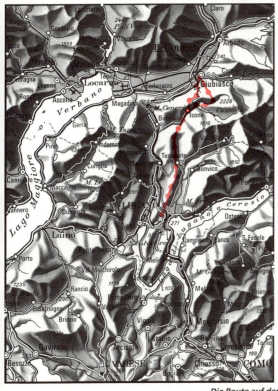

*Die Route auf der LK 1:50 000,
Blatt 5 007 «Locarno–
Lugano»*

249

1000 Naturfreundehäuser in Europa

1000 maisons des Amis de la Nature en Europe

Die Naturfreunde sind nicht nur eine schweizerische, sondern auch eine internationale Organisation. Die 15 europäischen und drei aussereuropäischen Landesverbände der Naturfreunde-Internationale (NFI) zählen mehr als 400 000 Mitglieder und unterhalten zusammen über 1000 Touristenhäuser. In sämtlichen Häusern profitieren die Mitglieder der Naturfreunde Schweiz von einem Rabatt auf Übernachtungs- und Pensionspreise.

Les Amis de la Nature ne sont pas seulement une fédération suisse, mais aussi internationale. Les 15 fédérations nationales européennes et les trois extraeuropéennes, qui forment l'Internationale des Amis de la Nature (IAN), comptent plus de 400000 membres. Seules les fédérations européennes entretiennent déjà plus de 1000 maisons de tourisme. Dans toutes les maisons de la Fédération suisse des Amis de la Nature, les membres bénéficient d'une réduction sur les prix de nuitée et de pensions.

Weitere Informationen bei/
Pour de plus amples informations:

Naturfreunde Schweiz
Zentralsekretariat
Postfach
3000 Bern 14
Tel. 031 45 60 04

Naturfreunde-Internationale
Generalsekretariat
Diefenbachgasse 36
A-1150 Wien
Tel. (0043-1) 85 97 51/52

oder bei den Landesverbänden/
ou aux Fédérations nationales:

Belgien-Flandern
ATB «De Natuurvrienden»
Provinciestraat 53
B-2018 Antwerpen
Tel. (0032-3) 236 18 61/62

England
Erich Schmidt
28, Holmesdale Road
GB-Teddington
Middlesex TW 11 9LF

Belgien-Wallonien
Les Amis de la Nature
Fédération Wallone
18, rue des Frères Descamps
B-7800 ATH
Tel. (0032-68) 28 09 09

Finnland
Erkki Wiksten
Yiäkiventie 5 K 187
SF-00920 Helsinki
Tel. (00358-0) 34 944 40

Frankreich
Les Amis de la Nature
Fédération Française
197, rue Championnet
F-75018 Paris
Tel. (00331-4) 627 53 56

Dänemark
Edith Krause
Lovetandsvej 9 3th
DK-2700 Kopenhagen-Bronshoj
Tel. (0045-1) 28 31 87

Deutschland
TV «Die Naturfreunde»
Grossglocknerstrasse 28
D-7000 Stuttgart 60
Tel. (0049-711) 33 76 87/88

Holland
NIVON
Nieuwe Herengracht 119
NL-1011 SB Amsterdam
Tel. (0031-20) 26 96 61

Israel
Chanan Schulz
Präsident des TVN Israel
POB 33 041, Haifa/Israel

Italien
Gruppo Italiano Amici della Natura
via C. Battisti 6
I-56048 Volterra (Pi)

Luxemburg
Letzebuerger Naturfrenn
Werner Fehres
47, Haaptstrooss
L-6833 Biwer

Mexiko
Piero G. Alberti, AMISTUR A. C.
Apdo. postal 61/094
México 6 D. F.
Tel. (0052-5) 514 54 64

Österreich
TV «Die Naturfreunde» Österreich
Viktoriastrasse 6
A-1150 Wien
Tel. (0043-1) 83 86 08

Schweden
Naturfreunde Schweden
Box 449
S-124 04 Bandhagen
Tel. (0046-8) 99 49 43

Südtirol
«Die Naturfreunde» Südtirol
Schillerstrasse 8
I-39012 Meran
Tel. (0039) 322 10

Ungarn
Magyar Természetbaràt Szövetség
Bajcsy Zsilinsky ut 31
H-1065 Budapest
Tel. (0036-1) 1112-467

USA
Hans Raub
6127 Contra Costa Rd. Oakland
Calif. 94 618, USA
Tel. (001-415) 547-1176

Naturfreundehäuserbücher Österreich, Deutschland und Frankreich

Allein in den drei Nachbarländern Österreich, Deutschland und Frankreich gibt es nicht weniger als 680 Naturfreundehäuser. Sie sind in den folgenden drei Häuserbüchern beschrieben:

Naturfreundehäuserbuch Österreich
Entdecke Österreichs Charme auf naturfreundliche Art: in 165 Naturfreundehäusern. Umfassende Informationen liefert das 272seitige Häuserverzeichnis «Mit der Natur auf Du» der Naturfreunde Österreich, das auch eine detaillierte Karte enthält.
Preis Fr. 17.80

Naturfreundehäuserbuch Deutschland
440 Naturfreundehäuser in Deutschland: von der Berghütte bis zum komfortablen Hotel. Die Auswahl erleichtert das Häuserverzeichnis Deutschland: übersichtliche Informationen auf 592 Seiten.
Preis Fr. 19.80

Naturfreundehäuserbuch Frankreich
Von den 75 Naturfreundehäusern in Frankreich befinden sich sehr viele im nahen Elsass. Attraktive Häuser gibt es aber auch am Meer und in den Skigebieten. Sie werden im 120seitigen Häuserverzeichnis vorgestellt, mit praktischen Michelin-Kartenausschnitten für die Anreise.
Preis Fr. 18.–

Diese drei Häuserverzeichnisse können bestellt werden bei:

Naturfreunde-Versand
SIRIUS
Postfach
3360 Herzogenbuchsee

An diesem Buch arbeiteten

Projektleitung/Redaktion

Susi Walker
Primarlehrerin in Cham, geboren 1961. Mitarbeit in Lehrerorganisationen und bei Lehrmitteln. Bildete sich in ihrem Urlaubsjahr 1990/91 beruflich weiter und betreute zusammen mit Walter Wyss die Projektleitung und Redaktion dieses Buches.

Walter Wyss
Zuger Journalist/Umweltberater, geboren 1953. Vier Jahre Redaktor des WWF Schweiz, acht Jahre Ressortleiter des VCS. 1988 bis 1990 Werbeleiter Naturfreunde Schweiz, seither Inhaber eines Büros für Umweltberatung und Öffentlichkeitsarbeit. Tätigkeit unter anderem für den Schweizerischen Nationalfonds. Verfasste oder redigierte rund 20 Broschüren zu ökologischen Themen und mehrere Bücher, z. B. «Alternative Energie-Anlagen der Schweiz», 1979, Reihe «Schweizer Velotouren-Führer» (seit 1985).

Grafische Gestaltung

Volker Dübener
Layouter/Grafiker, geboren 1959. Nach KV-Lehre Ausbildung zum Grafiker. Arbeitete für verschiedenste Firmen und Verbände, z. B. SIRIUS, Umwelt- und Freizeitartikelversand. Seit 1989 ist er auch Layouter der Zeitschrift «Naturfreund».

Wandervorschläge

Franz Auf der Maur
Berner Journalist und Sachbuchautor, geboren 1945. Hat sich vor allem als Wanderbuchautor einen Namen gemacht. Im SILVA-Verlag erschienen z. B. seine Wanderbücher «Frühling», «Sommer», «Herbst», im Ott-Verlag unter anderem

«Wanderungen zu Naturdenkmälern in der Schweiz» und «Zu Schauplätzen der Schweizer Geschichte». Die meisten Werke – und auch die Wandervorschläge in diesem Buch – entstanden in Zusammenarbeit mit seiner Frau Brigitte, Fotografin.

Aldo Gugolz
Luzerner Filmemacher und Journalist, geboren 1963. Absolvierte die Hochschule für Fernsehen und Film in München.

René Hornung
Freier Berufsjournalist im Pressebüro St. Gallen, geboren 1948. Arbeitet für diverse Medien.

Urs Meier
Schulhausabwart in Kriens, geboren 1948. Kantonaler Kurs- und Tourenleiter des Naturfreunde-Kantonalverbandes Luzern.

Kurt Mersiovsky
Jahrgang 1918, geboren in Zürich, seit 70 Jahren auf zwei Beinen unterwegs. Brötchen für vierköpfige Familie lange Jahre als Offsetdrucker verdient. In der Freizeit schon als Lehrling (1935) bei den Naturfreunden aktiv. Jahrzehntelang Mitarbeiter der Zeitschrift «Naturfreund», 1971 bis 1983 deren Redaktor, 1984 bis 1988 ihr Layouter. Seit 20 Jahren im Tessin, davon 7 Jahre als Feriensiedlungsverwalter der Naturfreunde.

Barbara, Charlotte und Cesar Meyer
Naturfreunde-Aktivisten/-innen-Familie aus Herrenschwanden BE. Tochter Barabara (1966), Buchhändlerin, ist das jüngste Mitglied der Geschäftsleitung der Naturfreunde Schweiz. Mutter Charlotte (1943), Bibliotheksangestellte, präsidiert die Naturfreundesektion Bümpliz,

und Vater Cesar (1940), Bauleiter, arbeitet im Häuserfondsausschuss der Naturfreunde Schweiz mit.

Bettina Mutter
Briger Lehrerin/Bibliothekarin, geboren 1965. Arbeitet als Sachbearbeiterin für Umweltverträglichkeitsprüfungen und engagiert sich in Umweltorganisationen und in der OFRA.

Rudolf H. Strahm
Volkswirtschafter / Chemiker / Buchautor, geboren 1943. Seit 1985 Zentralsekretär der Naturfreunde Schweiz. Vorher sieben Jahre Zentralsekretär der SP Schweiz und vier Jahre leitender Sekretär der «Erklärung von Bern». Berner Grossrat. Vor allem auch bekannt geworden durch seine Sachbücher, die hohe Auflagen erreichten: z. B. «Überentwicklung – Unterentwicklung», 1975, «Chemie im Kochtopf», 1982, «Warum sie so arm sind», 1985, «Wirtschaftsbuch Schweiz», 1987.

Übersetzungen

Sonja Queloz-Pschorn
Freie Übersetzerin in Porrentruy, geboren 1961. Gebürtige Österreicherin, im Jura aufgewachsen und in Fribourg Lizentiat in Romanistik/Anglistik gemacht. 1988/89 Romandiebetreuerin im Zentralsekretariat der Naturfreunde Schweiz.

Dank

Herzlichen Dank allen Naturfreundinnen und Naturfreunden, welche Wandervorschläge, Bildmaterial und Angaben für die Häuserbeschreibungen zur Verfügung gestellt haben.

Kurzporträt der Naturfreunde Schweiz

Les Amis de la Nature en Suisse

Die Naturfreunde sind die älteste Umwelt- und Freizeitorganisation der Schweiz. Als sie 1905 aus der Arbeiterbewegung heraus gegründet wurden, war die Natur noch weitgehend intakt. Dafür waren die Lebensbedingungen speziell der Arbeiterschaft äusserst prekär: harte, lange Arbeit in ungesunden Fabrikhallen. Enge, muffige Wohnungen, aus denen sich viele in verrauchte Beizen und in den Alkohol flüchteten. Karge Freizeit, mangelnde Ferien und Erholung. Vor diesem Hintergrund kämpften die Naturfreunde für die Besserstellung der Werktätigen. Sie propagierten insbesondere eine sinnvollere und gesündere Freizeitgestaltung in der freien Natur.

Und mit den – in viel Fronarbeit erstellten – Naturfreundehäusern ermöglichten sie erstmals auch Arbeiterfamilien Ferien und Erholung.

Mit dem Massentourismus und der Hochkonjunktur verlor die ursprüngliche Zielsetzung der Naturfreunde immer mehr an Bedeutung. Die Naturfreunde erhielten zunehmend das Image eines «Wandersockenvereins».

In den 80er Jahren aber machten Umstrukturierungen, neue Angebote und vermehrtes Engagement für Natur- und Umweltschutz sowie einen sanften Tourismus die Naturfreunde wieder zu einer modernen Organisation mit beachtlichem Aufwärtstrend. 1991 zählten die Naturfreunde 190 Sektionen und über 30 000 Mitglieder.

La Fédération Suisse des Amis de la Nature, fondée en 1905, en tant que membre du mouvement ouvrier, lutta initialement pour l'amélioration des conditions sociales et économiques de la population ouvrière. Mais, à l'époque de la haute conjoncture, ce but fixé perdit peu à peu de sa raison d'être. L'image des Amis de la Nature devint bientôt celle d'une fédération démodée. Dans les années 80, une restructuration profonde, un engagement pour la protection de la nature et de l'environnement ainsi que la pratique d'un tourisme modéré contribuèrent au renouveau du mouvement qui est aujourd'hui (1991) une organisation moderne avec 190 sections et 30 000 membres.

Naturfreunde Schweiz
Amis de la Nature Suisse
Mühlemattstrasse 31, Postfach
3000 Bern 14, Schweiz
Tel. 031 45 60 04

Davon profitieren Sie als Mitglied...

Comme membre de la FSAN vous profitez...

Mit Ihrem Beitritt zu den Naturfreunden Schweiz unterstützen Sie nicht nur ideell und finanziell eine sinnvolle, aktive Natur- und Umweltschutzpolitik. Ihr Beitritt bringt Ihnen auch eine Reihe von «handfesten» persönlichen Vorteilen:

1. Rabatt in Naturfreundehäusern

Als Naturfreundemitglied erhalten Sie eine Ermässigung auf die ohnehin günstigen Übernachtungs- und Pensionspreise in sämtlichen 100 Naturfreundehäusern der Schweiz und insgesamt 1000 (!) in ganz Europa.

2. Zeitschrift «Naturfreund» und Freizeitartikel

Sechsmal jährlich erhalten Sie die vierfarbige, reich illustrierte Verbandszeitschrift «Naturfreund» mit aktuellen Umwelt-, Natur- und Tourismusthemen. Jede Nummer enthält auch ein ausgewähltes Angebot von sinnvollen Freizeitversandartikeln.

3. Vielfältiges Kurs- und Lagerangebot

Die Naturfreunde offerieren ein breites Angebot an Kursen, Lagern, Wander- und Ferienwochen: vom Kinderbergsteigen über Jugendlager bis zu Hochtourenwochen. Besonders beliebt sind z. B. die Familienwaldwochen.

4. Naturfreundereisen

Die Naturfreunde Reisen AG bietet sanften Tourismus an: Wander- und Erlebnisferien im In- und im Ausland, Trekkings und Aktivferien. Sie organisiert auf Wunsch auch massgeschneiderte Individual- und Gruppenreisen.

Voici vos avantages en tant que membre de la Fédération Suisse des Amis de la Nature. En adhérant à la Fédération Suisse des Amis de la Nature, vous contribuez non seulement sur le plan idéologique et financier à une politique de protection de l'environnement active et judicieuse, mais vous bénéficiez également de toute une série d'avantages personnels «concrets»:

1. Rabais dans les maisons des Amis de la Nature

En tant que membre des Amis de la Nature, vous pouvez dormir et manger à prix réduit dans chacune des maisons que les Amis de la Nature possèdent en Suisse – ainsi que dans les 1000 (!) maisons des AN réparties sur toute l'Europe.

2. Journal «Ami de la Nature» et articles de loisirs

Six fois par année, vous recevez le journal de la Fédération qui traite des thèmes de la nature, de l'environnement et du tourisme. Chaque numéro vous offre un choix d'articles de loisirs, pratiques et utiles.

3. Offre variée de cours et de camps

Les Amis de la Nature vous offrent un vaste choix de cours, de camps, de semaines de randonnées et de vacances: cela va de la «grimpe» pour enfants, des camps de jeunes jusqu'au cours de varappe et semaines de haute randonnée.

4. Voyages Amis de la Nature

L'agence «Voyage Amis de la Nature S. A.» offre des vacances de randonnée et d'aventure dans un cadre naturel en Suisse et à l'étranger; sont également compris des voyages en groupes, des trekkings et vacances actives.